企业社会责任感知
对员工态度和行为影响研究

THE EFFECT OF PERCEIVED CORPORATE SOCIAL RESPONSIBILITY ON EMPLOYEES' ATTITUDES AND BEHAVIORS

王延玲 ◎ 著

经济管理出版社
ECONOMY & MANAGEMENT PUBLISHING HOUSE

图书在版编目（CIP）数据

企业社会责任感知对员工态度和行为影响研究/王延玲著．—北京：经济管理出版社，2019.6

ISBN 978-7-5096-6513-8

Ⅰ.①企…　Ⅱ.①王…　Ⅲ.①企业责任—社会责任—研究—中国　Ⅳ.①F279.2

中国版本图书馆 CIP 数据核字(2019)第 063741 号

组稿编辑：杜　菲
责任编辑：杜　菲
责任印制：黄章平
责任校对：张晓燕

出版发行：经济管理出版社
（北京市海淀区北蜂窝 8 号中雅大厦 A 座 11 层　100038）
网　　址：www. E-mp. com. cn
电　　话：（010）51915602
印　　刷：北京晨旭印刷厂
经　　销：新华书店
开　　本：720mm×1000mm/16
印　　张：16
字　　数：230 千字
版　　次：2019 年 6 月第 1 版　　2019 年 6 月第 1 次印刷
书　　号：ISBN 978-7-5096-6513-8
定　　价：78.00 元

前言

近年来，越来越多的企业通过履行企业社会责任（Corporate Social Responsibility，CSR）为多方利益相关者服务。企业不只局限于生产产品和销售商品，而是开始承担自己在社区及社会中的责任，并借此管理其在社会上的形象，满足大众对其的期待。Ernst 和 Young（2012）指出，目前 CSR 活动的开展有两个趋势，其中一个十分重要的趋势是，越来越多的员工参与到 CSR 活动中来。国内外的许多大、中、小型企业，如中国南方电网、中国华电集团、中国移动通信、华润集团、Vodafone、Microsoft、Goolge 以及 Starbucks 的员工，其社会责任活动参与程度都较高，这种趋势也说明 CSR 已经较好地整合到组织的文化当中。

当然，CSR 活动的开展也面临许多挑战。第一，企业社会活动的效果很难被估量，特别是当企业仅仅把社会责任当作一项短期投资时，可能会因为内部系统的限制而无法对其进行测量，并无法确保其影响效果达到最大。第二，由于企业具有多方利益相关者，其在履行社会责任时要考虑多方利益相关者的利益。但是受制于企业资源的有限性，利益相关者之间对企业财务资源和管理注意力的需求会存在很多冲突，故管理者如何平衡其对各个利益相关者的责任对于企业来说仍是一个很大的挑战（Wang et al.，2016）。特别地，员工是企业最重要的利益相关者之一，CSR 活动的开展是否会对员工产生影响？这一影响效果应该如何衡量？这一影响是如何发生的？这一影响是否存在边界条件？企业应该如何平衡其对员工及对其他外部利益相关者的责任？这些仍是困扰当今企业的重要问题。

本书通过对现有文献的梳理发现，首先，许多探讨员工企业社会责任感知（员工 CSR 感知）影响员工态度和行为的研究得到了不同的研究结论，这些不一致的研究结论可能是由于实证研究中不可避免的测量误差和抽样误差导致的。这些误差的存在使得我们观察到的相关系数与变量间“真实”的相关系数存在一定的差距。元分析可以通过一定的技术手段，控制这些误差产生的影响，进而便于我们了解变量之间“真实”的相关关系。但是迄今为止在该研究领域并没有相关的元分析文章，更多的是学者对该领域文献的理论综述。Rupp 和 Mallory（2015）在对该领域的未来研究提供建议时，明确提出目前学术界需要一篇以员工为核心的微观领域 CSR 相关研究的元分析文章。因此，在该领域开展元分析研究显得十分重要。

其次，现有员工层面 CSR 的相关文献，对于员工 CSR 感知影响员工行为结果（如工作绩效、组织公民行为）中间机制的研究不够深入（Glavas，2016）。具体而言，社会认同理论和社会交换理论是用来解释员工 CSR 感知与员工行为潜在关系的两个常用理论框架（Ashforth & Mael，1989；Blau，1964）。基于社会认同理论，部分学者关注了认同这一作用机制在员工 CSR 感知与相应行为结果变量之间的作用。基于社会交换理论，一些学者关注了信任这一作用机制在员工 CSR 感知与相应行为结果变量之间的作用。但是仅有几篇文章同时关注组织认同和组织信任的双重中介作用机制。此外，到底是社会认同理论对 CSR 感知与行为结果变量之间关系的解释力更强，还是社会交换理论的解释力更强，这一问题并没有得到很好的关注。

最后，已有关于员工 CSR 感知与员工行为的关系研究，大多关注了员工 CSR 感知对工作绩效和组织公民行为的影响，仅有为数不多的学者试图探讨 CSR 对员工创新行为（Innovative Behavior）的影响，探讨员工 CSR 感知影响创新行为内在作用机制的文章更少，我们无法知晓这一影响是何时以及如何产生的（Glavas，2016）。特别地，员工 CSR 感知的内外部维度体现了 CSR 的不同导向，对员工创新行为的影响是否存在差异仍是一个值得探索的问题。其中，内部导向企业社会责任（Internal CSR，ICSR）被定义为企业对员工负责任的行为，体现企业对员工的关心；而外部导向企业社会责任（External CSR，ECSR）体现企业对外部利益相关者的关心。这也为未来学者在该问题上的研究提供了更多的机会。

因此，本书以员工 CSR 感知为核心，根据不同的研究目的，相应地开展了以下三个研究：①研究一旨在通过元分析的方法对员工 CSR 感知与员工的态度和行为变量之间的关系进行系统总结，并探讨 CSR 不同维度对员工态度和行为的影响。同时，本书拟探索其他因素，如方法层面因素（CSR 感知测量工具）、个人层面因素（样本的人口统计学特征变量——性别和年龄）、国家层面因素（国家文化）在员工 CSR 感知与相应结果变量关系之间的调节作用。研究一元分析的结果显示，以往的研究中学者们对于员工 CSR 感知影响员工行为的探讨较多地集中在员工绩效、组织公民行为上，还有少数学者关注了 CSR 感知对创新行为的影响。但现有研究对员工 CSR 感知如何影响这几种行为变量的内在作用机制的探讨并不充分。因此，本书以这三种行为变量为研究对象，相应地开展了后续的两个研究，即研究二和研究三。②在研究一相关结论的基础上，研究二以员工绩效和组织公民行为为研究对象，以社会认同理论和社会交换理论为基础，运用元分析—结构方程的方法，探寻员工 CSR 感知影响员工绩效和组织公民行为的并列中介作用机制——组织认同机制和组织信任机制，并探索了组织认同和组织信任中介作用的差异。③根据研究一的相关结论，研究三以员工创新行为为研究对象，以社会认同理论和社会交换理论为基础，运用实证分析的方法，探索了员工 CSR 感知两个子维度——员工 ECSR 感知和员工 ICSR 感知对员工创新行为的内在影响机制。

研究一的结果显示，员工 CSR 感知及其各个维度与员工积极态度、积极行为正相关，同时与员工消极态度、消极行为负相关；而方法层面因素（CSR 感知测量工具）和个人层面因素（样本人口统计学特征变量——性别和年龄）调节员工 CSR 感知与相关结果变量之间的关系，但是国家层面因素（国家文化）的调节作用并没有得到证实。研究二的结果显示，当结果变量是工作绩效时，组织认同在员工 CSR 感知与工作绩效之间的中介作用并不显著，但组织信任的中介作用显著；当结果变量是组织公民行为时，组织认同和组织信任的中介作用都显著，且组织认同在员工 CSR 感知与组织公民行为之间的间接效应大于组织信任在两者之间的间接效应。因此，相较于社会认同理论，社会交换理论在员工 CSR 感知与工作绩效之间的解释力更强；相较于社会交换理论，社会认同理论在员工 CSR 感知与组织公民行为之间的解释力更强。研究三的结果显示，员工感知外部声誉和组织认同，中介员工 ECSR 感知对员工创新行为的影响，员工感知组织支持和组织信任，中介员工 ECSR 感知对员工创新行为的影响。

本书的创新主要体现在以下几个方面：①弥补了以往理论文献综述的不足，以元分析的方法探讨了员工 CSR 感知及其各相关维度与员工态度和行为结果变量之间的关系，探索了员工 CSR 感知及其维度与相关结果变量之间的“真实”相关关系。②检验了 CSR 感知不同测量工具对员工 CSR 感知与员工的态度和行为结果变量之间关系的影响，鉴别了不同测量对 CSR 感知与相应结果变量之间关系的影响差异。③探讨了态度型变量在员工 CSR 感知与相应行为结果变量（工作绩效、组织公民行为、创新行为）之间的中介机制，剖析了这一作用的内在作用机理。一方面，本书检验了组织认同和组织信任在员工 CSR 感知与员工行为（工作绩效和组织公民行为）之间所扮演的并列中介效应，并鉴别了组织认同和组织信任不同中介机制的强弱差异；另一方面，本书揭示了员工 CSR 感知的内外部维度对员工创新行为影响的内在作用机制。

Abstract

In recent years, more and more enterprises engage in corporate social responsibility (CSR) activities to serve their multi - stakeholder. Companies are no longer just limited to the production of products and selling goods, but begin to take the social responsibility in the community and society, and manage their image to meet the expectation of the public. Ernst & Young (2012) pointed out one trend of current CSR campaigns that a growing number of employees involve in the CSR activities. For example, lots of employees from many Chinese and foreign enterprises, such as China Southern Power Grid, China Huadian Corporation, China Mobile, China Resource, Vodafone, Microsoft, Google and Starbucks involve in the CSR activites, which suggests that CSR has been well integrated into the organization's culture.

Of course, the enterprises still face many challenges when they plan to carry out CSR activities. First, the effect of CSR activities are difficult to measure, especially when the enterprise only regard the investment of social responsibility activity as a short - term one. Subjecting to the limitation of internal systems, it is difficult for the corporations to measure and to maximize the effect of CSR activities. Second, companies have various stakeholders and have to be responsible for all of them with limited resources. Therefore, the conflict of the demand for financial resources and management attention among stakeholders will increase. So it is a major challenge for the managers to balance their responsibility to all stakeholders (Wang et al., 2016). In particular, as one of the most important stakeholders of enterprise, how employees can be affected after they witness the CSR campaigns performed by their enterprise? How this effect can be measured? And how to balance the responsibility of the multi – stakeholders? These are still the important issues the enterprises are facing.

After a thorough review of previous literature we find that, first, employees' perception of CSR will have an impact on their attitudes and behaviors (Barnett, 2007; Brown & Dacin, 1997; Rupp et al., 2006). However, researchers focused on this topic received inconsistent research conclusions, which may be due to the inevitable measurement error and sampling error in the empirical research. These errors may in turn lead to the mismatching of the observed correlation coefficient and the real one. Meta – analysis is a kind of technical means, which can be used to control the impact of the error and help us to obtain the real correlation coefficient of relationship between variables. But so far, there was not such meta – analysis in the research field of employees' perception of CSR. Except of the empirical articles, most of works in the field are simply review article. Rupp and Mallory (2015) suggested that we need a meta – analysis to have a better understanding of the relationship between CSR perceptions and the subsequent attitudes, and behaviors. Therefore it is of great importance to conduct a meta – analysis research in this research field.

Second, social identity theory (SIT) and social exchange theory (SET) are often used to explain the relationship between CSR perception and employee's attitudes and behavior (Ashforth & Mael, 1989; Blau, 1964). Based on SIT, some researchers focused on the mediating effect of organizational identification on the relationship between the CSR perception and corresponding results. While based on SET, some scholars paid close attention to the mediating effect of trust. But quite a few articles focus on the multiple mediation mechanism of organizational identity and organizational trust at the same time. In addition, we are not sure which one, SIT or SET, has a good explanation of the relationship between CSR perception and subsequent behavior outcomes (e. g. job performance and organizational citizenship behavior (OCB)) .

Third, since much attention have been paid on the effect of employees' CSR perception on job performance and OCB (Aguilera et al. , 2007; Brammer et al. , 2007; Azim, 2016), only a handful of scholars focus on the effect of employees' CSR perception on their innovative behaviors (e. g. Glavas & Piderit, 2009; Brammer et al. , 2015; Hur et al. , 2016) . And even less attention are paid on the underlying mechanism of the relationship between employees' CSR perception and their innovative behaviors. We don't know when, why and how employees' CSR perception influence their innovative behaviors (IB) (Glavas, 2016) . In particular, the internal and external dimensions of employees' CSR perception, embodying different orientations of CSR activities, may have different effects on employees' innovative behavior.

Therefore, we carry on three different studies according to different research purposes. Specifically, ①we conduct Study 1 to have a systematic review of the empirical articles on the relationship between CSR perceptions and employees' attitudes and behaviors using the method of Meta - analysis. We also explore the effect of different dimensions of CSR on corresponding result variables. In addition, Study 1 explores the moderating effect of different measurements of CSR, the demographic characteristics of sample, and national culture on the relationship between employees' perception of CSR and subsequent outcomes. ②Based on SIT and SET, we conduct Study 2 to explore the multiple mediation mechanism of organizational identification and organizational trust on the relationship between CSR perceptions and employees' behavior with the method of meta - structural equation modeling (Meta - SEM) . Since job performance and OCB are two import variables which already earn much attention of current researchers, we choose them as the core varialbes. Also, it will be more appropriate to use variables which already be explored by many researchers with method of Meta - SEM.

Besides, we explore the differences of the mediating role of organizational identity and organizational trust. ③According to the result of Study 1, the relationship between CSR perception and IB are underexplored. Therefore, based on SIT and SET, we conduct Study 3 to explore how two dimensions of CSR perception, namely ICSR perception and ECSR perception, influence the IB of employees with empirical analysis.

Results of Study 1 show that CSR perception and its dimensions will promote employees 'positive attitudes and behaviors, and decrease employees' negative attitudes and behaviors at the same time. In addition, the measure of CSR perception and the demographic characteristics of the sample moderate the relationship between CSR perception and relevant results. However, the moderating effect of the national culture has not been confirmed. Results of Study 2 suggest that organizational trust mediates the relationship between CSR perception and employees' job performance and OCB. However, organizational identification only mediate the relationship between CSR perception and OCB. The mediating effect of organizational identification is bigger than the effect of organizational trust in terms of the relationship of CSR perception and OCB, which suggests that the SIT has a good explanatory power than SET when we explain the relationship between CSR perception and OCB. Results of Study 3 show that perceived external prestige and organizational identification mediate the relationship between employees' ECSR perception and IB; while perceived organizational support and organizational trust mediate the relationship between employees' ICSR perception and IB.

Main contributions of the thesis are as followd. ①It is the first time to use meta – analysis to review the empirical articles focusing on the relationship between CSR perception and its related dimensions, and corresponding results. Therefore, the paper make up for the deficiency of the previous theoretical literature review. ②The moderating effect of the measure of CSR perceptions on the relationship of CSR perceptions and subsequent outcomes are confirmed, which will offer a suggestion for the choice and development of measurement of CSR perceptions for future researcher. ③The study explores the multiple mediating effect of organizational identity and organizational trust on the relationship between employees ' CSR perception and employees' behavior (e. g. job performance and OCB) and compares the differences of the mediating effect of organizational identity and organizational trust. Besides, the paper reveals that different dimensions of employees' CSR perception have different effect on innovation behavior, which guides future scholars the way to explore the internal structure of CSR perception.

目　录

第一章
绪　论

一、研究背景

“十三五”时期，是我国全面建成小康社会的战略决胜期，是全面深化改革的攻坚突破期，是经济实现中高速增长向中高端迈进的阶段转换期，也是生态文明建设的关键推进期和民生社会事业发展的提质升级期。“十三五”期间，中国企业社会责任的发展面临着深刻的环境变化，也迎来了前所未有的战略机遇。过去的 20 年，企业关注的问题似乎不再是企业是否应该履行社会责任，而是如何能够以一种战略且有效的方式开展企业社会责任活动，以及如何才能清晰地了解企业社会责任活动对整个企业乃至社会的影响。

一直以来，企业社会责任问题都得到党和国家的高度重视。2016 年 4 月 19 日，在网络安全和信息化工作座谈会上，习近平总书记发表重要讲话：“只有富有爱心的财富才是真正有意义的财富，只有积极承担社会责任的企业才是最有竞争力和生命力的企业。一个企业既有经济责任、法律责任，也有社会责任、道德责任。企业做得越大，社会责任、道德责任就越大，公众对企业这方面的要求也就越高。”2016 年 7 月 1 日，国务院国资委印发了《关于国有企业更好履行社会责任的指导意见》。该意见强调，在国有企业履行社会责任的过程中，必须重点把握三个原则：“坚持以可持续发展为核心；坚持社会责任与企业改革发展相结合；坚持社会责任与企业运营相结合。”

2017 年 6 月 6 日，第十二届中国·企业社会责任国际论坛发布了“金蜜蜂中国 CSR 指数报告（2016）”。该报告显示，企业对各利益相关者的履责情况总体呈增长趋势。其中，企业履行的社区责任、员工责任、政府责任、供应商责任以及同行责任的水平都获得显著提升，特别地，社区责任指数同比增长 103%，但是对社会组织、股东、环境履责水平略有降低，如图 1－1 所示。中国企业社会责任活动的开展已经取得显著成效。

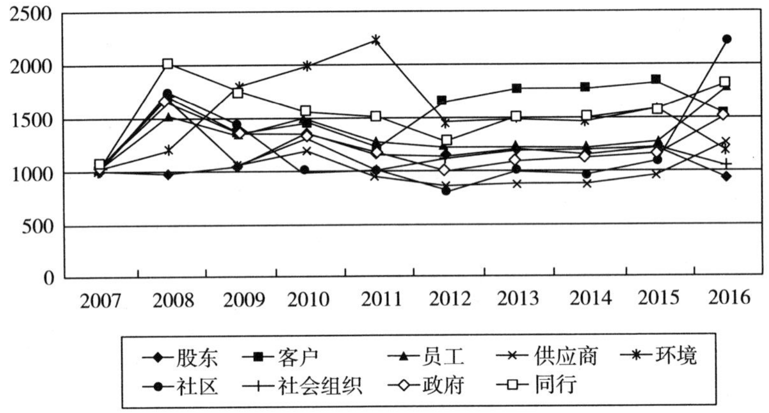

图 1－1　企业对各利益相关者的履责情况

资料来源：金蜜蜂中国 CSR 指数报告（2016）。

但是，企业在开展社会责任活动的同时仍面临许多挑战。第一，企业社会责任活动的效果很难被估量，特别是当企业仅仅把社会责任当作一项短期的投资时，可能会因为内部系统的限制而无法对其进行测量，故而无法确保其影响效果达到最大。第二，由于企业具有多方利益相关者，其在履行社会责任时要考虑多方利益相关者的利益。但是受制于企业资源的有限性，利益相关者之间对企业财务资源和管理注意力的需求会存在很多冲突。从图1-1中我们可以发现，企业对各利益相关者的履责情况存在比较明显的差异。故管理者如何平衡其对各个利益相关者的责任对于企业来说仍是一个很大的挑战。

特别地，作为企业最重要的利益相关者之一，企业社会责任对员工的态度和行为会产生重要的影响。对于当今企业中的员工来说，工作不仅是一种谋生的手段，员工希望自己能够在企业中寻找到更多的工作意义和价值。不同于对经济利益的追求，这种工作意义和价值更多地来源于企业价值观与员工价值观的匹配。员工希望在企业中找到价值观上的一种共鸣，这种共鸣将促使员工对企业产生信任感和认同感，并在一定程度上满足员工的精神需求，调动员工的工作积极性，促使员工在工作中投入更多的工作热情，并相应地促进员工态度和行为的积极转变。在社会责任履行方面，具有良好社会表现的企业会向员工传递一种乐善好施的价值观，员工若对企业这种价值观十分认可，就会通过调整自身的态度和行为对企业予以回应。

本书通过文献的回顾发现，现有大多数个人层面企业社会责任（Corporate Social Responsibility，CSR）[①] 的研究都局限在消费者领域，而对企业活动的直接参与者——员工这一领域的研究相对较少。Ernst 和 Young（2012）关于企业可持续发展的报告中强调了与 CSR 相关的两个趋势。其中一个比较明显的趋势就是越来越多的员工参与到 CSR 行动中来。在 *Academy of Management* 2016 年发表的特刊中，Wang 等（2016）分析了 CSR 未来可能的研究方向，其中他们也提到了员工在 CSR 活动的开展中所扮演的角色。Glavas（2016）也提出，为更好地理解 CSR 对企业员工的影

---

① 为确保论文的简洁性，除各章节的题目和相关的表格外，下文将采用 CSR 这一缩写语来代表企业社会责任。但有两处例外，在第二章“企业社会责任”部分，为了清楚地描述企业社会责任的概念，使用企业社会责任的全称；在第七章“管理实践启示”部分，为了清楚地阐述实践启示，使用企业社会责任的全称。

响，仍需要更多学者的努力。据此，本书认为，关注 CSR 感知对于员工态度和行为的影响十分有意义。

首先，员工对企业社会责任的认识和了解会对其态度和行为产生影响（Barnett，2007；Brown & Dacin，1997；Rupp et al.，2006）。但是许多探讨员工企业社会责任感知（员工 CSR 感知）[①] 与相应结果变量之间关系的文章却得到了不同的研究结论。这些不一致的研究结论可能是由于实证研究中不可避免的测量误差和抽样误差导致的。这些误差的存在使得我们观察到的相关系数与变量间“真实”的相关系数存在一定的差距。元分析可以通过一定的技术手段，控制这些误差产生的影响，进而便于我们了解变量之间“真实”的相关关系，但是迄今为止在该研究领域并没有相关的元分析文章，更多的是学者对该领域文献的理论综述，如 Aguinis 和 Glavas（2012）、Rupp 和 Mallory（2015）、Glavas（2016）、Gond 等（2017）。Rupp 和 Mallory（2015）在对该领域的未来研究提供建议时，明确提出目前学术界需要一篇以员工为核心的微观领域 CSR 相关研究的元分析文章。因此，在该领域开展元分析研究显得十分重要。

其次，现有员工层面 CSR 的相关文献，对于员工 CSR 感知影响员工行为结果（如工作绩效、组织公民行为）的中间机制的研究并不够深入（Glavas，2016）。具体而言，社会认同理论和社会交换理论是用来解释员工 CSR 感知与员工态度和行为的潜在关系的两个常用理论框架（Ashforth & Mael，1989；Blau，1964）。基于社会认同理论，一部分学者关注了认同这一作用机制在员工 CSR 感知与相应结果变量之间的作用。基于社会交换理论，一些学者关注了信任这一作用机制在员工 CSR 感知与相应结果变量之间的作用。但是仅有几篇文章同时关注组织认同和组织信任的双重中介作用机制。此外，到底是社会认同理论对 CSR 感知与行为结果变量的之间关系的解释力更强，还是社会交换理论的解释力更强，这一问题并没有得到学者们很好的关注。

① 下文将使用员工 CSR 感知这一缩写语来代表员工企业社会责任感知。

最后，已有关于员工 CSR 感知影响员工行为的研究，大多关注员工 CSR 感知对工作绩效和组织公民行为的影响（Aguilera et al.，2007；Brammer et al.，2007；Azim，2016），仅有为数不多的学者试图探讨 CSR 感知对员工创新行为（Innovative Behavior）的影响（Glavas & Piderit，2009；Brammer et al.，2015；Hur et al.，2016），其中，探讨员工 CSR 感知对其创新行为这一影响内在作用机制的文章更少。我们无法知晓何时、为什么以及如何产生这一影响（Glavas，2016）。特别地，员工 CSR 感知的内外部维度体现 CSR 的不同导向，对员工创新行为的影响是否存在差异仍是一个值得探索的问题。其中，内部导向企业社会责任（Internal CSR，ICSR）[①] 被定义为企业对员工负责任的行为（Mory et al.，2016），体现企业对员工的关心；而外部导向企业社会责任（External CSR，ECSR）[②] 体现企业对外部利益相关者的关心。员工在感受到不同导向的 CSR 后，是否会对员工的创新行为产生不同的影响？这一问题并没有得到学者们很好的关注。

因此，本书以员工 CSR 感知为核心，相应地开展了三个子研究[③]，并回答了以下几个研究问题：①CSR 活动的开展对员工的态度和行为有哪些影响？这些影响的真实关系是怎样的？这些影响是否存在边界条件？②CSR感知影响员工行为（工作绩效和组织公民行为）的作用机制是怎样的？两种作用机制（认同机制和信任机制）是否有区别？③CSR 感知的内外部维度影响员工行为（创新行为）的作用机制是怎样的？两个维度（ICSR 和 ECSR）在影响创新行为的路径上有何区别？

---

① 下文将使用 ICSR 这一缩写语来代表内部导向企业社会责任。

② 下文将使用 ECSR 这一缩写语来代表外部导向企业社会责任。

③ 第一章“研究思路”部分重点论述了本书的研究设计思路，并对三个子研究的逻辑关系进行了详细的阐述。

二、研究目的与意义

（一）研究目的

本书以个人层面 CSR 感知为核心，试图探索员工 CSR 感知对员工态度和行为的影响，以及态度型变量在员工 CSR 感知与员工行为（组织绩效、组织公民行为和创新行为）间所起的中介作用。

具体而言，三个研究的目的如下：

（1）研究一旨在通过元分析的方法对 CSR 感知及其不同维度与员工相应态度和行为结果变量之间的关系进行系统总结，揭示变量之间的“真实”影响关系，并试图揭示影响这一关系的边界条件，以期为未来学者相关实证研究的开展提供参考和借鉴。

（2）研究二在研究一相关结论的基础上，以社会认同理论和社会交换理论为基础，运用元分析—结构方程的方法，旨在探索态度型变量（组织认同和组织信任）在员工 CSR 感知与行为型变量（员工绩效和组织公民行为）之间的中介作用。具体来说，研究二试图验证组织认同和组织信任在员工 CSR 感知影响员工绩效和组织公民行为的过程中所扮演的并列中介作用，并讨论组织认同和组织信任中介效应的差异。

（3）研究三在研究一相关结论的基础上，以员工创新行为为研究对象，以社会认同理论和社会交换理论为基础，运用实证分析的方法，旨在探寻员工 CSR 感知两个维度——员工 ECSR 感知和员工 ICSR 感知对员工创新行为的内在影响机制。为进一步深化对这一作用机制的研究，研究三将沿着员工 CSR 感知—员工心理机制—员工态度—员工行为这一路径，探索员工 ECSR 感知影响员工创新行为的社会认同链式作用机制，以及员工

ICSR 感知影响员工创新行为的社会交换链式作用机制。

（二）研究意义

1. 现实意义

（1）进一步证实企业开展社会责任活动的必要性。无论是在理论界还是在实践界，对 CSR 的开展一直存在很多争论。Friedman（1962）就曾提出企业唯一的社会责任就是通过资源的调配来增加自身的利润。尽管这一说法遭到众多 CSR 学者的反对，但是在实践过程中，许多企业的确只是将社会责任视作可有可无的行为。即便现在越来越多的企业已经接受 CSR 存在的必要性，但却也只是关注社会责任的经济效应，它们认为，CSR 活动可以帮助企业树立声誉，赢得消费者的信任，进而提高经济效应。本书的研究结果表明，CSR 活动的开展还会激励企业内的员工，并促使其更多地投入到工作中来，这意味着在经济动机之外，CSR 活动还可以对企业内员工起到重要的内部激励作用。这在某种意义上进一步证实了企业 CSR 活动开展的必要性。企业不应把社会责任的履行看作增加成本的负担，而应以一种积极的方式看待 CSR 活动对企业未来可持续发展的促进作用。同时，企业应当将社会责任活动的开展落实到组织运作的过程中，使之制度化、规则化。

（2）促进 CSR 的开展与人力资源管理实践的有机结合。一直以来，CSR 的开展似乎与人力资源管理实践并不存在必然的联系。通过元分析的结果本书发现，CSR 的履行会对企业员工的态度和行为产生影响。这一发现对企业人力资源管理者至关重要，这意味着企业人力资源管理活动可以与 CSR 的开展有机结合起来。一方面，企业领导者可以对企业的 CSR 政策进行更多的宣传，以便员工能够更好地了解企业的 CSR 行为，进而改善员工的工作态度，并促进其绩效的提高。特别地，对于企业内部员工，企业可以提供专门的 CSR 讲座和系统的 CSR 培训，培养员工的 CSR 意识，同时也加强员工对于本企业 CSR 活动的了解。另一方面，针对潜在员工，企业可以加大宣传力度，拓宽宣传渠道，让可能的求职者了解 CSR 现状，增加其对企业的信心，同时也便于企业吸引有相似价值观的求职人员加入该企业。企业的领导者亦可以通过开展更多的培训计划，让新进员工了解企业的社会责任政策，内化企业内员工，进而确保其工作绩效的提高。

（3）为企业更好地平衡其对不同利益相关者的责任提供政策建议。由于企业受资源的限制，利益相关者之间对财务资源和管理注意力需求会存在冲突，企业在向不同利益相关者履责时，就会面临责任的平衡问题。不同维度 CSR 的区分，有利于企业有针对性地规划 CSR 行为，并有选择地对不同利益相关者给予不同程度的重视。企业应在保证一定水平 ECSR 的同时，逐步提高对内在利益相关者即员工的关注，并有意识地通过主导企业的社会责任行为来影响企业内的员工的态度和行为。

（4）为企业创新氛围的培养提供新的思路。本书对于不同导向 CSR 感知影响创新行为的研究，为企业创新氛围的培养提供新的思路。首先，积极履行 ECSR 可以帮助企业在公众心目中树立良好的品牌形象。企业的品牌形象越正面，其品牌价值也会越高，这会进一步促进员工对企业的认同。员工对企业越认同，越愿意投入更多的精力和时间去帮助企业实现目标，这其中也包括企业的创新目标。因此从某种意义上讲，ECSR 的开展会促进企业创新氛围和企业文化的形成。其次，积极履行 ICSR 可以加强员工企业支持感知，进而促进员工对企业的信任。员工在充满信任的企业环境中会激发自身的创造热情，不断提高自身的创新能力。创新能力的提高又会对企业创新文化氛围的养成起到至关重要的作用。因此，企业创新氛围的形成，有赖于企业为员工提供的富有社会责任的环境。这也进一步说明，企业除了号召员工积极开展创新活动并为员工提供更富挑战性和自主性的工作外，还可以通过创造一种负责任的企业环境，来促进员工创新行为的实现。

2. 理论意义

（1）本书以元分析的方式对员工 CSR 感知及其相关维度与员工相应态度和行为结果变量之间的关系进行系统的总结和综述。以往学者们对于员工 CSR 感知与相应结果变量之间的关系进行了大量的实证研究，如员工

CSR感知对组织认同、组织承诺、组织信任、组织公民行为、工作满意度的影响等，但是部分实证研究的结果并没有得到一致的结论。同时，目前学者们在相关领域仅仅开展了一些理论文献综述，并没有系统地对员工CSR感知及其相关维度与相应结果变量之间的关系进行元分析。因此，本书的研究一可以弥补以往文献综述的不足，通过统计手段检验员工CSR感知及其维度与相关结果变量的关系，为后来学者开展相关研究奠定基础。

（2）本书探索方法层面因素（CSR感知测量工具）对CSR感知与相应结果变量之间关系的影响。由于CSR概念的复杂性，学者们并没有得到一致的结论，因此学者对员工CSR感知的测量也有很多。目前比较常用的测量CSR感知的量表有Maignan和Ferrell（2000）、Turker（2009b）的量表，我们并不知晓不同测量工具下员工CSR感知与相应结果变量之间的关系是否会有所不同。因此，本书采用元分析的方法分别对比不同测量工具下员工CSR感知与相应结果变量之间的关系，这可以为未来学者在测量工具上的选择提供一定的参考，同时也可以为未来学者进行员工CSR感知量表的开发提供借鉴。

（3）本书验证了个人层面因素（样本人口统计学特征变量——性别和年龄）在CSR感知与相应结果变量之间的调节作用。尽管早已有很多学者关注员工CSR感知影响相关结果变量的边界条件，但是这些调节变量对两者关系的影响方向是否存在差异却不得而知。本书的研究结果发现，人口统计学特征变量对员工CSR感知与不同结果变量的影响方向存在差异。这一发现可以为后续学者深入探究边界条件的方向影响差异等问题奠定基础。

（4）本书探讨了态度型变量在员工CSR感知与行为结果变量之间的中介作用，并比较了组织认同和组织信任中介效应的差异。首先，研究CSR感知对员工工作态度、工作行为的影响及其作用机理是非常必要的，这在一定程度上加深了我们对员工内在心理机制的理解。其次，员工CSR感知影响员工行为（工作绩效和组织公民行为）的研究早已有之，其中，工作绩效代表员工工作角色内的绩效水平，而组织公民行为代表员工工作角色外的绩效水平。社会认同理论和社会交换理论是用来解释这一内在作用机制的两个最常用的理论。基于社会认同理论，员工 CSR 感知会通过影响其对企业的认同，进而促进其工作绩效的提高和组织公民行为的开展；基于社会交换理论，员工 CSR 感知会通过影响其对企业的信任，进而促进其工作绩效的提高和组织公民行为的开展。但是以往研究中并没有回答以下问题：是社会认同理论还是社会交换理论对员工 CSR 感知与员工行为（工作绩效和组织公民行为）之间关系的解释力较大？因此，本书研究二通过对比组织认同和组织信任中介效应的差异，回答了社会交换理论和社会认同理论的解释力问题。

（5）本书揭示了员工 CSR 感知内外部维度对员工创新行为影响的内在作用机制。已有研究更多地探讨员工 CSR 感知对工作绩效和组织公民行为等的影响，但对员工 CSR 感知影响创新行为的探讨并不深入。论文提出了员工 CSR 感知的两个维度——ICSR 和 ECSR 在影响员工创新行为上的差异。基于社会认同理论和社会交换理论，论文发现了员工 CSR 感知影响员工创新行为的两个内在作用路径，即 ECSR 感知—感知外部声誉—组织认同—创新行为，以及 ICSR 感知—感知组织支持—组织信任—创新行为。这丰富了 CSR 感知影响员工创新行为的相关研究，同时为未来学者探究 CSR 感知内部结构等相关研究打下了坚实的基础。

三、研究思路

本书探讨了员工 CSR 感知对员工态度和行为的影响。在研究设计上遵循从总体到局部的思路，层层递进，共开展了三个子研究。下文将对三个子研究的逻辑联系进行简单的介绍。

研究一以元分析的方式对员工 CSR 感知及其各维度与员工态度和行为

结果变量之间的关系进行系统的梳理和总结。元分析起到了一个总体的文献综述的作用，但这一综述与以往的文献综述有所不同，因其除了能够对现有文献进行汇总分析外，还能够通过统计的方法准确给出变量之间“真实”的相关系数，因而是一种定量的文献综述。特别地，研究一结果发现了员工 CSR 感知与员工的积极行为结果变量（工作绩效、组织公民行为和创新行为）的正相关关系。其中，工作绩效和组织公民行为得到了较多学者的关注，但是仅有为数不多的学者对于 CSR 感知影响员工创新行为进行了研究。由于元分析的开展建立在对文献深度编码的基础上，在编码过程中，笔者发现现有研究对于员工 CSR 感知影响相关行为的内在中介机制的探讨并不充分，故本书以工作绩效、组织公民行为和创新行为作为行为结果变量，相应地设计了研究二和研究三，以期进一步剖析员工 CSR 感知影响员工行为的中介效应的内在作用机理。

研究二在研究一得到的变量之间的“真实”相关系数的基础上，基于社会认同理论和社会交换理论，利用元分析—结构方程模型的方法探讨了态度型变量（组织认同和组织信任）在员工 CSR 感知与员工行为结果变量（工作绩效和组织公民行为）之间的中介作用。之所以选择工作绩效和组织公民行为作为研究二的核心结果变量，主要基于以下两点考虑：①综纵观现有对员工行为的研究，员工的角色内绩效（工作绩效）和角色外绩效（组织公民行为）得到了众多学者的关注。在实践领域，企业管理人员也对两者给予了足够的重视。②研究二采用的元分析—结构方程模型的方法必须利用变量之间“真实”的相关系数，只有得到较多关注的变量之间的效应值才能够确保元分析—结构方程模型得到一个更合理的结果。故根据研究一的结果，本书鉴别了较受学者关注的两个行为结果变量，即工作绩效和组织公民行为，并以此作为研究二的核心研究变量。

研究一的结果表明，除工作绩效和组织公民行为外，员工的创新行为也得到了学者的关注，但是目前探讨员工 CSR 感知影响创新行为的相关研究并不成熟，且对于员工 CSR 感知影响员工创新行为的内在作用机制的探讨更不多见。此外，研究一结果还显示，员工 CSR 感知的内外部维度体现了 CSR 的不同导向，其对员工态度和行为的影响过程可能存在一定的差异。因此，研究三运用实证研究的方法探索了员工 CSR 感知的不同维度（ECSR 感知和 ICSR 感知）经由不同的心理机制和员工态度影响员工行为（创新行为）的不同路径，这两个不同路径的探讨有助于我们深入了解员工 CSR 感知影响员工创新行为背后的潜在作用机制，同时也为企业对内外部导向 CSR 活动的权衡提供了依据。

四、研究内容与方法

（一）研究内容

本书探讨了员工 CSR 感知对员工态度和行为的影响，文章相继开展了三个子研究，具体的研究内容如下：

研究一根据 Gond 等（2017）对员工 CSR 感知的结果变量进行总结时提出的框架，运用元分析的方法检验了员工 CSR 感知对积极态度结果变量、积极行为结果变量、消极态度结果变量以及消极行为结果变量的影响。同时，研究一还探讨了员工 CSR 感知不同维度对相关结果变量的影响。此外，研究一检验了方法层面因素（CSR 感知测量工具）、个人层面因素（样本人口统计学特征变量——性别和年龄）以及国家层面因素（国家文化）在 CSR 感知与相应结果变量之间的调节作用。其概念框架如图1 -2所示。

研究二运用元分析—结构方程的方法探讨了态度型变量（组织认同和组织信任）在员工 CSR 感知与员工行为（工作绩效和组织公民行为）之间的中介作用机制。具体来说，基于社会认同理论和社会交换理论，研究二分别探讨了组织认同和组织信任在员工 CSR 感知和员工工作绩效及组织公民行为之间的中介作用，并对比了组织认同和组织信任在员工 CSR 感知与员工行为（工作绩效和组织公民行为）之间中介作用的大小差异。其概念框架如图 1－3 所示。

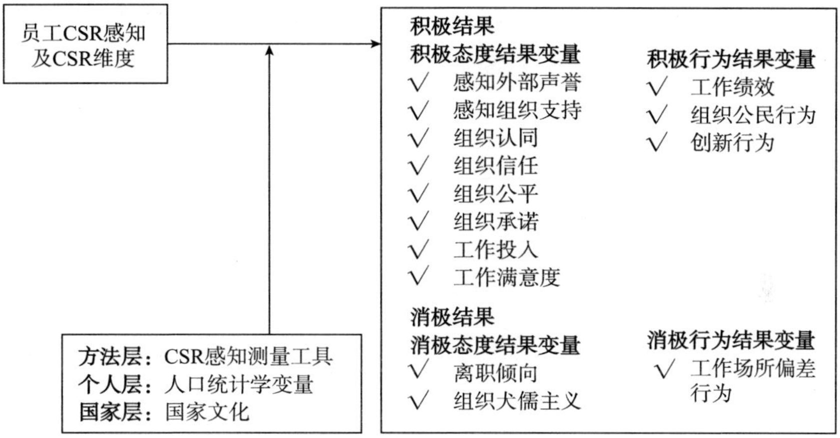

图 1－2　研究一概念框架

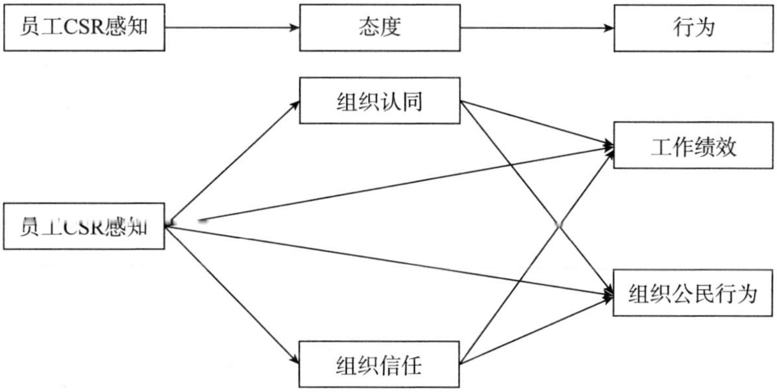

图 1－3　研究二概念框架

研究三运用实证分析的方法探讨了员工 CSR 感知的不同维度（ECSR 感知和 ICSR 感知）经由员工心理机制、员工态度影响员工行为（创新行为）的内在作用机制。研究三的概念框架如图 1－4 所示。具体来说，基于社会认同理论，本书探讨了员工 ECSR 感知影响员工创新行为的社会认同路径，即员工 ECSR 感知—感知外部声誉—组织认同—创新行为这一影响路径，如图 1－5 所示。基于社会交换理论，本书探讨了员工 ICSR 感知影响员工创新行为的社会交换路径，即员工 ICSR 感知—感知组织支持—组织信任—创新行为这一影响路径，如图 1－6 所示。

图 1－4　研究三概念框架

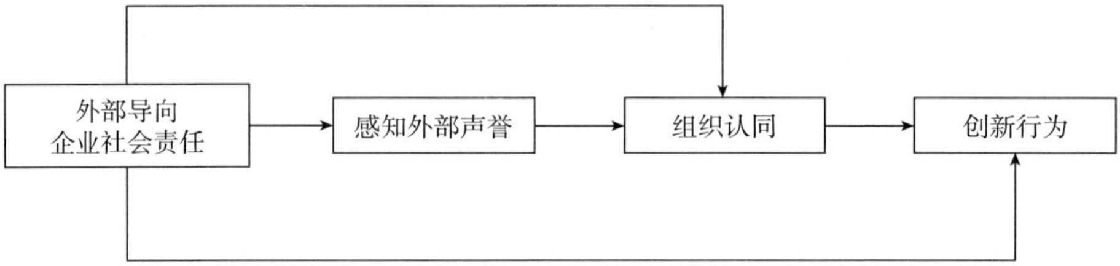

图 1－5　外部导向企业社会责任感知（ECSR）对创新行为的影响路径

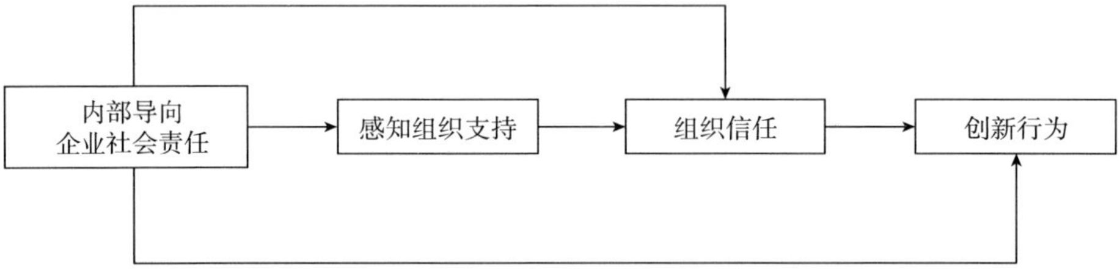

图 1－6　内部导向企业社会责任感知（ICSR）对创新行为的影响路径

（二）研究方法

1. 文献研究法

文献研究法是通过对研究领域相关文献的资料进行收集和梳理，对研究领域内学者“已经研究了什么”“还有什么研究空隙”进行判断，并在此基础上开展自己的研究。本书首先对社会认同理论、社会交换理论进行梳理和归纳，并回顾员工 CSR 感知与相关结果变量的国内外文献，在此基础上确定本书的研究主题。

2. 元分析法

元分析法是对实证分析的再分析，其内在逻辑是在控制测量误差和样本误差的基础上，获得变量之间的“真实”相关系数。研究一运用元分析的方法对员工 CSR 感知与相应结果变量之间的关系进行系统总结。在元分析中，我们可以利用实证研究中提供的参数如文献中提供的观测到的相关系数、样本容量、每个变量的测量信度、样本特征（如样本的性别比例、平均年龄等）等，结合 CMA 软件来获得变量之间关系的“真实”值。

3. 元分析—结构方程模型法

元分析—结构方程模型是元分析与结构方程模型的结合，其内在逻辑是在元分析相关结果的基础上，运用变量间“真实”的相关系数进行结构方程分析，以探寻变量与变量之间的内在作用机制。研究二运用元分析—结构方程模型的方法，检验了组织认同和组织信任在员工 CSR 感知与工作绩效和组织公民行为之间的中介作用机制，并运用 LISREL 软件对两个中介作用进行了对比分析。

4. 实证研究法

研究三结合问卷调查法和统计分析法对员工 CSR 感知与创新行为的关系进行了实证研究。在借鉴国内外较成熟量表的基础上，经过小样本测试确定了最终的调查问卷。随后笔者在全国范围内对企业一线员工进行了调查，利用 SPSS 对量表进行了信度检验，同时结合 AMOS 软件通过验证性因子分析对量表进行了效度检验，确保了问卷的科学性和严谨性。最后，本书利用 SPSS 软件 Process 程序对链式作用等相关假设进行了检验。

五、技术路线与结构安排

（一）技术路线

本书通过对以往文献的梳理和总结，以社会认同理论和社会交换理论为基础，分别运用元分析、元分析—结构方程、实证研究的方法探讨了员工 CSR 感知对员工态度和行为的影响。具体的技术路线如图 1 – 7 所示。

（二）结构安排

根据本书的研究内容，全书共分为七个部分，具体的结构安排如下：

第一章首先对研究背景进行了简要介绍。其次，重点指出了研究目的与意义，并介绍了研究思路、内容与方法。最后，对本书的技术路线与结构安排进行了介绍，并提出了研究创新点。

第二章首先简述了 CSR 的概念，并对其维度和测量进行了辨析；其次，回顾了相关理论基础，即社会认同理论和社会交换理论；最后，梳理了 CSR 感知与相关结果变量关系的综述文献和实证文献。

第三章根据三个子研究的目的提出了相应的研究方法，并对元分析、元分析—结构方程以及实证研究方法进行了简单的介绍。

第四章在现有研究基础上，提出了相应的研究假设，并运用元分析的方法，分别探讨了员工 CSR 感知对积极态度、积极行为、消极态度、消极行为结果变量的影响。在此基础上，探讨了员工 CSR 感知的不同维度对相关结果变量的影响。特别地，本书讨论了方法层因素（CSR 感知测量工具）、个人层因素（样本人口统计学特征变量——性别和年龄）以及国家层因素（国家文化）在 CSR 感知与相应结果变量之间的调节作用。

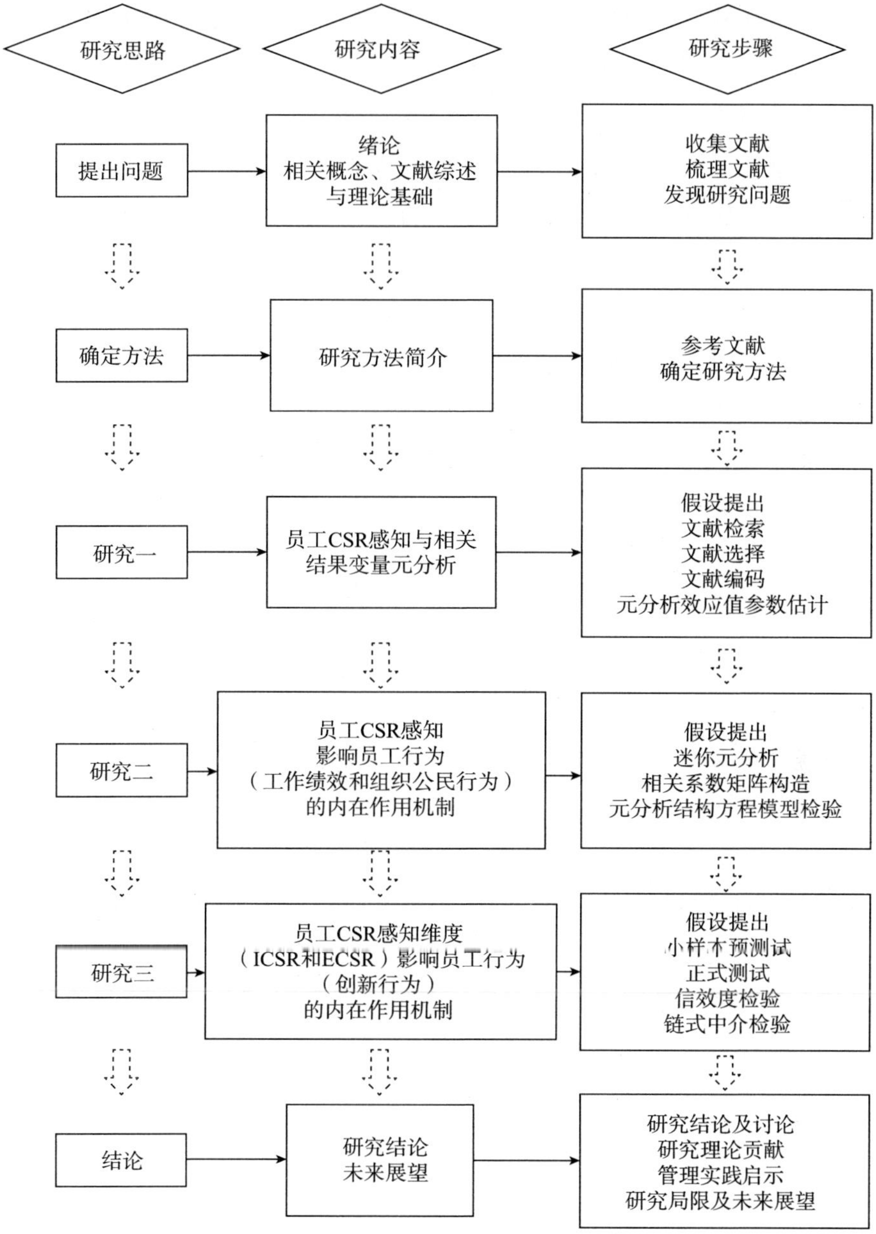
研究思路
研究内容
研究步骤
提出问题
绪论
相关概念、文献综述
与理论基础
收集文献
梳理文献
发现研究问题
确定方法
研究方法简介
参考文献
确定研究方法
研究一
员工CSR感知与相关
结果变量元分析
假设提出
文献检索
文献选择
文献编码
元分析效应值参数估计
研究二
员工CSR感知
影响员工行为
（工作绩效和组织公民行为）
的内在作用机制
假设提出
迷你元分析
相关系数矩阵构造
元分析结构方程模型检验
研究三
员工CSR感知维度
（ICSR和ECSR）影响员工行为
（创新行为）
的内在作用机制
假设提出
小样本预测试
正式测试
信效度检验
链式中介检验
结论
研究结论
未来展望
研究结论及讨论
研究理论贡献
管理实践启示
研究局限及未来展望

图 1－7　技术路线

第五章在社会认同理论和社会交换理论基础上，运用元分析—结构方程的方法，分别探讨组织认同和组织信任在员工 CSR 感知与员工工作绩效和组织公民行为之间的中介作用，并对两者的中介作用进行比较。

第六章在社会认同理论和社会交换理论基础上，运用实证分析的方法，分别探讨感知外部声誉和组织认同在员工感知 ECSR 与创新行为之间的链式影响作用，以及感知组织支持和组织信任在员工感知 ICSR 与创新行为之间的链式影响作用。

第七章通过对三个研究结果的整理和分析，阐述本书的理论贡献和实践启示，并提出研究的局限和未来的研究方向。

六、研究创新点

（1）以元分析的方法探讨员工 CSR 感知及其各相关维度与员工态度和行为结果变量之间的关系。目前学者在相关领域仅仅开展了一些理论文献综述，如 Aguinis 和 Glavas（2012）、Rupp 和 Mallory（2015）、Glavas（2016）、Gond 等（2017），但并没有系统地对员工 CSR 感知及其相关维度与相应结果变量之间的关系进行元分析，随着近几年相关研究领域的发展，越来越多的实证研究在国内外知名期刊发表，我们不应该仅仅关注文章中的逻辑信息，而应该开始关注这些实证文章中提供的数据信息。元分析恰恰是对现有实证研究的文献综述，它能对现有理论综述类的文章进行补充。Rupp 和 Mallory（2015）在对该领域的未来研究提供建议时，也明确提出目前急需一篇以员工为核心的微观领域 CSR 相关研究的元分析文章。因此，本书的研究一弥补了以往文献综述的不足，首次运用元分析的方法探索员工 CSR 感知及其维度与相关结果变量的“真实”相关关系。

（2）对比不同测量工具下员工 CSR 感知与相应态度和行为结果变量之

间的关系。鉴于学者们对 CSR 概念存在各种各样的理解，因此学者对员工 CSR 感知的测量也表现出不同的方式（刘远和周祖城，2015）。不同测量方式的测量目的、题项内容、题项个数均存在较大差异，所以不同测量下员工 CSR 感知与相应结果变量之间的关系也不尽相同。但是已有研究并没有关注这一研究问题，因此本书将采用亚组元分析的方法对比不同测量下员工 CSR 感知与相应结果变量之间的关系，鉴别不同测量对 CSR 与相应结果变量之间关系的影响差异。

（3）探讨态度型变量在员工 CSR 感知与相应行为结果变量（工作绩效、组织公民行为、创新行为）之间的中介机制，剖析这一作用的内在作用机理。一方面，本书运用元分析—结构方程的方法检验组织认同和组织信任在员工 CSR 感知与员工行为（工作绩效和组织公民行为）之间的并列中介效应，并鉴别组织认同和组织信任不同中介机制的强弱差异，这可以深化我们对于员工 CSR 感知与行为变量之间内在作用机制的理解。另一方面，本书运用实证研究的方法揭示员工 CSR 感知的内外部维度对员工创新行为影响的内在作用机制。基于社会认同理论和社会交换理论，本书发现员工 CSR 感知影响其创新行为两个内在作用路径，即员工 ECSR 感知—感知外部声誉—组织认同—创新行为，以及员工 ICSR 感知—感知组织支持—组织信任—创新行为。这可以丰富 CSR 感知对员工创新行为影响的相关研究，同时可以为未来学者探究 CSR 感知内部结构等相关研究打下坚实的基础。

第二章

相关概念、理论基础与文献综述

一、企业社会责任

（一）企业社会责任相关概念

企业社会责任由来已久，早在古希腊时期就孕育了“商人责任观”这一思想。在我国先秦时期，就有“君子爱财，取之有道”“穷则独善其身，达则兼济天下”等古训。但是理论界对于企业社会责任存在与否存在很多争论。

20 世纪 30 ~ 60 年代，学者们就对“企业管理者是谁的受托人”这一问题有过一次著名的争论，这一争论可被视作对企业社会责任问题存在与否最早的讨论。哥伦比亚大学法学院教授 Berle（1931）认为企业的管理者是股东的代理人，因此其责任主要是通过行使自身的权利使股东利益最大化；而哈佛法学院教授 Dodd（1932）则不同意这一观点，他认为企业管理者要具备一种社会责任感，并且要同时兼顾消费者、员工和公众的利益。尽管两者没有直接探讨企业社会责任的问题，但是两者的讨论中已经涉及企业社会责任的思想，并在某种程度上涉及对企业社会责任正当性问题的思索。实际上，两者在后期都转而接受对方的观点，Dodd（1942）认为自己在20世纪30年代的那次讨论中显得过于草率，而Berle（1954）则明确提出这场争论以Dodd（1932）的观点取胜而结束。总的来说，这一次论战以Dodd（1932）的观点即“企业应对各个利益相关者负责”而取胜。

20世纪60~80年代，Hayek（1960）提出企业只应具有一个目标，即帮助委托人追求企业利润的最大化。类似地，Friedman（1970）尖锐地提出对企业社会责任观念的批评，如今这一观点也成为在众多企业社会责任研究中被多次提及而又次次被反对的观点。Friedman（1970）认为，商人对于企业社会责任的关注是一种没有远见的行为。实际上，他早在1962年的经典著作《资本主义与自由》一书中就提到，企业唯一的社会责任就是通过资源的调配以增加企业的利润。这一观点的支持者如代理理论的学者认为企业的管理者是股东的代理人，因此管理者的任何决策都要以股东的利益为优先，管理者主要的角色就是寻求财务绩效和利润的增加。因此他们认为管理者无须履行除经济责任以外的企业社会责任。

几轮争论过后，更多的研究者不再将注意力放在企业是否应该履行社会责任这一问题上，而是更多地开始关注企业社会责任的概念和内涵。实际上，Berle（1962）在20世纪30年代的那轮争论后又与Manne（1962）就企业社会责任的内容和范围展开了第二轮争论。但当时Berle不再是企业社会责任观点的反对者，他认为Dodd（1932）是正确的，企业除了要对其股东负责外，还要承担对其他利益相关者的责任，比如要考虑企业所在社区的福利，要进行慈善捐款等活动。但是Manne（1962）认为这些责任超过了企业管理者应该承担的范围，他认为企业和政府应各自履行自己职责，企业无须也不必承担本职之外的社会责任。

这几轮争论激起了学者对企业社会责任问题的激烈讨论，其他学者也逐渐加入其中。部分学者认为，自1923年英国学者Sheldon在其《管理的哲学》一书中就最早提出了关于“企业社会责任”的概念。实际上，在20世纪50年代之前，并没在文献中发现大量的有关于企业社会责任的专业术语；而20世纪50年代之后，学者们对此问题的探讨进入了空前繁荣的阶段。因此更多的学者认为，自Bowen（1953）的《商人的社会责任》开始，学术界才开始采用企业社会责任（CSR）这一术语（Garriga & Melé，2004）。Bowen（1953）认为：“商人有责任制定政策，做出决策，采取行动以使整个社会的价值和目标得到更好的实现。”企业要对社区福利、教育发展、员工福祉、政治等方方面面负责。

尽管关于企业社会责任的各个方面都得到了广泛的研究，但是关于企业社会责任的概念，学者们并没有达成共识（Garriga & Melé，2004；Waddock，2003；Windsor，2006）。现有文献在定义企业社会责任时按照以下几种方式对相关概念进行划分：①按时代进行划分。例如，20世纪50～70年代早期的企业社会责任概念、20世纪80年代的企业社会表现、20世纪90年代基于利益相关者理论的社会责任概念、21世纪之初的企业公民（如Carroll，1999；彭华岗等，2013；马俊，2014）。②按企业社会责任发展阶段进行划分。例如，CSR1——企业社会责任时期和CSR2——企业社会回应时期（如Frederick，1978；王倩，2014）。

本书按照企业社会责任的内容，将企业社会责任划分为狭义的企业社会责任、广义的企业社会责任和外延的企业社会责任。狭义的企业社会责任是指除经济和法律责任之外的与道德和慈善相关的责任，而广义的企业社会责任则是包含经济、法律、道德和慈善所有责任在内的社会责任（胡博，2009）。外延的企业社会责任是指与社会责任问题有着较高相关度的如企业社会回应、企业社会表现、企业公民行为等内容。

1. 狭义的企业社会责任

学者们对于企业社会责任的履行与利润获取两者之间的关系进行了大量的探讨。有许多学者认为企业社会责任的履行与企业利润的获取是两个完全不相容的概念，他们认为两者在内涵上不存在交叉和重叠，如Davis（1960）、Eells和Walton（1974）、Backman（1975）以及Sethi（1975）等都持有类似观点。

Davis（1960）认为，社会责任是超越于企业直接经济和技术利益之外的政策和行为。Davis 和 Blomstrom（1966）也指出："个人有义务权衡自己的行为决策对整个社会系统的影响，只要商业行为考虑到对他人的需要和利益的影响，就可以认为商人们履行社会责任。"实际上，社会责任的本质就来源于对一个人的行为可能会对他人利益产生影响的考虑，因此社会责任强调制度化的行为以及行为对整个社会系统的影响（Davis，1967）。

Eells 和 Walton（1974）并不关心社会责任概念本身，而是对企业社会责任的内涵及其进展持更广泛的观点。他们认为企业社会责任代表企业对社会目标和需求的关心，这种关心超越于简单的经济目标。他们对社会责任运动进行了广泛的讨论，并对当时理论界和实践界对社会责任问题的看法进行了深入的分析。

Backman（1975）也指出社会责任是指企业在经济绩效（如追逐利润）之外，需要给予一定重视程度的其他目标和动机，如少数群体的雇佣、污染的控制、社区条件的改善、医疗保健的改善、工业健康安全条件的改善等目标。这些以改善社会生活质量为目标的项目都在社会责任的范围之列。

Sethi（1975）在讨论企业社会表现的维度时，也提及其对企业社会责任的理解。他将企业的社会行为划分为三个层次，分别为社会义务、社会责任和社会回应。其中，社会义务是对市场驱动和法律约束的回应，即强调企业的经济属性和法律属性；而社会责任超越于社会义务，此时的企业行为与社会规范、价值以及对绩效的期待相一致，达到一个新的水平。因此，Sethi（1975）明确地将企业的经济责任从社会责任中区分开来。

其他学者则指出，企业为了满足法律对企业行为的约束而开展的一些行为体现企业的法律责任，但是由于这种约束是强制性的，法律责任与自愿的社会责任并不相同。故学者在定义社会责任时不应该将法律责任包含在内。

McGuire（1963）在《商业和社会》一书中提出："社会责任意味着企

业在经济的和法律的义务之外，还有其他责任。”尽管在他的定义中并没有明确指出这些责任是什么，但是他随后详细地指出企业在经营过程中要对社会福利、教育水平、政治利益以及员工福祉等负责任。他认为企业应该正直，应该是一个合格的公民（Carroll，1999）。这种观点也与商业伦理和企业公民的相关概念有所契合。

Davis（1973）再次提出了企业社会责任的定义，他认为企业社会责任是指“企业对狭义的经济、技术和法律需求之外的问题做出的考虑和回应”。具体来说，企业有义务在决策过程中对外在社会系统进行考虑和评价，并在传统的经济利益之外还能寻求到社会利益收获。此外，企业社会责任所关注的应该是法律约束之外的责任。一个企业仅仅做到遵纪守法，未必是一个有社会责任的企业，因为遵纪守法是任何一个良好公民都应该做的事。

McWilliams 和 Siegel（2001）则认为企业社会责任可以被定义为超越企业的利益和法律要求范围之外能够提升企业福利的行动。这里他们提到了企业的法律责任，认为企业不歧视妇女和少数民族并不意味着该企业是一个负责任的企业，这只能说明企业做到遵纪守法。

综上，本书将那些排除经济和法律责任之外的与道德和慈善相关的责任叫作狭义的企业社会责任。

2. 广义的企业社会责任

企业在履行社会责任的过程中不单单要考虑企业的社会表现，还应该同时关注自身的经济绩效和法律合规性。因此一些学者提出，法律责任和经济责任都是企业社会责任的有效组成部分。本书将这类企业社会责任的定义称为广义的企业社会责任。

Frederick（1960）提出，社会责任意味着商人应该通过对经济系统运作的监督来满足公众的期待，同时这也意味着“生产要以一种确保生产和分配对整体的社会经济福利有所贡献的前提来进行”。他认为社会责任意味着企业不再仅仅是为了实现个人或企业的私人利益，而是体现了企业将经济资源以及人力资源运用到更广泛的社会目的的一种意愿。

Johnson（1971）在《当代社会的商业：框架与问题》一书中提到，一个负有社会负责的企业会平衡多方利益，这要求企业除了为股东争取最大的利益外，还要考虑消费者、经销商、供应商、社区乃至整个国家的利益。他在文中强调了多方利益，这在一定程度上与利益相关者理论有所契合。他还指出，商业中的社会责任就是通过对规定商业角色中的社会规范的细化，发挥追求社会经济目标的作用。

美国经济发展委员会（Committee for Economic Develpment，1971）在其出版物《商业公司的社会责任》一书中提到，与以前相比，企业必须对社会承担更多的责任，并且为更多人类的价值所服务。除了为消费者提供保质保量的产品和服务外，企业还要为美国生活质量做出自己的贡献。此外，《商业公司的社会责任》一书还提到了企业社会责任的三个同心圆概念。内部同心圆责任是指有清晰界限的基础责任——企业的经济功能，包括产品的生产、工作的提供以及经济的增长等。中间同心圆责任是指企业在实现经济功能的同时，要对不断变化的社会价值有敏感的认识。比如，企业应关注环境保护、雇佣关系以及客户对信息的更高需求等。外部同心圆责任则是指那些新出现但还不是很清晰的责任，即企业应更广泛地参与那些能够积极改善社会环境的活动，如企业应关注贫穷和城市问题。

Preston 和 Post（1975）在《私人管理与公共政策：公共责任的原则》一书中引用 Votaw（1973）对企业社会责任的定义，Votaw（1973）认为社会责任对于每个人来说，并不是一样的东西。对于某些人来说，社会责任可能传达法律责任的观点；而对其他人来说，社会责任意味着一种道德感；对另外一些人来说，社会责任又意味着一种慈善贡献。随后 Preston 和 Post（1975）阐明了自己对社会责任的理解，他们更倾向于使用公共责任这一术语来代替社会责任，而公共责任既包括经济责任（如销售商品），又强调公共政策的实施过程。这里对公共政策实施过程的强调不简单等同于法律责任，其主要包括“社会观念、社会问题、法律条文和执法实践”四个方面。因为对公共政策的定义较为宽泛，Preston 和 Post（1975）似乎仅给出了一个十分模糊的企业社会责任的定义。

如表2－1所示，Carroll（1979）提出的企业社会表现三维模型对企业社会责任的定义在整个社会责任研究领域中起着举足轻重的作用。具体来说，他认为企业社会责任由经济责任、法律责任、道德责任和相机抉择责任四个部分组成。①经济责任是指企业需要销售产品和提供服务以追求利润的最大化。②社会在期待企业盈利并尽最大可能获得企业效率的同时，也会要求企业在经营的过程中遵守规则，这一规则即企业运作的游戏规则。换句话说，社会希望企业能够在法律许可的条件下实现企业的经济目标，这就是Carroll（1979）提到的第二种责任——法律责任。③道德责任则代表社会希望企业能够遵从的行为和道德准则，这些准则已在法律要求的范围之外。④相机抉择责任是一种企业承担的自愿性行为，这一责任并没有像道德责任那样有清晰的界限，这也留给企业和企业管理人员判断和选择的空间，但是社会对企业这种行为的期待一直都有。因此Carroll（1979）将经济责任和法律责任纳入社会责任的定义中，故该定义属于广义的企业社会责任定义，这一定义得到许多学者的支持和认可。

表2－1　企业社会责任表现三维度

• 企业社会责任	• 企业社会问题	• 企业社会回应
经济责任	消费者满意	反应型回应
法律责任	环境保护	防御型回应
道德责任	避免歧视问题	适应型回应
相机抉择责任	产品安全	前瞻型回应
	职业安全	
	⋮	

资料来源：Carroll（1979）。

Carroll（1991）又提出了企业社会责任金字塔模型，如图2－1所示。这一次他将1979年提出的第四种责任（相机抉择责任）重新定义为慈善责任，即“社会对企业组织的经济责任、法律责任、道德责任和慈善责任”。

图 2－1 企业社会责任金字塔

资料来源：Carroll（1991）。

综上，本书将包含经济、法律、道德和慈善所有责任在内的社会责任称为广义的企业社会责任。

3. 外延的企业社会责任

一直以来，学者们对企业社会责任概念的模糊性颇有微词，因此越来越多的学者不再继续争论其概念细枝末节的问题，而是开始从更广阔的视角看待企业社会责任的本质。此时，学者们开始使用不同的术语（如社会责任回应、企业社会表现和企业公民等）来描述企业与社会之间的关系，这些构成了外延的企业社会责任概念。

（1）企业社会回应（Corporate Social Responsiveness）。20 世纪 70 年代，越来越多的学者开始使用“企业社会回应”一词。“与虚无缥缈、晦涩难懂的企业社会责任相比，企业社会回应从企业行为和企业战略入手衡量企业的道德属性，更具操作性和可观测性”（胡博，2009）。与此同时，这一术语的传播者也很快意识到企业社会回应不仅仅是一个时间段内偶然席卷学术界的时髦称谓，而是对企业社会责任的一种真正替代。这一时期被 Frederick（1978）称作 CSR2 时期。

Sethi（1975）在介绍三种企业社会行为的文章中就已涉及企业社会回应的思想，他认为社会回应是企业对社会需求做出反应的一个最高级阶段。这些反应行为如为了去除工厂烟囱中的污染而进行相应设备的安装，向污染的受害者或因产品问题而受到伤害的消费者立即赔偿损失等，这样的一些行为会增加企业合法性。有一点值得注意的是，Sethi（1975）认为社会回应不仅仅是企业对社会压力的回应，而是企业对自身在一个动态社会系统中的长期定位，企业应该在自身造成的负面影响引发危机，甚至引发公众对企业的抗议之前，制定相应的政策来减小企业现在或未来的活动所产生的负面影响。

Ackerman（1973）认为："对社会需求的响应不应仅仅是决定去做，而是在决定去做之后，去思考怎么去做，并相应地完成管理上的任务。"如果一个企业声称自己将要开展一些有利于社会的项目和实践，但是却没有付诸行动，那么我们不可以说这个企业对社会问题进行了响应，因此社会回应强调企业该怎么去做这一重要问题（胡博，2009）。此外，Ackerman（1973）提出了企业社会回应发生作用的三个重要领域，这三个领域包括环境评估、利益相关者管理和问题管理。Ackerman 和 Bauer（1976）则对企业社会责任这一提法表示明确的反对，他们强调社会回应的重要性。他们认为，企业社会回应是"一个持续的管理过程，包括监控和评价外部环境条件以识别社会需求，设计和制定计划与政策以响应不断变化的环境及利益相关者要求"（尹珏林，2010）。

Frederick（1978）则认为企业社会回应是指"一个企业回应社会压力的能力"，其焦点是对社会的回应，或展现一种回应的姿态。他认为要深刻了解企业社会回应，必须能够回答以下几个关键问题：这个企业是否能够做出社会回应？是否将要做出社会回应？如何做出社会回应？回应到什么样的程度？社会回应的效果如何？

本书通过对以上文献的梳理发现，企业社会回应比企业社会责任更具备可操作性，同时企业社会回应的提出也为研究企业与社会的关系提供了一个新的思路，在这一思路下，我们可以将社会责任落实到企业实践中去，企业社会责任的研究已从理论概念导向转向为行为导向（Frederick，1994）。

（2）企业社会表现（Corporate Social Performance）。20世纪80年代，在企业社会责任的基础上，学者们开始逐渐接受企业社会表现的定义。其中，Carroll（1979）的三维企业社会表现模型得到了众多学者的支持和认可。Carroll（1979）整合社会责任、社会问题和社会回应三个维度，认为这三种观点在解释企业的社会表现过程中都很重要。他认为，企业的社会责任表现包含以下三个方面：①企业社会责任的基本概念（回答这种责任是否应该超越经济和法律责任）。②社会责任问题（回答企业在哪些领域需要履行社会责任，如环境、食品安全、歧视问题等领域是否需要履行社会责任）。③社会责任回应详述（回答企业应如何对社会问题做出反应）。

这里提到的第一方面即企业社会责任的基本概念就是指前文阐述过的社会责任的四个方面，与此同时，Carroll（1979）不仅仅鉴别社会责任的本质，还指出这些责任应该在哪些领域中起作用，即企业社会表现的第二方面——社会问题。虽然他在文中提到，实际上并没有办法能详尽地鉴别企业社会责任能够发挥作用的领域，但是，我们必须意识到这些社会问题会随行业的不同而有所变化。此外，他们的概念模型还探讨了企业应该如何对社会问题进行回应，如探讨了企业从不反应（Do Nothing）到反应过度（Do Much）这一程度的变化，实际上，这里提到的社会回应就是Frederick（1978）提出的CSR2。Carroll（1979）的三维度概念框架既有综合性又便于理解，因此该模型对我们理解社会责任表现起十分重要的作用，同时，该文也被认为在定义企业社会责任方面取得了相当大的进步。

Wartick和Cochran（1985）进一步修正了“企业社会表现模型”，如表2-2所示。他们将社会责任、社会回应和社会问题整合为一个原则、过程和政策的分析框架。具体来说，这一框架包括企业社会责任原则、社会回应过程和对社会问题的管理政策。其中，企业社会责任建立在社会契约和道德代理两个基本前提之上，而企业社会活动的参与要立足于社会责任原则；社会回应过程则体现企业履行社会责任的总体规划；社会问题的管理政策则体现企业确认问题、分析问题并形成具体回应的过程。因此，Wartick和Cochran（1985）认为，企业社会责任的定义应该考虑社会责任的道德构成，即坚持一定的原则；同时，企业社会回应应该被视作一种过程，而社会问题管理应该被视作一种政策。他们的研究建构了社会问题与社会责任原则和社会责任回应之间的紧密联系。

表 2-2　企业社会责任表现模型

原则	过程	政策
企业社会责任	企业社会回应	社会问题管理
• 经济责任	• 反应型回应	• 确认问题
• 法律责任	• 防御型回应	• 分析问题
• 道德责任	• 适应型回应	• 做出回应
• 相机抉择责任	• 前瞻型回应	
哲学导向	制度导向	组织导向
• 企业的社会契约	• 对不断变动的社会条件的回应能力	• 减少“意外事件”
• 企业是道德载体	• 社会回应的管理方法	• 决定有效的企业社会政策

资料来源：Wartick 和 Cochran（1985）。

Wood（1991）又进一步修正了“企业社会表现模型”，如表 2-3 所示。首先，她在 Carroll（1979）与 Wartick 和 Cochran（1985）的基础上进一步阐述了企业社会责任原则，并探讨了这些原则与制度层面的社会合法性原则、组织层面的公共责任原则以及个人层面的管理自主性原则之间的联系。其次，她进一步鉴别了社会回应的过程，比 Carrol（1979）提出的四种回应策略（反应型回应、防御型回应、适应型回应、前瞻型回应）以及 Wartick 和 Cochran（1985）提出的政策逻辑更进一步，她详细指出了这一回应过程，如环境评估、利益相关者管理和社会问题管理等。最后，她在 Carrol（1979）的社会问题以及 Wartick 和 Cochran（1985）提出的社会问题政策的基础上重构了一个新的观点，即企业行为的结果。总而言之，Wood（1991）的模型相对更复杂，同时也对以往模型没有解释和强调的问题进行了进一步剖析。

表 2-3 企业社会责任表现模型

企业社会责任原则	企业社会回应过程	企业行为结果
制度层原则：合法性	环境评估	社会影响
组织层原则：公共责任	利益相关者管理	社会项目
个人层原则：管理自主性	社会问题管理	社会政策

资料来源：Wood（1991）。

实际上，自企业社会责任概念提出以来，学者们就没有停止对此问题的讨论，同时对社会责任的定义也始终无法达成一致。企业社会责任表现模型的提出较好地改善了这一现状，并将企业社会责任的不同概念囊括在一个框架下。同时，这也方便学者们以相同术语进行深度沟通，探索研究问题。目前该领域研究中最重要的一个研究主题就是探索企业社会表现与财务绩效之间的关系，其中，大量的实证研究都使用企业社会表现这一概念。此外，现在许多企业为响应政府相关号召同时提升企业自身形象而发表的企业社会责任报告，实则是一种企业社会表现报告。报告中除了报告企业对社会责任的理解，同时还将社会问题的识别以及执行的效果等指标通过量化的形式呈现出来。因此，无论是在理论界还是在实业界，社会责任表现这一概念的实用性都很强。

（3）企业公民行为（Corporate Citizenship）。早在 20 世纪 80 年代的美国实业界的管理实践中企业公民行为就已出现，但是直至 20 世纪 90 年代后期至 21 世纪初期，社会公民这一概念才被学者普遍接受。

Matten 和 Crane（2005）对企业公民的相关概念进行了梳理，并提出企业公民的有限观、企业公民与企业社会责任的平等观以及企业公民的延伸观。第一，企业公民的有限观。Carroll（1991）在提出企业社会责任的第四个层次——慈善责任时，就曾提到企业要“成为一个合格的企业公民”，这里的企业公民行为是一种相机抉择的活动，是在企业经营之外回馈社会的决策，但是由于这一活动仅被社区期待，相较于其他三种责任，这一责任显得似乎不那么重要。这一观点就是 Matten 和 Crane（2005）提及的有限观。在这种观点下，企业公民行为被认为是战略上的选择，而非简单地源于企业真心地慷慨给予。同时，企业公民行为被描述为企业自利动机下的选择，企业似乎认为一个稳定社会的、政治的环境将会确保企业获得收益（Windsor，2001；Wood & Logsdon，2001）。此外，许多研究中将企业公民理解为企业对企业社会环境的一种投资（Warhurst，2001）。他们认为企业为获得社会资本（Habisch et al.，2001）和声誉资本（Fombrun et al.，2000）所进行的社会投资（Waddock，2001）最终会帮助改善企业的经济绩效。

第二，企业公民与企业社会责任的平等观。这种观点认为企业公民仅是比企业社会责任范围略广的概念。Carroll（1998）提出的企业公民的四个方面与其20年以前最初定义企业社会责任的四方面（经济责任、法律责任、道德责任和慈善责任）完全一致。其他学者也采用同样的方法对企业公民进行定义，如Maignan和Ferrell（2000，2001），Maignan等（1999）等都将企业公民定义为企业满足利益相关者施加在企业身上的经济责任、法律责任、道德责任和相机抉择责任的程度。因此在企业公民的平等观下，学者对企业公民的定义如果有变化，也仅体现了除社会责任外非常少的新的意义。

第三，企业公民的延伸观。现有文献对于企业公民真正意义的讨论仍比较有限。如果从最初的政治理论观点来对企业公民进行解释，并将之运用于管理思想中，我们就可以获得延伸的企业公民概念，而这一延伸概念来自于政治科学思想流派，即自由公民。确切地说，企业公民意味着企业“是拥有权力和责任的合法实体，也是其所在国家的合法公民”（Marsden，2000）。在政府难以保障公民权时，企业应当挺身而出，承担政府的部分责任，但是这并不意味着企业会完全取代政府来管理公民权。企业公民思想在全球化经济发展背景下具有十分重要的意义，同时也被称为“世纪企业社会责任的主流思想”。

企业公民概念不同于企业社会责任，主要体现在：首先，企业公民是对企业社会责任的强化。企业通过主动承担政府未能保障公民利益的责任，实现了自身的社会行为向法定义务的转换。其次，企业公民不再将企业视野局限在企业内部，而是重点强调社会大环境的中心作用，而企业自身仅是大环境中的一个参与者，企业必须与利益相关者建立相互依赖的关系，共同承担社会责任。企业公民概念能够帮助我们更好地理解企业的社会角色，当然，目前相关领域的研究还不成熟，无法做到与实践更好的结合。

（4）员工 CSR 感知。学术界并没有给出十分明确的定义。学者们似乎认为，首要的任务是了解企业社会责任的定义，在这基础上，若社会责任被员工知晓，那么就可以相应地形成员工感知企业社会责任。故目前大多数学者在探讨员工 CSR 感知这一问题时，只在文中定义企业社会责任（如 Ali et al.，2010；Wisse et al.，2015；刘远和周祖城，2015；Shin et al.，2016 等），相应地认为员工 CSR 感知体现了员工对企业社会责任活动的了解和认知情况。

实际上，在很久以前，已有学者对此进行了探索。Holmes（1976）在文章中曾试图了解“总经理感知的 CSR”，具体来说，她给管理者陈述了一系列关于 CSR 的描述题项，并对这些管理者中有多少人赞同该描述进行了统计，借此了解 CSR 的本质。其中，Holmes（1976）向管理者咨询了其对于企业追求利润最大化等经济责任的态度；同时她还对遵守规则、解决社会问题以及这些活动对短期和长期利益的影响等观点进行了咨询。Holmes（1976）希望能从管理者对企业社会活动参与的期待中进一步了解 CSR。因此从某种意义上来讲，Holmes（1976）首次在文中涉及员工 CSR 感知的思想。

此外，在 Carroll（1979）提出的 CSR 四维度基础上，Aupperle 等（1985）开发了企业社会责任的测量量表，这一问卷的调查对象为企业中的管理者。尽管 Aupperle、Carroll 和 Hatfield（1985）并没有对社会责任的感知给出一个明确的定义，但是这使微观层面 CSR 的测量成为可能。

类似地，Maignan 和 Ferrell（2000）获得了 210 名美国和 120 名法国企业的管理者对企业公民的评价得分，同时他们将企业公民分为经济、法律、伦理以及自由意愿公民四个维度。因此，企业公民感知体现个体认为一个组织对其利益相关者履行经济、法律、伦理以及相机抉择责任的程度（Maignan & Ferrell，2000）。Maignan 和 Ferrell（2000）为企业公民提供了一种准确的描述。

Turker（2009b）从利益相关者角度出发，编制了 CSR 感知量表，量表主要包括企业对员工的责任（CSR to Employees）、对消费者的责任（CSR to Consumers）、对政府的责任（CSR to Government）和对社会公众和环境的责任（包括企业对自然环境、后代以及非政府组织等的责任，CSR to Society，Natural Environment，Future Generations，NGOs）。因此，Turker（2009b）的量表从利益相关者角度给出了员工 CSR 感知的具体内容。

上述几篇文章对我们认识员工 CSR 感知有十分重要的作用，但这几篇文章更多地将员工 CSR 感知理解为员工对企业社会责任活动的了解和认知情况。为数不多的学者尝试在文中给出员工 CSR 感知的明确定义，比如有学者认为员工 CSR 感知体现员工对企业社会绩效的整体评价（Berens et al.，2005；Du et al.，2007；Wagner et al.，2009；Panagopoulos et al.，2016）；也有学者将其定义为员工对企业社会活动的感知程度，以及员工对于企业支持社会事业相应情况的了解程度（Lichtenstein et al.，2004；Maignan & Ferrell，2001；Montgomery & Stone，2009；Lee et al.，2013）；还有学者认为员工 CSR 感知则是指员工对 CSR 的主观感知（马晨和周祖城，2015）。本书在对员工 CSR 感知进行定义时采取大多数学者的观点，即将员工 CSR 感知定义为员工对企业社会责任活动的了解和认知情况。

（二）企业社会责任维度

研究视角的差异使得学者们在对 CSR 维度进行划分时有很大的区别。目前国外学者对 CSR 维度的划分影响较大的主要基于以下两种思想。

1. 内容责任观

基于企业履行 CSR 的内容差异，学者们将 CSR 划分为不同的维度。

例如，CED（1971）提出了三个“同心圆模型”，CSR 被划分为与产品、工作和经济增长有关的“内圈责任”，在履行经济责任过程中不可避免地对社会和环境的“中圈责任”，新兴的且能够更大程度促进社会进步的“外圈责任”。

Carroll（1979）将CSR划分为经济责任、法律责任、道德责任和相机抉择责任四个维度。Carroll（1991）的金字塔责任模型则在Carroll（1979）的基础上，将CSR划分为经济责任、法律责任、道德责任和慈善责任四个层次。其中，经济责任处于金字塔的最底端，在所有责任中所占的比例最大，企业的法律责任、道德责任、慈善责任依次递减。

随后，Wartick和Cochran（1985）在CSR概念的基础上探讨了企业社会表现的三个维度，他们认为企业社会表现应该包括CSR原则、社会回应过程和对社会问题的管理政策。类似地，Wood（1991）又进一步修正了“企业社会表现模型”。但是Wartick和Cochran（1985）、Wood（1991）并没有对CSR的维度进行重新划分，而都是建立在Carroll（1991）的基础之上。Maignan和Ferrell（2000）则从企业公民的角度出发，将企业公民分为经济、法律、伦理以及自由意愿公民四个维度。

2. 利益相关者责任观

基于企业对不同利益相关者的履责差异，学者们将CSR划分为不同的维度。

学者们根据企业对内部利益相关者以及外部利益相关者的责任，将CSR划分为内外部维度（Verdeyen et al.，2004；Brammer et al.，2007），即ICSR（对员工的责任）和ECSR（对外部利益相关者的责任）。Turker（2009b）在其开发的利益相关者导向CSR量表中，进一步将CSR分为四个维度，即企业对员工、消费者、政府以及社会公众和环境的责任。

国内学者对于CSR的分维问题，更多是在参考国外研究的基础上进行的。也有部分国内学者根据自身的研究目的将CSR划分出特有的维度，但这些CSR的分维方法并没有被后来学者广泛引用。

具体来说，一些学者持有CSR二维观，如尤力和王金顺（1990）、卢代富（2001）、刘凤军和王镠莹（2007）将CSR划分为法律责任和道义责任两种。杨菊兰（2016）在 Turker（2007b）的基础上将 CSR 划分为内部责任（包括尊重、关怀、公平对待）和外部责任（包括客户责任、社会公众责任、政府责任）。

一些学者持有 CSR 三维观，如陈志昂和陆伟（2003）认为 CSR 可由法规层责任、标准层责任以及战略和道义层责任组成。陈讯和韩亚琴（2005）根据企业性质和环境等特征将其划分为基本、中级和高级 CSR。郑海东（2007）将 CSR 行为表现划分为三个维度，即对内部人的责任、对外部商业伙伴的责任和对社会公共的责任。张爱卿、吕昆鹏和钱振波（2010）的 CSR 形象问卷将 CSR 划分为劳工权益、人权保障和管理系统三方面。

一些学者持有 CSR 五维观，如何显富、陈宇和张微微（2011）认为在中国情境下 CSR 可以划分为员工、产品、诚信公正、慈善公益以及环境责任。宋鸿和程刚（2012）则将 CSR 划分为五方面，涉及人力资源、企业客户与供应商、环境卫生、股东、与公民社会的关系。

还有一些学者将 CSR 划分为较多维度。基于利益相关者责任观，吕英和王正斌（2009）以 IT 和零售企业员工为样本，将 CSR 划分为对员工、客户、环境、社区、股东、供应商和商业伙伴的责任。王檀林等（2015）在参考《可持续发展报告指南》以及 ISO26000 的基础上，将 CSR 划分为八个维度，包括“劳动实践、经济发展、人权、公平运营、消费者问题、责任治理、环境、社区发展”。徐尚昆和杨汝岱（2007）则认为 CSR 主要由九个方面构成，即包括企业经济的、法律的、环境的责任以及客户导向、以人为本、公益事业、就业、商业道德和社会稳定与进步。

本书研究一在探讨员工 CSR 感知各维度与相关结果变量的关系时，主要选取三种最受关注的分维方式：①Carroll（1991）的四维模型；②CSR 的内外部导向维度；③Turker（2009b）利益相关者四维模型。另外，本书研究三在探讨员工 CSR 感知对员工创新行为的影响中，将选取 CSR 的内外部导向维度，并探索两者影响创新行为的路径差异。

（三）企业社会责任测量

由于大多数 CSR 的研究都在组织或制度层面开展，对 CSR 的测量更多地采用二手数据，如内容分析法（报表信息披露）、声誉指标和数据库法（如利用 KLD 数据库、《财富》杂志声誉指标、加拿大社会投资数据库（CSID））、污染指数法（如对有毒污染物排放总量指标 TRI 的测量）。有关于 CSR 的微观层面的研究，可采用认知测量法对 CSR 进行测量。根据本书的研究目的，下文首先对国外学者采取的 CSR 认知测量方法进行介绍。

Aupperle 等（1985）在 Carroll（1979）提出的 CSR 四维度基础上开发了社会责任导向（Corporative Social Responsibility Orientation，CSRO）量表，量表以个别管理人员为调查对象，共包含四个维度（经济责任、法律责任、道德责任、相机抉择责任），以及 20 个条目。量表获得较高的信度，四个维度对应的 Cronbach Alpha 系数分别为 0.93、0.84、0.84 和 0.87。从内容角度来看，该量表更多地关注管理者对 CSR 的态度，而非描述企业履行 CSR 的具体表现。

Maignan 和 Ferrell（2000）则从企业公民的角度出发，以 210 名美国和 120 名法国企业的管理者为研究对象，将企业公民分为经济、法律、伦理以及自由意愿公民 4 个维度，并用 18 个条目加以衡量。其中经济公民包括 4 个条目，题项如“在最大化利润方面，我们是成功的”等；法律公民包括 4 个条目，题项如“组织的管理者努力守法”等；道德公民包括 5 个条目，题项如“本企业有一套完整的行为规范”等；自由意愿公民包括 5 个条目，题项如“本企业支持员工获得额外教育”等。

还有一部分学者在后续的研究中开始借鉴市场营销领域内关于 CSR 感知的测量，如 Du 等（2007）与 Wagner 等（2009）的量表。这两个量表的优点是比较简洁，但是量表来自于其他研究领域，必须经过修订。

Valentine 和 Fleischman（2008）的文章中使用两个题项“我正为一个负责任的组织工作，而这个组织服务一个更大的社区”“我的组织会为了履行 CSR 而投资相应的时间、金钱和资源”来测量员工对 CSR 的感知。

鉴于其简洁性，这一量表在后续的实证研究中被该领域的学者引用。

基于利益相关者理论，学者试图根据企业对不同相关方的责任来对CSR感知进行测量。Turker（2009b）编制的CSR感知量表成为后续员工层面CSR感知相关研究中被经常使用的量表。这一量表主要包括企业对员工、消费者、政府以及对社会公众和环境的责任（包括企业对自然环境、后代以及非政府组织等的责任）。量表制定之初共42条，后经反复修订，保留22条。

国内学者对于CSR感知的测量更多的是在国外学者开发量表的基础上进行的修正。具体来说，国内学者对CSR感知的测量大致可以分为以下几类。

（1）CSR导向量表的使用。张振刚、余传鹏和林春培（2012）参考Aupperle等（1985）的量表，以小样本46份有效问卷对量表信效度进行了检验，各维度各包含4个题项。邓丽明和李小红（2013）在探讨慈善责任对员工组织承诺的影响时也参考Aupperle等（1985）CSR导向量表中的题项，选择4个观测变量（社会服务、企业捐赠、节能减排和文化支持）来测量企业慈善责任。

（2）市场营销领域中的CSR感知测量，如金立印（2006）以22个条目测量CSR感知，主要包括“回馈社会、赞助教育文化等社会公益事业、保护消费者权益、保护自然环境、承担市场经济责任”；李海芹和张子刚（2009）以21个条目测量企业“经济责任、环保责任、公益责任、法律责任、对消费者的责任、对员工和竞争者的责任”6方面的责任。

（3）利益相关者视角下的CSR感知测量。如郑海东（2007）在以往研究的基础上开发了CSR感知的三维度量表，即内部人责任（包括企业对股东、高管、员工的责任）、外部商业伙伴责任（包括企业对债权人、供应商、分销商以及客户的责任）、公共责任（包括企业对政府、环境以及社区的责任）。类似地，沈占波和杜鹏（2009）对7类CSR进行测量，这7类分别为“员工责任、股东责任、消费者责任、供应商责任、社区责任、政府责任和环境资源责任”。基于Boal和Peery（1985），尹珏林（2010）提出CSR应包括员工责任、市场责任和公共责任三个维度。基于此，王健辉和李永壮（2014）采用尹珏林（2010）的量表，以 16 个题项测量企业的市场责任、员工责任和公共责任。

何显富等（2010）则以小样本 76 份问卷在中国情境下对 Turker（2009b）的量表进行修正。探索性因子分析的结果显示，CSR 包括 5 个维度——员工责任、产品责任、诚信公正责任、慈善公益责任以及环境责任，各维度的量表具有较好的信度水平。姜友文、张爱卿（2015）则参考 Turker（2007b）开发的量表，测量企业对员工、对消费者和对政府的责任以及对社会利益相关者和非社会利益相关者的责任。杨菊兰（2016）修正了 Turker（2007b）的量表，并测量了 CSR 的内部责任（包括尊重、关怀、公平对待）和外部责任（包括客户责任、社会公众责任、政府责任）等，其 Cronbach Alpha 值分别为 0.892 和 0.957。李歌、颜爱民和徐婷（2016）借鉴了 Maignan 和 Ferrell（2000）、Turker（2007b）的量表，将 CSR 分为员工、消费者、社区、环境及政府 5 个维度，并用 24 个题项对 CSR 进行测量。

本书研究一在探讨员工 CSR 感知测量的调节作用时，分别探讨了 Maignan 和 Ferrell（2000）、Du 等（2007）、Valentine 和 Fleischman（2008）、Wagner 等（2009）以及 Turker（2009b）等测量工具对员工 CSR 感知与相应结果变量之间关系的影响。本书研究三在测量内外部导向 CSR 感知时则采用 Turker（2009b）的量表。

二、相关理论基础

（一）社会认同理论

在社会心理学领域，社会认同这一概念源于人们对群体本质的认识需求，而其发展则要归因于其对社会认知行为的贡献。Tajfel 和他的同事们在 20 世纪 70 年代的一系列相关研究奠定了社会认同理论的学术地位。

Tajfel 和 Turner（1979）认为人际的互动在两种极端范围内变化，第一种是纯粹的人与人之间的互动（Interpersonal），尽管 Tajfel 和 Turner（1979）认为十分稀少，这种纯粹的人与人之间的互动仅体现个体与他人之间的关系，此时个体没有识别出社会的分类。第二种是群体之间的互动（Intergroup），体现个体与群体代表之间的关系。此时，个人的特点和异质性会被群体成员淹没。个体人际互动关系范围的变化将直接影响人们如何看待自己和他人（Hornsey，2008）。

Tajfel 和 Wilkes（1963）提出，对于“我们”与“他们”之间区别的强调改变了人们看待彼此的方式。当这种类别上的差别越来越明显时，人们就会直觉地强调自己与内群体的相似性，即我们有很多共同点；同时，不断强调群体之间的差别，即我们与他们不同。这种分类也改变了人们看待自己的方式。同时，在某种程度上，这种分类会引起个体之间自我概念上的程度差异。如果人体认为人际互动仅仅是纯粹的人与人的互动，那么个体会更倾向于将自己定义为一个独立的个体，并显著区别于其他个体；但是，如果人体认为人际互动是在群体间的互动，那么个体的自我概念就包含自己的社会身份，即个体通过归属于某一社会类别而获得的自我形象，以及个体对于组织成员的情绪和评价（Hornsey，2008）。

随后，Turner 等（1987）试图改善这一理论，他们在社会认同理论群体间关系的基础上又关注了群体内成员之间的关系。在《社会群体再发现：社会分类理论》一书中，他们认为社会分类过程是社会认同理论的基础。根据他们提出的社会分类理论，三种类型的社会分类会对员工自我概念的形成产生影响，包括个人在整个人类中的身份、个人在社会组织中的身份以及基于人际比较而形成个人身份（Hornsey，2008）。社会分类有两个功能：其一，社会环境的分割以及社会环境秩序的梳理为个人定义他人提供了系统的手段；其二，有利于个人在社会环境中定位自己（Ashforth & Mael，1989）。社会分类理论对于群体内成员关系的观察更彻底，因此是对社会认同理论的完善。

与社会认同略有差异，组织认同强调的是企业对所在组织产生的认同感。实际上，March 和 Simon 在 1958 年就已提出组织认同的模型，但是直至 20 世纪 80 年代组织认同的研究才得到学者们的大量关注。Patchen 在 1970 年就提出组织认同不仅体现员工在组织中的成员身份（即员工是组织中的一员），也体现员工对组织的忠诚（即员工对组织的支持和维护），这一观点也为后来组织认同的定义奠定了基础。

Ashforth 和 Mael 在 1989 年出版的经典著作中就提出“组织认同是社会认同的一种特殊形式，体现员工对组织的一种归属感，以及个人与组织的一致性”，员工一旦认为自己归属于某一组织，就会产生对组织的认同感。还有学者从特征或价值观一致性的角度来理解员工对组织的认同，他们提出，如果员工认为组织的价值观与自身的价值观是一致的，那么员工就会对组织产生强烈的认同感；Dutton、Dukerich 和 Harquail（1994）则认为如果员工认为其所在组织的特征与自己的特征相同，员工就会对组织产生认同。

组织认同可以用于解释群体内行为间的关系。个体认为自己与组织之间关系的“同一性”和“归属性”的程度越高，其对该组织越认同（Ashforth & Mael，1989）。个体对组织越认同，其就越会内化组织的成功和失败（Ashforth & Mael，1989）。因此，一个越成功越有声望的组织将会给其成员带来越高水平的自尊和自我形象（Dutton et al.，1994）。

根据社会认同理论相关研究（Ashforth & Mael，1989；Brammer et al.，2007；De Roeck et al.，2014），员工会更认同那些有着良好组织形象且能够帮助员工获得自尊和自我价值感的组织（Haslam，2001）。CSR 活动的开展会让员工对组织产生一种认同，员工会为自己归属于这样社会口碑良好的组织而感到自豪，因为这在一定程度上可以满足员工对归属、自尊和自我认同的需要（Brammer et al.，2007；Collier & Esteban，2007；Jones，2010；Lee et al.，2012.；Rupp et al.，2006）。一旦这些需要得到满足，员工就会用一些积极的态度如组织承诺、工作满意度等回应自己的组织（Suh，2016）。

（二）社会交换理论

社会交换理论是在行为心理学和经济学概念基础上建立起来的一种理论，Blau（1964）对比了社会交换关系与经济交换关系，他认为两者最明显的区别在于社会交换关系中包含未指明的义务。他进一步指出，社会交换关系创造了一种模糊的义务关系，同时个体对于这一交换的回报也无法讨价还价。社会交换理论同时也是理解工作场所行为最具影响力的概念范式（Cropanzano & Mitchell，2005），Homans（1958）就曾提出基于交换的社会行为概念。特别地，他指出，交换不仅仅限于物质材料的交换，还包括某种象征价值的交换（如支持和认可）。

社会交换理论的一个基本信条就是，人与人之间的关系会随着时间而演化为一种信任的、忠诚的以及相互的承诺。为了实现这种关系上的转变，个体之间必须遵守交换的规则，即在“处于交换关系的个体之间形成的或个体之间共同使用的、对于某些情形的规范定义”（Emerson，1976）。这其中最重要的规则就是互惠原则。

互惠体现一种个体之间相互依存的交换关系，这种相互依存是一种双向交易，即有给有予。基于这一特点，相互依存的关系成为社会交换的一项关键特征（Molm，1994）。同时，互惠还体现一种“民间信仰”，这种信仰暗含一种文化期待，即人们希望获得他们应得的（Gouldner，1960）。此外，互惠体现一种规范和个人取向。具体来说，一方面，互惠被理解为一种文化使命，那些不遵守规则的人会受到惩罚（Malinowski，1932；Mauss，1967）；另一方面，尽管人们对互惠的追求具有普遍共性，但是不同的人对于互惠的评价程度存在一定差异（Cropanzano & Mitchell，2005）。

Liden 等（1997）指出，仅有为数不多的研究直接检验社会交换的过程或揭开社会交换的黑箱。信任是社会交换理论中一个重要概念（Dirks & Ferrin，2002）。Blau（1968）指出，社会交换关系建立在双方对彼此的投资基础上，这种投资构成彼此之间的承诺；同时，社会交换关系的存在需要其中的参与方信任另一方会在将来做出回报，因此要形成良好的社会交换关系的首要条件就是向对方证明自己是值得信赖的。Konovsky 和 Pugh（1994）也指出维持这种社会交换关系的一个重要部分就是信任，特别是在短期内，当各参与方面临不对称的个人投入和利益诱惑时，这种信任显得尤为重要。因此，信任可以用来解释社会交换的过程，信任程度越高，就会有越强的社会交换关系（Shore & Shore，1995）。

社会交换理论的价值体现在很多学科领域中，Cropanzano 和 Mitchell（2005）就提出，社会交换理论可以用于解释社会权利（Molm et al.，1999）、网络关系（Brass et al.，2004；Cook，et al.，1993）、董事独立性（Westphal & Zajac，1997）、组织公平（Konovsky，2000）、心理契约（Rousseau，1995）以及领导风格（Liden et al.，1997）等。

社会交换理论也可以用来解释员工 CSR 感知与其态度和行为之间的关系。社会行为的产生是社会交换过程的结果（Blau，1964），而这种行为实际上是一种互惠行为（Konovsky & Pugh，1994），为了回报组织对自身的关照，员工会自愿地从事一些活动（Organ，1990）。此外，当员工觉得在组织中工作很开心时，他们就会认为支持组织就是与组织的一种相互交换（Azim，2016）。特别地，企业的 CSR 活动为员工带来收益，基于互惠原则，员工会对组织更加信任。因此信任成为员工回报组织的一个重要环节。Blau（1964）就曾提出，慈善捐赠不仅仅会对捐赠接受者产生影响，还会影响捐赠者内部组织的交换关系。因此，社会交换理论也可以较好地解释员工 CSR 感知与其态度和行为之间的关系。

三、员工CSR感知与相关结果变量关系的文献综述

Aguinis 和 Glavas（2012）发现，现有 CSR 的研究主要集中在行业和组

织层面，而个人层面的研究相对较少。他们提供的统计结果给了我们更加直观的解释，就 CSR 这一主题而言，33% 的文章进行了制度层面的相关研究，57% 的文章进行了组织层面的研究，而只有 4% 的文章进行了个人层面的相关研究，其余 5% 的文章尝试了跨层研究。这一结果显示，个人层面 CSR 相关主题仍具有较大的研究空间。

现有大多数个人层面 CSR 的研究都局限在消费者领域，而对企业活动的直接参与者——员工这一领域的研究相对较少。Glavas（2016）提出，为更好地理解 CSR 对企业员工的影响，仍需要更多学者的努力。因此，本书旨在探讨员工 CSR 感知对员工态度和行为的影响。下文首先对 CSR 感知影响员工态度和行为的相关综述和实证研究进行简单的梳理和回顾。

（一）相关综述研究

尽管关于企业社会责任的文献综述有很多，但直至 Aguinis 和 Glavas（2012）这一综述文章的发表，学者们才开始意识到个人层面 CSR 相关研究的匮乏。自此之后学者们对员工层面 CSR 相关研究进行了大量的探索，相关领域的研究也渐趋成熟。故本书在对相关综述研究进行回顾时，仅对 Aguinis 和 Glavas（2012）之后的几篇重要综述文章进行了介绍和分析，包括 Aguinis 和 Glavas（2012）、Rupp 和 Mallory（2015）、Glavas（2016）以及 Gond 等（2017）的文章。

1. Aguinis 和 Glavas（2012）

Aguinis 和 Glavas（2012）以 588 篇期刊文章以及 102 本书的部分章节为研究对象，系统地对 CSR 相关研究进行了梳理和回顾，并分别从制度层面、组织层面和个人层面探索了 CSR 的前因变量和结果变量，以及 CSR 影响结果变量过程中可能存在的其他变量的中介作用和调节作用。

其中，他们将 CSR 的结果变量分为两类，即外部结果变量和内部结果变量。外部结果变量如企业的声誉（Brammer & Pavelin，2006）、消费者对于企业和产品的选择（Arora & Henderson，2007）等。内部结果变量如提高员工对管理质量的感知（Waddock & Graves，1997a）等。

此外，他们认为 CSR 会通过两种中介机制对相应结果变量产生影响，即关系型中介机制和价值型中介机制。前者描述的是一种参与者之间的连接，这种连接可能是企业为维持与其他内部或外部利益相关者的关系而产生的，也可能是在员工与其上级主管之间产生的，如追随者对于愿景型领导的理解（De Luque et al.，2008）都会是中介 CSR 与相应结果变量的重要因素。价值型中介机制描述的是个人、组织以及利益相关者所持有的原则和标准。相关 CSR 行为会通过这一原则和标准对相应的结果变量产生影响。比如，员工对组织的认同（Carmeli et al.，2007）以及组织自豪感（Jones，2010）都会是中介 CSR 与相应结果变量的重要因素。

他们将在 CSR 与相应结果变量之间起调节作用的变量分成四大类：①人［以一些关注高管、上级主管、员工等的调节变量为例，如员工承诺（Ramus & Steger，2000）、员工 CSR 意识（Weaver et al.，1999）、员工自主决策权（Bansal，2003）等］；②地［以一些关注所在地的调节变量为例，如企业所在的特定社区（Buehler & Shetty，1974），企业所在国家（Arya & Zhang，2009），企业国际化程度（Strike et al.，2006）等］；③价［一些调节变量关注 CSR 的成本，如投资在 CSR 上面的研发费用及广告成本（McWilliams & Siegel，2000）］；④轮廓［以一些关注组织及情境特点的调节变量为例，如企业规模（Waddock & Graves，1997b）、产业（Klassen & Whybark，1999）、松弛资源（McWilliams & Siegel，2000）等］。具体的变量关系如图 2－2 所示。

2. Rupp 和 Mallory（2015）

Rupp 和 Mallory（2015）则对以员工为中心的个体层面 CSR 研究进行了专门的综述分析，并分别探讨了 CSR 对企业潜在员工（求职者）以及在职员工态度和行为的影响。对于企业潜在员工（求职者）而言，具有良好社会表现的企业会对其产生一种吸引力，因此 CSR 感知会促进员工工作寻求意愿以及职业发展水平的提高，同时有利于员工保留。对于在职员工来说，企业良好的社会表现会促进员工积极组织态度的形成，如产生组织认同、工作满意、组织承诺等。此外，CSR 活动的开展还有利于员工绩效

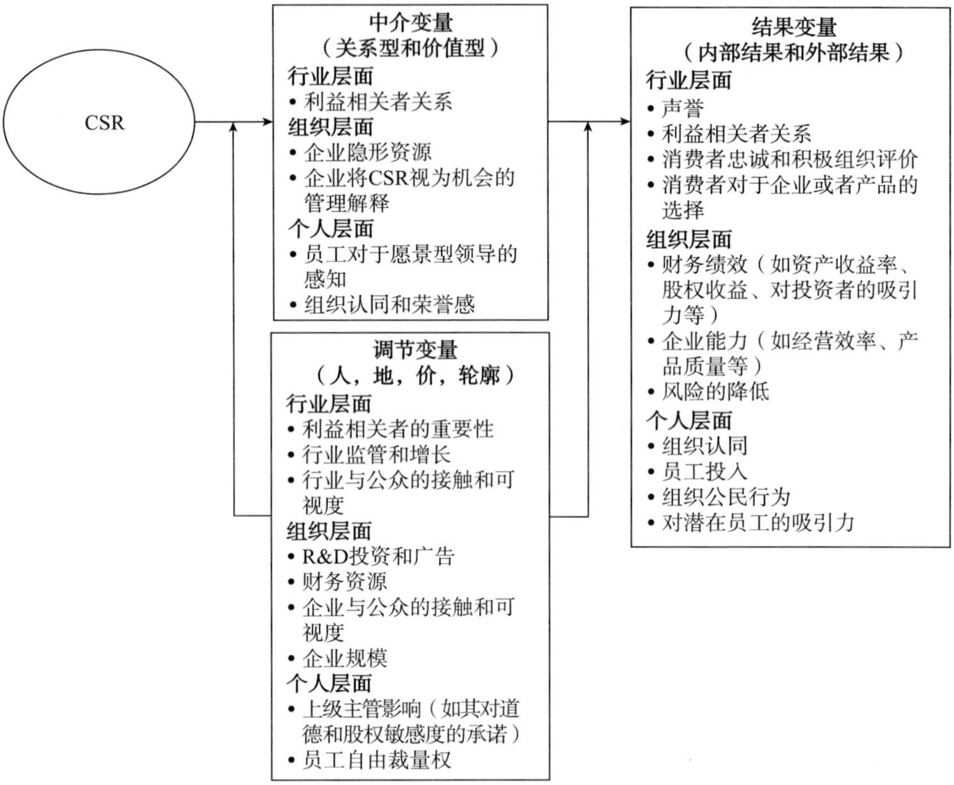

图 2－2　变量关系

资料来源：Aguinis 和 Glavas（2012）。

水平的提高，如提高员工工作投入、角色内绩效，并促使员工更多地表现出组织公民行为、创新行为等。Rupp 和 Mallory（2015）也对一些可能在员工 CSR 感知与员工态度和行为关系中起到中介作用的变量进行了总结，如追随者对愿景领导的感知、组织声誉、组织信任、组织公平、组织认同、组织自豪感、组织吸引力、感知个人组织匹配等。具体变量汇总如表 2－4 所示。

特别地，Rupp 和 Mallory（2015）对 CSR 影响相应结果变量的理论依据进行了汇总分析，这些理论对于我们进一步理解 CSR 与相应结果变量之间的作用关系以及其内在作用机制起到了至关重要的作用。

（1）信号理论。根据信号理论（Rynes，1991），求职者刚刚接触一个组织时很难了解组织真正的特点，因此他们必须参考一些信号指标来对组织的状况进行判断，而CSR就是一个十分有效的信号。

表2-4 变量汇总

<table>
<tr><th>CSR结果变量</th><th>调节变量</th><th>中介变量</th></tr>
<tr><td colspan="3">概念文章</td></tr>
<tr><td>领导成员交换</td><td>CSR意识
CSR管理支持</td><td>领导成员交换</td></tr>
<tr><td colspan="3">实证文章</td></tr>
<tr><td rowspan="3">绩效
工作投入
角色内绩效
组织公民行为
创新行为</td><td>CSR类型</td><td rowspan="3">感知信任
追随者对愿景领导的感知
组织声誉
组织信任
组织公平
组织认同</td></tr>
<tr><td>管理态度
上级领导者股权敏感性
上级领导者道德承诺</td></tr>
<tr><td>组织公平
第一方组织公平
道德认同</td></tr>
<tr><td>组织态度
组织认同
工作满意
组织承诺</td><td rowspan="2">个人差异
价值观
交换意识
少数民族
性别
个体主义导向
女性取向</td><td rowspan="2">其他对组织的感知
组织自豪感
组织吸引力
感知个人组织匹配</td></tr>
<tr><td>组织吸引
组织吸引力
工作寻求意愿
职业发展
员工保留</td></tr>
</table>

资料来源：Rupp和Mallory（2015）。

（2）社会认同理论。社会认同理论（Ashforth & Mael，1989）认为人们会将群体划分为内部群体和外部群体，并且在内部群体中人们能够发展并保持自己的自我概念。人们会对组织中CSR行为这类积极的价值观表示认同，并且通过自我约束以使自己的态度和行为与组织的价值观相匹配。

（3）组织认同理论。组织认同理论是社会认同理论的分支，同样可以解释CSR行为对员工产生的结果效应。一旦组织表现出比较积极的价值观，如在企业内部倡导CSR理念，人们就会对组织表示认同，进而相应地调整自身的态度和行为。

（4）关系管理理论。关系管理理论（Broom et al.，2000）认为，有效地管理组织和员工的关系将会使双方都获益。因此，CSR是进行关系管理的有效工具，相应地会引起员工态度和行为的变化。

（5）认知归类理论。认知归类理论认为，如果员工发现组织或者领导者开展一些价值驱动的行为（如CSR行为），那么他们会试着将这些行为与自己心中的行为类型相匹配。这一机制会帮助员工对组织是否负责任、领导是独裁型还是愿景型等信息进行迅速的判断，相应地也会影响员工随后的态度和行为。

（6）社会交换理论。社会交换理论（Blau，1964）认为，当个体能够通过与他人或者组织的互动获得共同利益时，他们就会对另一方产生一种积极的态度，进而会产生信任感、责任感以及共同利益。具有良好社会表现的企业为员工创造一种充满信任的环境，因此员工会用自己积极的态度和行为回报所在的组织。

（7）工作投入理论。Kahn（1990）提出，如果个人能够将其全部自我（如价值观、兴趣、优势）全部体现在工作中，那么他们对工作也将会更投入。因此组织实施的道德政策和开展的CSR行为会为员工营造一种氛围，这将促使员工更多地在工作中表达自己的价值系统，并进一步促进员工积极态度和行为的产生。

（8）公平理论。公平理论认为，员工会根据他人在组织中是否受到公平对待来判断组织将如何对待自己。因此，CSR信息将会被视作第三方公平感知的信息（Rupp，2011；Rupp et al.，2006），根据这一信息，员工对CSR是否能够满足自己的一些个人需求来进行判断，相应地也会做出自己态度和行为的一些改变。

（9）C－S－R 机制。Jones 和 Rupp（2014）提出，当个人或组织在实施 CSR 活动或者对相应 CSR 活动做出反应时，会出于三个方面的考虑，即基于关怀、自利和关系的考虑。这一机制也对员工 CSR 感知后的态度和行为的变化提供合理的解释。

此外，Rupp 和 Mallory（2015）对一些影响 CSR 与相应结果变量关系的调节变量进行了综述分析，这些变量主要包括 CSR 类型、管理态度、组织公平、个人差异等。

3. Glavas（2016）

Glavas（2016）的综述研究发现目前已有许多关于组织心理学和 CSR 的交叉研究，但 CSR 微观层面的研究始终存在缺口，因此这也为组织心理学家提供了一个机会（Glavas，2016）。Glavas（2016）通过对个体层面 166 篇 CSR 相关研究系统的梳理和回顾，提出了一个整合组织心理学和 CSR 的研究框架，并总结了员工 CSR 感知的相关结果变量，如组织承诺、组织认同、组织公民行为、工作投入、工作满意度、工作绩效等，具体变量汇总如图 2－3 所示。

Glavas（2016）重点强调 CSR 影响相应结果变量的潜在作用机制。每个员工的心理反应过程都是独一无二的，因此他们对 CSR 的反应也会相应地有所不同。了解这种潜在作用机制对于我们更好地理解员工心理状态的变化有着非常重要的作用。具体来说，Glavas（2016）在文章中提出了以下几种潜在作用机制。

第一，基于追求真我的潜在作用机制。即人们出于在工作中追求真我的目的，而对 CSR 有更加积极的反馈。真我可以体现在以下四个方面：

（1）目标实现。正如 Kahn（1990）、Rich 等（2010）所提到的那样，如果能够让员工自身感觉到其所做工作能够实现更大的目标，并且能够对共同利益产生积极影响，这对于员工自身是一件非常重要的事情。实际上每个人对工作的目标感都有与生俱来的期待，但这种目标感有时很难在工作中找到，此时 CSR 行为便成为一种方便自身追求伟大目标的有效路径

（Hulin，2014）。因此基于这种对于更大目标的追逐，个人在感知 CSR 时，就会不自觉地提高自己的要求，相应地表现出更多的积极态度和行为。

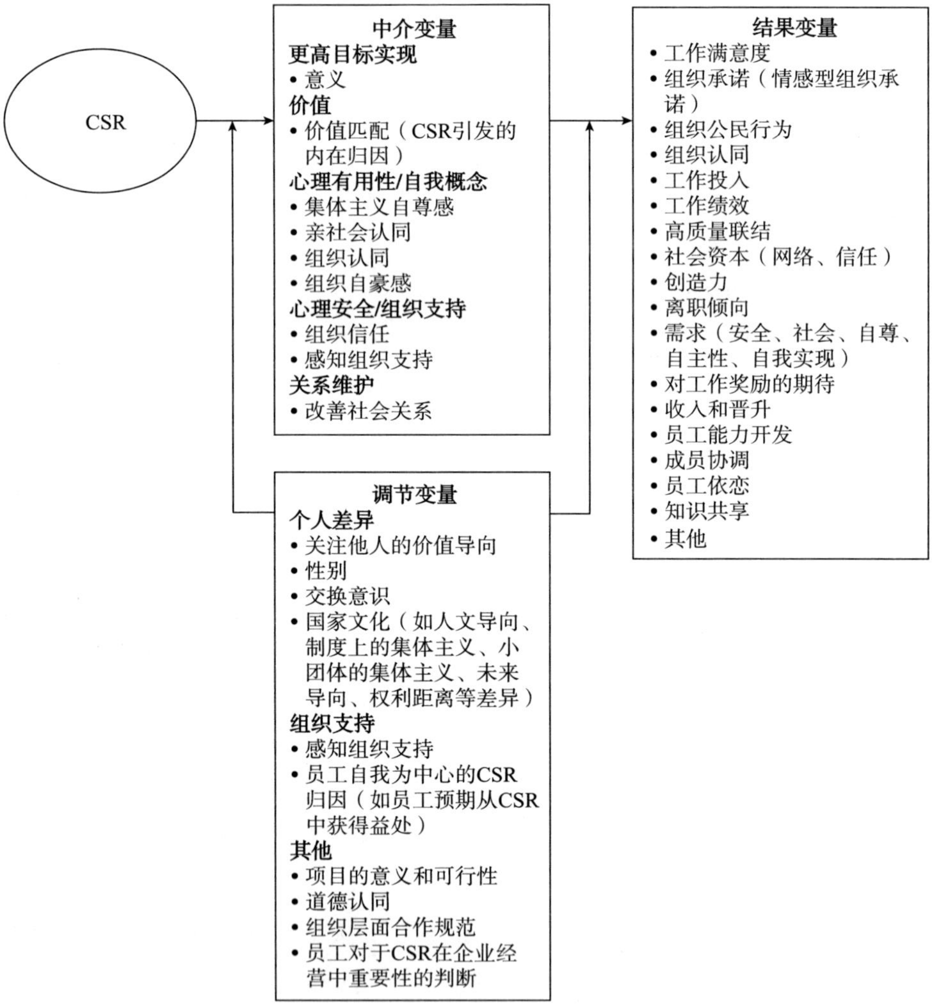

图 2－3　变量汇总

资料来源：Glavas（2016）。

（2）价值匹配。个体会通过与组织价值匹配程度的判断来决定是否在工作中投入更多的真我。当企业开展的 CSR 行为是真实的而非伪 CSR 时，员工就能在组织中找到强烈的价值认同感（Vlachos et al.，2013），此时他们会增加自己对组织价值观（如关心、尊重、整体性）的信任，并相应地表现出更多的积极态度和行为。

（3）心理有用性。心理有用性来源于自尊（Self－esteem）以及员工自我概念（Self－concept）。简单来说，员工如果为一个经常做好事的组织工作，他们也会自我感觉很好。所以员工 CSR 感知会正向影响员工自尊（Bartel，2001）和自我概念（Carmeli et al.，2007；Jones，2010；Farooq et al.，2014；Farooq et al.，2014），这将进一步促进员工积极态度和行为的产生。

（4）心理安全。如果员工具有一定程度的心理安全感，那么他们会更多地在工作中投入真我。企业开展 CSR 活动会为员工提供、创造一种安全的环境，在这种环境下员工更容易展现真我。故当员工感知 CSR 时，他们会产生组织支持感（Glavas & Kelley，2014），并且对组织产生信任（Hansen et al.，2011；De Roeck & Delobbe，2012；Farooq et al.，2014b），从而进一步促进员工积极态度和行为的产生。

第二，基于自利动机的潜在作用机制。从 CSR 概念的角度出发，企业 CSR 活动的开展要充分考虑利益相关者的利益，而员工作为利益相关者也会在企业开展的 CSR 活动中受益。例如，为员工提供更好的工作条件也在企业开展的 CSR 活动范围之内（De Reock & Delobbe，2012；Shen & Benson，2016；Ditlev－Simonsen，2015）。以往的研究中仅将 CSR 看作一种利他行为，CSR 活动的自利性观点是对这种观点的有力补充。实际上，目前比较常用的社会交换理论和组织公平理论是对 CSR 自利性观点的最好说明。基于社会交换理论，员工对企业 CSR 行为所做出的反应更多是来自于组织的一种交换关系，员工感受到企业 CSR 行为给自己所带来的益处，相应地，其会通过努力工作对企业予以回报。在组织公平理论框架下，Rupp（2011）提出了第三方公平，即当员工认为如果组织能够以一种公平的方式对待第三方，那么相应地自己也会受到同样公平的对待。这两个理论都是从员工自利的角度出发，探讨了员工在感知 CSR 后态度和行为上产生变化的原因。

第三，基于道德动机的潜在作用机制。对 CSR 活动一个最简单、最直观的解释即是“企业开展 CSR 活动只是在做正确的事”。因此，如果员工将 CSR 解读为一种道德上的义务，那么就会相应地调整自己在企业中的态度和行为。

第四，其他潜在作用机制。个人差异也会影响员工对 CSR 活动的判断，并相应地影响员工后续态度和行为。

此外，Glavas（2016）对一些影响 CSR 与相应结果变量关系的调节变量进行了综述分析，主要包括个人差异、组织支持和其他三大类变量。

4. Gond 等（2017）

Gond 等（2017）对 268 篇个体层面 CSR 文章进行了综述分析，并分别探讨了个体层面 CSR 行为的驱动因素、作用效应以及对个体对 CSR 的评价过程。区别于前人的研究，他们的研究对象不仅仅局限在在职正式员工，而是将潜在员工（如求职者）、管理者（如中层管理者）、高管（如 CEO）以及首席财务官等都包含在研究内。

就 CSR 作用效应而言，Gond 等（2017）在 Glavas（2016）、Rupp 和 Mallory（2015）的基础上进一步提出了更多个人层面 CSR 行为的结果变量。同时他们对 CSR 影响相应结果变量的潜在作用机制进行了深度解读，又进一步探讨了 CSR 作用效应的边界条件。

具体而言，他们将结果变量分为两类，即态度型结果变量和行为型结果变量。每类又根据变量的作用方向分为积极型和消极型两类。就态度型结果变量而言：①积极态度型结果变量包括组织承诺、组织认同、组织信任、组织依恋、组织自豪感、感知外部声誉、感知组织支持、感知工作—生活质量、工作投入、工作意义、工作满意度、相对于潜在求职者而言的组织吸引力、工作寻求意向等；②消极态度型结果变量包括离职倾向、情绪耗竭、组织犬儒主义等。就行为型结果变量而言：①积极行为结果变量包括角色内绩效、组织公民行为、员工创造力、知识共享行为、员工保留、团队绩效等；②消极行为结果变量包括员工组织偏差行为等。具体变量汇总如图 2－4 所示。

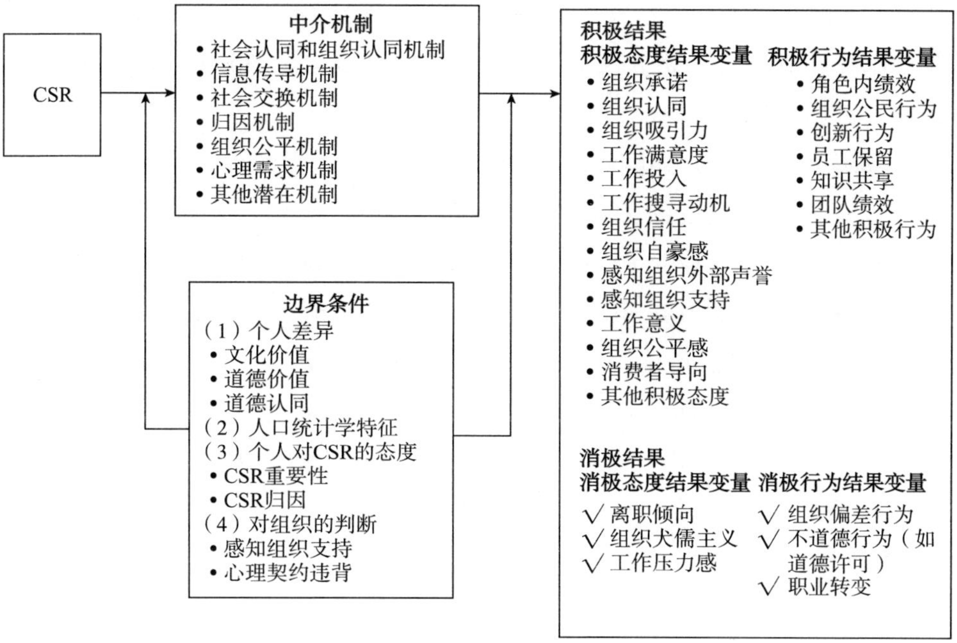

图 2－4　变量汇总

资料来源：Gond 等（2017）。

此外，他们对 CSR 影响相应结果变量的三种重要中介作用机制进行了介绍。①社会认同和组织认同机制。根据社会认同理论（Tajfel & Turner，1986），人们会对声誉以及形象良好的组织产生一种认同感，这种认同感随即会提高员工的自尊感，这将促进员工积极态度和行为的产生，同时降低消极态度和行为产生的可能性。②社会交换机制。众所周知，企业的利益相关者会从企业的 CSR 活动中受益，而员工是企业最重要的利益相关者之一。遵循这样的逻辑，员工一旦因为企业开展的 CSR 活动获得益处，那么其会感知到来自组织的支持，并对组织更加信任，这也会进一步促进其他积极态度和行为结果的产生。③信息传导机制。这一机制更适于解释

CSR 对潜在员工（求职者）的影响。根据信号理论，企业开展的 CSR 活动将会成为一个有效的信号来帮助求职者判断其将要服务的组织会如何对待自己。因此员工会根据这些 CSR 活动的情况来判断其是否应该为这一企业工作。目前仅有为数不多的文章（Behrend et al.，2009；Gully et al.，2013）开始探讨这一影响机制。

Gond 等（2017）还探讨了 CSR 作用效应的边界条件。很多变量会对 CSR 与相应结果变量的关系产生影响，如员工对于 CSR 重要性的判断（Peterson，2004）、CSR 归因（De Roeck & Delobbe，2012）、道德认同（Mallory & Rupp，2014；Rupp et al.，2013；Rupp et al.，2013）、交换意识（Jones，2010）、道德倾向和马基雅维里主义（Zhang & Gowan，2012）、关注他人的价值导向（Davis & Frink，2011）、绿色价值观（Dumont et al.，2017）、工作意义（Carnahan et al.，2016）、组织犬儒主义（West et al.，2015）等。

5. 小结

以上对 2012 年以后的几篇经典综述文献，如 Aguinis 和 Glavas（2012）、Rupp 和 Mallory（2015）、Glavas（2016）以及 Gond 等（2017）等进行了梳理，这些文献汇总了领域内的相关研究成果，并追踪了领域内目前的最新研究现状。通过对现有综述文献的梳理，本书发现基于相关理论，如信号理论、社会交换理论、社会认同理论等，员工 CSR 感知会促进员工积极态度和积极行为的形成，抑制员工消极态度和消极行为的产生。

现有文献对于员工 CSR 感知与相关态度和行为之间关系调节机制的探讨较多，如从个人差异、个人对 CSR 的价值判断、个人对组织的态度等方面进行了探讨。这些边界条件更多的是来源于样本本身，但学者们并没有关注如方法层因素（如 CSR 感知测量工具）对变量之间关系的影响。对个人层面因素（样本人口统计学特征变量——性别和年龄）以及国家层面因素（国家文化）调节作用的探讨也不充分。同时，现有文献对于员工 CSR 感知影响员工行为（如工作绩效、组织公民行为、创新行为）中间机制的研究也不够深入。

最后，现有综述文章更多的是理论综述文章，这些理论综述文章对学者了解相关研究领域起到了重要作用，但是随着近几年相关研究领域的发展，越来越多的实证研究在国内外知名期刊发表，我们不应该仅仅关注文章中的逻辑信息，而应该开始关注这些实证文章中提供的数据信息。元分析恰恰是对现有实证研究的文献综述，它能对现有理论综述类的文章进行补充。因此在随后的章节中，本书根据研究目的，在众多相关领域综述研究的基础上，以 Gond 等（2017）为核心基础，用元分析的方法对 CSR 感知影响在职员工的态度和行为进行定量汇总分析。

（二）相关实证研究

在现有个人层面 CSR 的研究中，国外学者对员工 CSR 感知与员工态度和行为之间的关系做了较多的探讨。一方面，学者们发现，对于潜在员工而言，企业 CSR 活动将对其择业过程中的态度和行为产生影响，如提高组织对其的吸引力（Turban & Greening，1997；Albinger & Freeman，2000；Backhaus et al.，2002；Jones et al.，2014；West et al.，2015）以及工作寻求意向（Greening & Turban，2000；Montgomery & Ramus，2003；Sen et al.，2006；Behrend et al.，2009；Jones，2010；Evans & Davis，2011；Gully et al.，2013；Rupp et al.，2013a；Dawkins et al.，2016）。

另一方面，对于已就职的员工而言，CSR 感知也会引发其态度和行为的改变。研究发现，员工 CSR 感知会促进员工积极态度的产生，如组织承诺（Maignan et al.，1999；Peterson，2004；Maignan & Ferrell，2004；Brammer et al.，2007；Turker，2009a；Kim et al.，2010；Stites & Michael，2011；Mueller et al.，2012；Dhanesh，2014；Farooq et al.，2014b；Glavas & Kelley，2014；Hofman & Newman，2014；Ditlev - Simonsen，2015；Erdogan et al.，2015）、组织认同（Bartel，2001；Carmeli et al.，2007；Jones，2010；Kim et al.，2010；De Roeck & Delobbe，2012；Farooq et al.，2014a、2014b；De Roeck et al.，2014；De Roeck et al.，2016）、组织信任（Farooq et al.，2014b）、组织公平（De Roeck et al.，2014）、组织自豪感

（Jones，2010；De Roeck et al.，2016）、感知外部声誉（Kim et al.，2010；De Roeck & Delobbe，2012；De Roeck et al.，2016；Farooq et al.，2017）、感知组织支持（Glavas & Kelly，2014；El Akremi et al.，2015；Ditlev－Simonsen，2015；Shen & Benson，2016；Glavas，2016）、感知工作生活质量（Singhapakdi et al.，2015）、感知个人组织匹配（Gully et al.，2013）、员工激励（Kim & Scullion，2013）、员工投入（Glavas & Piderit，2009；Caligiuri et al.，2013；Rupp et al.，2013a）、员工依恋（Lee et al.，2013）、员工保留（Jones，2010；Carnahan et al.，2016）、员工能力发展（Caligiuri et al.，2013）、心理需求的满足（Gavin & Maynard，1975）、工作满意度（Gavin & Maynard，1975；Valentine & Fleischman，2008；Vlachos et al.，2013；De Roeck et al.，2014；Dhanesh，2014；Glavas & Kelley，2014）、工作意义（Glavas & Kelley，2014）等。

员工 CSR 感知还会显著正向影响员工积极行为。如提高员工创造力水平（Glavas & Piderit，2009；Brammer et al.，2015；Spanjol et al.，2015）和角色内绩效（Bartel，2001；Jones 2010；Shen et al.，2016），促使员工更多地表现出组织公民行为（De Luque et al.，2008；Jones，2010；Lin et al.，2010；Evans et al.，2011；Hansen et al.，2011；Abdullah & Rashid，2012；Rupp et al.，2013a；Shen & Benson，2016；Farooq et al.，2017）和知识共享行为（Farooq et al.，2014a），并改善员工之间的关系（Agle et al.，1999；Bartel，2001；Glavas & Piderit，2009）等。

此外，员工对 CSR 的感知会降低一些消极态度和消极行为的产生，如降低员工组织犬儒主义（Evans et al.，2011b；Sheel & Vohra，2016）、情绪耗竭（Watkins et al.，2015）、离职倾向（Jones，2010；Hansen et al.，2011；Shen et al.，2016）和减少员工偏差行为（Evans et al.，2011b）等。

国内学者从 2008 年才开展有关员工 CSR 感知与结果变量关系的实证研究，但这些研究已经涉及与员工相关的各种结果变量。包括员工忠诚（林巧燕和吴静静，2009）、工作投入（何显富等，2011；晁罡等，2012；

熊国保，2015；黄俊等，2016）、工作敬业度（姜友文和张爱卿，2015；徐芳和王静，2016）、工作满意度（吕英和王正斌，2009；张爱卿等，2010；彭正龙和王海花，2010；刘刚和李峰，2011；张振刚等，2012；马晨和周祖城，2015）、工作绩效（李祥进等，2012；张倩等，2014；熊国保，2015；刘宗华等，2017）、创新行为（黄俊等，2016）、组织承诺（苗莉和赵婉莹，2012；张振刚等，2012；邓丽明和李小红，2013；刘远和周祖城，2015；马晨和周祖城，2015；姜友文和张爱卿，2015，王立鹤等，2015）、组织认同（卢涛和王志贵，2009；何显富等，2011；王艳婷和罗永泰，2013；张倩等，2014；刘宗华等，2017）、组织公民行为（张爱卿等，2010；何显富等，2011a；何显富等，2011b；王文彬和李辉，2012、2013；刘云，2014；王健辉和李永壮，2014；刘远和周祖城，2015；黄洁和王晓静，2016；刘远和周祖城，2017）、离职倾向（李歌等，2016）、工作场所偏差行为（王文彬和李辉，2013；王立鹤等，2015）等。

其中，研究者更多地关注了员工 CSR 感知与员工组织承诺、组织认同、工作绩效以及组织公民行为之间的关系。例如，苗莉和赵婉莹（2012）以大连大中型企业员工为研究样本，验证了 CSR 与员工组织承诺之间的正相关关系。类似地，刘远和周祖城（2015）在考察组织承诺在员工 CSR 感知与组织公民行为之间的中介作用时，也证实了员工 CSR 感知与员工组织承诺之间的正向关系。姜友文和张爱卿（2015）以 190 名企业员工为样本，验证了员工 CSR 感知对其组织承诺的正向影响关系。

卢涛和王志贵（2009）的研究表明，员工所在企业社会表现越好，员工对组织的认同程度越高；王艳婷和罗永泰（2013）对天津市津南区两个企业员工进行问卷调查，运用结构方程检验了员工 CSR 感知和员工认同之间的正相关关系；刘宗华等（2017）则通过一组主管和下属的配对样本，证实了员工 CSR 联想与员工—企业认同之间的正向影响。

熊国保（2015）以旅游企业为研究样本，证实了 CSR 对员工绩效有显著的正向影响；同样地，李祥进等（2012）和刘宗华等（2017）通过实证研究证实，CSR 感知显著影响员工工作绩效。

何显富等（2011）以社会交换理论为基础，解释了员工 CSR 感知影响员工组织公民行为的作用机制，并证实了两者之间显著的正向关系。何显富等（2011）则以国内大型制造企业的员工为样本，实证检验了员工 CSR 感知对其组织公民行为的直接正向影响。王文彬和李辉（2012）则基于暗示理论，探索了员工 CSR 感知对其组织公民行为影响的边界条件，其实证结果证实了 CSR 对员工组织公民行为的正向显著影响。王文彬和李辉（2013）运用互惠理论，进一步通过实证研究检验了企业履行 CSR 对员工组织公民行为的显著正向影响。王健辉和李永壮（2014）运用内部营销理论和社会认同理论，以服务业员工为样本，探索了企业品牌内化特征和员工品牌认同在 CSR 感知和组织公民行为之间的中介传导作用，其中他们通过实证研究间接证实了员工 CSR 感知与组织公民行为之间的正向影响。刘远和周祖城（2015）则以中小企业 592 名员工为样本，检验了情感承诺在员工 CSR 感知与组织公民行为之间的中介作用，其中他们的实证结果表明员工 CSR 感知会显著正向影响员工的组织公民行为。黄洁和王晓静（2016）则基于心理契约相关理论，探索了心理契约在员工 CSR 感知与员工组织公民行为之间的中介作用，其研究结果证实了员工 CSR 感知能够显著正向影响员工的组织公民行为。同样地，刘远和周祖城（2017）运用社会交换理论解释了员工 CSR 感知对其组织公民行为影响的作用机制。其研究结果表明，员工 CSR 感知对其组织公民行为有显著正向影响。

其他一些结果变量也得到了研究者的关注，如黄俊等（2016）的研究发现员工 CSR 感知显著正向影响员工投入。姜友文和张爱卿（2015）、徐芳和王静（2016）的研究发现 CSR 对员工敬业度有显著的正向影响。马晨和周祖城（2015）在检验员工的企业伦理态度在员工 CSR 感知和员工工作满意度两者之间调节作用的过程中，证实了员工 CSR 感知对员工工作满意度的显著正向影响。李歌等（2016）的研究发现员工 CSR 感知对离职倾向有显著的负向影响。王文彬和李辉（2013）的研究结论表明，企业履行 CSR 负向影响员工反生产行为。王立鹤等（2015）以 659 名国有企业员工为研究样本，发现无论企业履行对员工的责任还是对公益的责任，都会降低员工的反生产行为。

通过对以上实证文献的梳理，本书总结了 CSR 感知影响在职员工的几个方面：①促进员工积极态度的形成，如组织承诺、组织认同、组织信任、组织公平、工作投入和工作满意度等；②促进员工积极行为的产生，如工作绩效、组织公民行为和创新行为等；③抑制员工消极态度的形成，如组织犬儒主义、离职倾向等；④抑制员工消极行为的产生，如降低反生产行为等。此外，CSR 感知还会提高求职吸引力，提高潜在员工的求职意向。在这一汇总结果的基础上，根据本书的研究目的，笔者将在下文采用元分析的方法对 CSR 感知影响在职员工的几个方面进行定量汇总分析。

四、本章小结

本章首先简述了 CSR 的概念，并对其维度和测量进行了辨析；其次回顾了相关理论基础，即社会认同理论和社会交换理论；最后梳理了 CSR 感知与相关结果变量关系的综述文献和实证文献。

目前，学者们对于 CSR 概念的界定仍存在很大的分歧，因此本章从狭义的、广义的、外延的三个角度对 CSR 概念进行了区分。其中，员工 CSR 感知的概念得到越来越多学者们的关注。参考大多数学者的观点，本书将员工 CSR 感知定义为员工对 CSR 活动的了解和认知情况。相应地，本章对 CSR 的维度进行了介绍，并着重总结了认知测量法下 CSR 感知的测量方式。

此外，本章对用于解释 CSR 感知与相关结果变量之间关系的理论基础进行了介绍。许多理论可以对此现象加以解释，如信号理论、社会交换理论、社会认同理论等。根据研究目的，本书仅对社会认同理论和社会交换理论进行了系统的介绍。

对现有文献梳理后发现，学者们对于 CSR 感知与员工态度和行为之间的关系进行了大量的实证研究。例如，CSR 感知会正向预测员工的积极态度和行为（如组织信任、组织认同、工作绩效、组织公民行为等），负向影响员工的消极态度和行为（离职倾向、反生产行为等）。但是仅有少数综述文章（Glavas，2016）对员工 CSR 感知及其各维度与结果变量的研究进行了分析归纳，并没有学者采用元分析的方法系统地对员工 CSR 感知的结果变量进行总结，因此在该领域开展元分析研究显得十分重要。

同时，尽管现有员工层面 CSR 的相关文献对于影响员工 CSR 感知与相关态度和行为之间关系调节机制的探讨较多，但是并没有关注一些因素，如方法层因素（CSR 感知测量工具）对变量之间关系的影响。对个人层面因素（样本人口统计学特征变量——性别和年龄）以及国家层面因素（国家文化）调节作用的探讨也不充分。现有员工层面 CSR 的相关文献对于员工 CSR 感知影响员工行为（如工作绩效、组织公民行为和创新行为）中间机制的探讨并不够深入（Glavas，2016）。仅有为数不多的文章同时关注几种态度变量的多重中介作用机制，而且这几种中介机制之间存在何种区别不得而知，到底是哪种机制更适合解释这一现象也不得而知。

因此，在下面几个章节本书以员工 CSR 感知为核心，运用三种不同的研究方法，相应地开展三个研究，对以下几个研究问题进行回答：①CSR 的开展对员工的态度和行为有哪些影响？这些影响的真实关系是怎样的？这些影响关系是否会受 CSR 测量、样本特征以及文化特征的影响？②CSR 影响员工行为（元分析结果中的三个重要行为变量，即工作绩效、组织公民行为和创新行为）的作用机制是怎样的？③CSR 感知影响员工行为（员工工作绩效和组织公民行为）的两种内在心理机制（认同机制和信任机制）是否存在区别？④不同导向 CSR 感知对员工创新行为有怎样的影响？

第三章

研究方法简介

一、元分析

Glass（1976）将元分析（Meta - analysis）定义为“以汇总研究结果为目的，对大量单个研究的统计分析过程”。实证研究中，学者在收集数据时，不可避免地会存在抽样误差；对变量进行测量时，不可避免地会存在测量误差。元分析的基本思想就是在以往实证研究结果的基础上，控制抽样误差和测量误差的影响，以获得变量之间“真实”的相关系数。学者们可以通过元分析综合现有的研究发现，并计算出一个效应值（Effect Size）（Hunter & Schmidt，2004）。这一效应值反映两个变量之间相关关系的大小和方向（Bergh et al.，2016）。

元分析具体的操作步骤如下：第一步，确定研究问题。研究者必须清楚了解自己的研究问题，并将之明确定义出来。第二步，明确核心变量的定义，并鉴别核心研究变量的构念及测量。如果研究者没有对核心变量的定义、构念和测量有较为深入的掌握和理解，那么在元分析过程中可能会纳入一些与核心变量看似相似实则有着显著差异的构念，使我们得到不合理的推断；也有可能在元分析中遗漏一些重要的构念，使我们得到一些误导性的结果。Hunter 和 Schmidt（1990）就提出，至少在最初，我们的元分析要确定一个研究范围，这一范围要很狭窄，但是却能够涵盖学者关注的这一主要核心变量的所有构念。第三步，文献检索。在一定的时间和数据库范围内，根据确定的关键词，尽可能搜索相关研究领域的文章。第四步，文献选择。根据文献的具体内容，我们需要对纳入元分析的文章进行筛选，筛选过程中需要遵循一些标准，如文献类型必须是实证文章，文献中必须包含核心变量与相关变量的相关系数等信息。第五步，文献编码。即对纳入元分析的文献的数据信息（核心变量，相关结果变量，影响效应，样本信息），以及文献的基本信息，研究内容及研究设计进行编码。第六步，元分析效应值的参数估计。元分析的输出信息主要包括变量间未修正的相关系数（$\bar{r}$）以及修正的相关系数（r_c）及每个相关系数的置信区间。其中，修正的相关系数即为两个变量之间“真实”的相关系数。在操作过程中，我们可以使用 CMA 软件和 RevMan 等专用软件进行元分析，也可以采用通用软件如 Stata、SAS、R、Matlab 等进行元分析。

元分析被广泛应用于社会科学的研究中（如 Rosenthal & DiMatteo，2001；Schmidt，1992）。元分析主要有以下优点，如元分析可以对现有同类的实证研究的结果进行汇总合并（Thompson & Higgins，2005），对现有研究中的不一致结论进行解释（Egger & Smith，1997），找到变量之间的“真实”影响关系，还可以对现有叙述型文献综述进行补充（Wolf，1986），并为未来的研究指明方向（Egger et al.，1997）。但是元分析方法也存在一些问题，比如纳入元分析的实证研究的质量良莠不齐，甚至一些实证研究在研究设计、样本选取和实证分析中存在一些问题，将这样的研究与一些高质量的研究同时纳入元分析数据库存在较大的风险。再如，由于只有一些有显著研究结果的文章才会被投递和发表，纳入元分析的原始文献可能存在发表偏倚，因此这一结果无法代表研究的真实情况，最终可能导致效应值被高估。

本书研究一将使用元分析的方法对员工 CSR 感知以及其各个维度与员

工态度行为之间的关系进行汇总归纳，并获得 CSR 感知及其各个维度与员工态度和行为之间“真实”的影响关系。同时本书采用元分析回归的方法探索其他因素如方法层面因素（CSR 感知不同测量）和个人层面因素（样本人口统计学特征变量——性别和年龄）在员工 CSR 感知与相应结果变量关系中的调节作用。此外，本书还采用亚组元分析①的方法探讨国家层面因素（国家文化）在员工 CSR 感知与相应结果变量关系中的调节作用。

二、元分析—结构方程模型

基于众多研究领域元分析的丰硕成果，如果学者能够再将其与结构方程模型整合起来检验因果模型，那么其结果一定具有重大意义（Cheung & Chan，2005）。Viswesvaran 和 Ones（1995）就提出可以将元分析和结构方程模型相结合，即采用元分析—结构方程模型的方法。元分析和结构方程模型是在不同理论基础下发展起来的，元分析的统计基础理论是基于相关系数的分布，而结构方程模型则是基于方差协方差矩阵来进行建模的。尽管有些学者认为将这两种方法结合来进行建模可能会存在一定的偏差，但是这一偏差并不严重（罗胜强和姜嬿，2014）。

具体来说，本书可以对相关系数矩阵应用元分析技术，进而获得合并的相关系数矩阵（Pooled Correlation Matrix），这一合并的相关系数矩阵可以用结构方程模型进行下一步分析（如 Viswesvaran & Ones，1995）。元分析仅仅可以获得两个变量关系的效应值，但是元分析—结构方程模型可以在控制模型中其他变量的基础上得到这两个变量关系的效应值，并同时获得整个模型的拟合信息（Bergh et al. ，2016）。

① 亚组元分析是在对比类别变量的调节作用时对元分析结果进行分组对比的方法。

元分析—结构方程模型的具体步骤如下：①相关系数矩阵的构建。首先，笔者通过搜索前人的元分析文章得到变量之间的“真实”相关系数。如果在这一步骤中可以找到所有变量两两之间的“真实”相关系数并填满矩阵，则无须进行下一步骤。其次，根据本书元分析结果获得个别变量间的“真实”相关系数，如果还未将矩阵填满，则需要在以往文献的基础上对变量之间的相关系数进行编码，并相应地开展新的迷你元分析[①]，以获得一个完备的相关系数矩阵。②元分析—结构方程模型的检验。主要借助结构方程软件包对相关系数矩阵进行模型验证。

元分析—结构方程模型有以下优点：①由于元分析—结构方程模型纳入研究的数据是在所有能够获得的变量之间关系基础上进行的，这样一来就增加了模型的外部效度（Shadish et al.，2002）。②元分析—结构方程模型具有较好的统计效力（Cheung & Chan，2005），这是因为元分析—结构方程模型以一个合并的相关系数矩阵为研究基础，而这一合并的相关系数矩阵是对数以千计的企业样本进行元分析获得的（如 Crook et al.，2008），因此其样本量比仅仅是结构方程模型的情况要大得多。③由于元分析—结构方程模型可以获得三个及三个以上变量的关系，元分析—结构方程模型可以用来检验变量间的中介作用机制，并能够对比中介机制在大小、方向上的差异。总体而言，元分析—结构方程模型是在传统定量分析和元分析的基础上提供一种更加有效力且更加深入的分析结果。

元分析—结构方程模型也存在如下问题，比如若没有足够实证文章的元分析结果作为基础，元分析—结构方程模型检验的结果就是不合理的；由于元分析效应值是由两个变量的相关关系所得，无法采用结构方程软件包进行调节效应分析，故元分析—结构方程模型无法检验调节效应（Bergh et al.，2016）。

本书研究二将运用元分析—结构方程模型的方法，检验组织认同和组

① 迷你元分析是在运用元分析—结构方程模型的方法进行相关研究，并填满相关系数的过程中，对于无法获得的变量之间的“真实”相关系数进行专门的、特定的两变量之间的元分析。

织信任在员工 CSR 感知与工作绩效和组织公民行为之间的中介作用机制，并运用 LISREL 软件对两个中介作用进行对比分析。之所以选择这一方法，一方面是因为元分析—结构方程模型在验证过程中自身的优点，另一方面是因为目前已有较多学者运用实证研究的方法探讨过员工 CSR 感知与工作绩效和组织公民行为之间的关系，同时这些学者并没有得到一致性的结论，在研究二中本书将运用元分析—结构方程模型的方法对相关假设进行检验。

三、实证研究

自 20 世纪 50 年代以来，社会科学研究越来越强调实证主义的思想。与自然科学相类似，实证主义学者认为客观现象和抽象理论之间是相互依赖的（Comte，1988），任何社会科学的理论都必须建立在现实世界客观事实的基础之上；类似地，我们对客观现象的理解和认识同样要有相关理论的指导。实证主义者认为，如果研究者想要了解社会现象的客观规律，就必须对社会现象有深度的了解，并且能够通过数量化的形式将之表现出来（陈晓萍、徐淑英和樊景立，2012）。

具体来说，为将研究对象用数量化的形式表示出来，我们需要采用一定的测量方法，采集相应的数据资料，这也使实证研究与以往研究范式区分开来。就管理学领域而言，有三种数据来源比较常用：①直接将未加工的外界信息作为数据来源。对于企业行为等相关信息的测量多使用这种方法，比如在企业层面的相关研究中，我们可以利用资产收益率和净资产收益来测量企业绩效等指标。在组织行为的相关研究中，也出现过类似的测量方法，如运用员工申请或获得的专利数目作为衡量其创造力的指标（Oldham & Cummings，1996）。②研究者利用测量工具（如量表）将那些无法直接观察的信息以数字化的形式表达出来。例如我们可以发放问卷，以量表的方式获得员工对于某件事情的态度、动机、意愿的信息，这些信息无法直接观察，但是借由量表可以被转化为数字的形式表达出来。③研究者利用测量工具对他人进行调查，以了解他人观察到的研究对象的行为（陈晓萍等，2012）。比如我们可以邀请上司来对下属的工作绩效和行为表现进行评价。通过以上方法，我们可以建构现实世界和理论世界的联系，并有效地将现实世界的信息通过数据化的信息呈现出来。

但是研究者对客观事物进行数量描述时不可避免地带有一些主观色彩，比如刚刚提到的三种获取数据的方式，第一种方式获得的客观指标可能与我们真正想测量的构念存在一定的差距，比如资产收益率和净资产收益并不能刻画企业的长期竞争绩效（陈晓萍等，2012）。因此，研究者在实际操作过程中，往往会根据自己的研究目的，在数据可获得的情况下，选择与自己的研究变量最切合的指标来测量该变量。而后两种数据获得的方式可能存在更多的测量误差，比如同样两名员工对 CSR 的感知可能会存在很大差异，这意味着两者会对相同的事件产生不同的理解，这一现象同时也出现在对他人进行调查的情况里。此外，组织行为学中经常提到的共同方差偏误，就是因为数据来源相同、测量环境相似而导致两个变量间变异的重叠，进而造成变量之间的虚假相关。因此，学者要想对现实世界有客观的了解和认知，必须进行合理且严谨的研究设计，控制研究过程，进而获得变量之间的因果关系，得到有效的研究结论。

本书研究三采用实证研究的方法，采用第二种数据搜集的方式，结合问卷调查法和统计分析法对员工 CSR 感知内外部维度与创新行为的关系进行分析。之所以采用实证研究的方法是因为目前并没有学者开展类似的实证研究，因此元分析—结构方程模型在这一研究中并不适用。具体来说，研究三在借鉴国内外较成熟量表的基础上，经过小样本测试确定了最终的调查问卷。随后笔者在全国范围内对企业一线员工进行调查，利用 SPSS 对量表进行信度检验，同时结合 AMOS 软件通过验证性因子分析对量表进行效度检验，确保问卷的科学性和严谨性。最后，本书利用 SPSS 软件

Process 程序对链式作用等相关假设进行检验。

四、本章小结

以上提及的三种研究方法能够解决不同的研究问题，因此三者之间不存在某一种研究方法明显优于另一种研究方法的现象，更多的是对彼此的互补。具体来说，元分析的方法能够对领域内比较成熟的实证研究进行汇总分析，并便于我们了解在控制测量误差和抽样误差的影响之后，变量之间“真实”的相关关系。不同于传统的综述文章，元分析是一种定量的文献综述，在对现有文献进行汇总分析的同时，还能够通过统计的方法给出各研究变量之间“真实”的相关系数，这对于我们进一步了解变量之间的关系，并对实证研究结果差异的存在进行解释起着重要的作用。由于元分析仅仅关注变量之间的相关关系，并不能对复杂的变量关系进行探讨（如元分析无法考察变量的中介作用）。因此可以采用元分析—结构方程模型的方法，在元分析的基础上，利用变量之间的“真实”相关系数，通过建立结构方程模型的方法，对变量之间的相关系数矩阵进行建模，以期了解变量之间复杂的影响关系。此外，鉴于元分析建立在对大量文章的分析基础上，因此对于比较前沿的研究也无法通过元分析的方法实现。此时实证研究就能够较好地解决这一问题，并可以利用新的研究样本对领域内比较新的研究问题进行探索。因此，根据不同的研究目的，本书分别采取元分析、元分析—结构方程模型和实证研究的方法对三个子研究进行分析。总的来说，研究方法和研究问题的匹配度较好，因而在方法的选取上体现了较好的适用性。

第四章

研究一：员工 CSR 感知对员工态度和行为影响元分析

一、研究基础

现有 CSR 的相关研究更多地关注了 CSR 的工具性效应，如关注 CSR 对企业绩效或消费者消费行为的影响（如 Becker - Olsen et al.，2006；Waddock & Graves，1997b），但对 CSR 的情感型效应（如对员工工作投入、组织信任的影响）的关注尚有待深入（Lin，2010）。因此，本书以此为核心研究问题，旨在探索员工 CSR 感知对员工态度和行为的影响。

实际上，企业的社会表现一旦被员工意识并且了解，就会对员工的态度和行为产生影响（Brown & Dacin，1997；Rupp et al.，2006），但是学者们对于这一影响的方向并没有得到一致的结论。通过对现有文章的深入分析，本书发现，许多探讨员工 CSR 感知与相应结果变量之间关系的文章得到了不同甚至相悖的研究结论。譬如，大多数学者（Gavin & Maynard，1975；Valentine & Fleischman，2008；Vlachos et al.，2013；De Roeck et al.，2014；Dhanesh，2014；Glavas & Kelley，2014；Du et al.，2015；Yilmaz et al.，2015；Suh，2016）认为员工 CSR 感知会正向影响员工的工作满意度。但是 Wisse 等（2015）却发现员工 CSR 感知与员工的工作满意度是负相关的（$r = -0.01$）。

类似地，Hsieh 和 Chan（2012）在探讨 Carroll（1979）的 CSR 四维度对员工继续承诺的影响时认为，员工感知企业经济责任、道德责任、法律责任以及相机抉择责任都与员工的继续承诺正相关。但是 Dhanesh（2012）的文章中却发现员工感知企业经济责任、道德责任、法律责任以及相机抉择责任都与员工的继续承诺负相关。

再如，大多数学者（Abdullah & Rashid，2012；Newman et al.，2015）在探讨 CSR 的利益相关者维度对员工组织公民行为的作用时普遍认为，员工感知企业对消费者的责任、对员工的责任、对政府的责任及对环境的责任都会显著正向预测员工的组织公民行为。但国内学者王健辉和李永壮（2014）却发现员工感知企业对消费者的责任与员工的组织公民行为负相关。

上述文章不一致的研究结论可能是由于实证研究中不可避免的测量误差和抽样误差导致的。这些误差的存在使得我们观察到的相关系数与变量间“真实”的相关系数存在一定的差距。而元分析可以通过一定的技术手段，控制测量误差和抽样误差产生的影响，进而便于我们了解变量之间“真实”的相关关系，因此在该领域开展元分析研究显得十分重要。

但是迄今为止在该研究领域内并没有相关的元分析文章，都是学者对相关文献的理论综述，如 Aguinis 和 Glavas（2012）、Rupp 和 Mallory（2015）、Glavas（2016）、Gond 等（2017）的文章。随着近几年相关研究领域的发展，越来越多的实证研究在国内外知名期刊发表，我们不应该仅仅关注文章中的逻辑信息，而应该开始关注这些实证文章中提供的数据信息。元分析恰恰是对现有实证研究的文献综述，它能对现有理论综述类的文章进行补充。Rupp 和 Mallory（2015）在对该领域的未来研究提供建议时，也明确提出目前急需一篇以员工为核心的微观领域 CSR 相关研究的元分析文章。故本书采用元分析的方法对 CSR 感知与员工态度行为之间的关系进行分析是十分必要的。

Gond等（2017）对员工CSR感知的结果变量进行总结时，将结果变量分为积极态度结果变量、积极行为结果变量、消极态度结果变量以及消极行为结果变量四种类型。研究一采用相同的分类方法将员工CSR感知的结果变量进行划分，并用元分析方法探讨了员工CSR感知及其各维度与相应结果变量之间的关系。此外，研究一还检验了方法层面因素（CSR感知测量工具）、个人层面因素（样本人口统计学特征变量——性别和年龄）以及国家层面因素（国家文化）在CSR感知与相应结果变量之间的调节作用。具体的概念模型如图4-1所示。

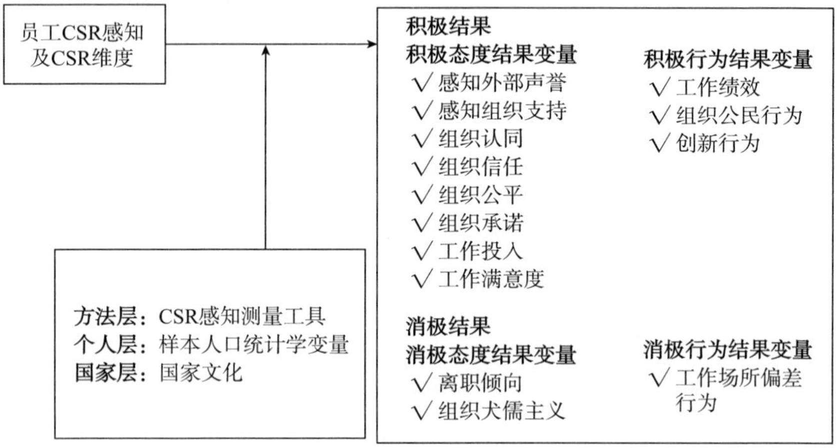

图4-1 研究一概念框架

二、研究假设

（一）员工CSR感知与积极态度结果变量

1. 员工CSR感知与感知外部声誉和感知组织支持

感知外部声誉（Perceived External Prestige）是员工对外界如何评价其

所在组织的感知（Herrbach & Mignonac，2004；Smidts et al.，2001），是员工根据其个人接触到的外部信息而对组织声誉的一种判断（Smidts et al.，2001）。员工之所以会格外关注外界对企业的评价，是因为这对他们的自我价值以及声誉都有着重要的影响。当企业具备良好的社会表现后，企业外部的利益相关者如投资人、消费者、供应商、社会公众会对企业有积极的评价和反馈，而这种评价和反馈一旦被员工感知到，则会形成感知外部声誉。同时，员工也会根据所在企业的社会表现来构建自己企业的形象。已有很多研究证实了员工 CSR 感知与感知外部声誉之间的积极相关关系，如 Kim 等（2010）、De Roeck 和 Delobbe（2012）、De Roeck 等（2016）等。

感知组织支持（Perceived Organizational Support）是指员工在工作过程中，根据组织是否重视自己的贡献并且关注自身的福利而对组织行为形成的一种认知（Eisenberger & Stinglhamber，1986）。具体来说，员工对组织支持的感知主要取决于组织对待他们的方式（Shore & Wayne，1993）。有良好社会表现的公司通常会以更积极的方式对待所有的利益相关者，而员工是最重要的利益相关者之一。Shen 和 Benson（2016）提到有良好社会表现的企业会更多地采取对社会负责的人力资源管理政策，这些政策主要体现在为员工提供合理的薪酬福利、培训和职业发展机会，并为员工创造良好的工作环境，关心员工的个人生活等方面。因此，员工可以根据这些政策更多地感知到来自组织的支持。实际上，已有很多研究发现了员工 CSR 感知与感知组织支持之间显著的正向相关关系（Glavas & Kelly，2014；Shen & Benson，2016；Ditlev - Simonsen，2015；Glavas，2016）。

据此，本书提出以下假设：

H1 员工 CSR 感知与员工感知外部声誉和感知组织支持正相关。

2. 员工 CSR 感知与组织认同和组织信任

组织认同（Organizational Identification）指的是员工根据组织的特点对自我进行定义的过程，同时也是对自己是否归属于这一组织的判断（Mael & Ashforth，1992）。一般而言，员工 CSR 感知会促进员工对企业的认同。一方面，在社会表现较好的企业中的员工会获得生活意义和价值实现的满足感，这可以促使他们加深对企业的认同。企业这些负责任的行为会让员工产生一种自豪感，并且也会给员工一种可以在企业中实现更高目标的期待，因此这样的企业会对员工产生一种吸引力（Aguinis & Glavas，2013）。另一方面，员工也会因企业价值观与他们价值观的契合，提高其对企业的认同程度。员工倾向于将那些享有盛誉且与众不同的企业价值观念与自我概念相整合，进而形成其对所在企业强烈的赞同感（Shin et al.，2016）。

关于两者的关系，许多学者已经做了很多积极的探索。如 Carmeli 等（2007）发现感知 CSR 对员工组织认同有显著正向影响。Brammer 等（2015）以西班牙通信业员工为研究样本，验证了员工 CSR 感知与员工组织认同的正向相关关系。Shin 等（2016）以 250 名韩国酒店业的员工为研究样本，发现员工 CSR 感知显著正向影响组织认同。

中国学者对于此主题的研究同样得出了类似的结论。卢涛和王志贵（2009）的研究表明，员工所在企业社会表现越好，员工对企业的认同程度越高；王艳婷和罗永泰（2013）对天津市津南区两个企业员工进行问卷调查，运用结构方程检验了员工 CSR 感知和员工认同之间的正向相关关系；刘宗华等（2017）利用主管和下属的配对样本，证实了员工 CSR 联想与员工—企业认同之间的关系。

信任（Trust）是指“一方无法对另一方的行为产生控制的情况下仍愿意暴露自己脆弱性，对另一方不设防的意愿”（Zand，1972）。更具体地说，信任体现了信任者对被信任者的积极预期，他们相信被信任者的行为会对自己有益或至少对自己无害（Colquitt et al.，2007；Robinson，1996）。在组织环境中，信任可以被理解为员工对组织的一种期待，因为他们希望组织的行为和决策会考虑他们的利益和福利（Lee et al.，2012），员工对组织的信赖感便来自于其对组织开展的有利于自身行为的积极判断。

企业良好的社会表现向员工传递了这个组织的伦理立场和道德价值等

一些积极的信号，员工会据此判断出组织可被信任的程度（Rupp et al.，2006；De Roeck & Delobbe，2012）。已有大量研究表明，CSR 行为会增强员工对组织的信任。Pivato 等（2008）提出 CSR 活动的最直接的结果就是员工组织信任的产生。Lee 等（2012）认为员工感知到企业的 CSR 行为后，会因为对企业积极的判断和联想而感觉到自身价值的提升，这在一定程度上也增加了员工对企业的信任。Hansen 等（2011）则在验证组织信任在员工 CSR 感知与员工离职倾向和组织公民行为之间的中介作用时也发现了员工 CSR 感知与组织信任之间的显著正相关关系。

据此，本书提出以下假设：

H2　员工 CSR 感知与员工组织认同和组织信任正相关。

3. 员工 CSR 感知与组织承诺和组织公平

员工组织承诺（Organizational Commitment）被定义为个体认同以及融入一个特定组织的程度（Porter et al.，1974）。Meyer 和 Allen（1984）鉴别了组织承诺的三种类型，即情感型组织承诺、规范型组织承诺和持续型组织承诺。社会认同理论可以被用来很好地解释员工 CSR 感知与组织承诺之间的关系，当员工发现自己正在为一个负责任的企业工作时，他们会对该企业产生一种自豪感和归属感，这将促进其组织承诺水平的提升（Azim，2016）。

现有很多研究都发现员工 CSR 感知对其组织承诺有着正向的影响（Brammer et al.，2007；Collier & Esteban，2007；Turker，2009a；Sheel & Vohra，2016）。Peterson（2004）提出，有良好社会表现的组织将会获得较好的组织声誉，相应地，员工会在组织中产生强烈的自豪感，而这种自豪感又会对员工的组织承诺产生积极的影响。Turker（2009a）以 269 名在土耳其工作的商务人士为研究样本，验证了 CSR 与员工组织承诺之间的显著正相关关系。Glavas 和 Kelley（2014）以 827 名北美地区的员工为研究样本，证明了 CSR 感知对员工组织承诺的间接正向影响。

近几年，许多学者以一些亚洲国家为研究样本对两者的关系做了进一步的验证。例如，Ali 等（2010）以巴基斯坦 371 名员工为研究样本，运用结构方程模型验证了员工 CSR 感知与员工组织承诺的显著正向关系。Gupta（2017）以 290 名印度员工为样本，证实了员工 CSR 感知与员工组织承诺之间的关系。Rahman 等（2016）以孟加拉国银行业的员工为研究样本，研究结果表明，员工 CSR 态度与员工的组织承诺呈显著正相关关系。类似地，Azim（2016）以沙特阿拉伯银行业的员工为研究样本，通过实证证实了员工 CSR 感知与组织承诺之间的正向关系。

组织公平（Organizational Justice）是来源于员工以及其他团队成员的一种认知，反映其对组织内部公平性的整体判断（Ambrose & Schminke，2009；Bobocel，2013；De Roeck et al.，2016）。

很多学者已经证实 CSR 感知与组织公平之间的关系。例如，De Roeck 等（2014）的研究认为员工 CSR 感知影响其对企业整体公平水平的评价，只不过这种评价在两个维度上有所区别。①ICSR 行为即对员工的责任，主要包括企业对员工的尊重、关怀与公平对待等。基于公平基础观，员工能够明确判断自己在组织中是否被公平对待（Cropanzano et al.，2001；Konovsky & Pugh，1994；Lind，2001）。员工对企业 ICSR 行为的感知将会直接影响员工对组织公平的判断。②员工的 ECSR 感知对员工组织公平感知的影响，同样源于员工对于公平的判断，但这一判断是全面考虑外部利益相关者的判断。基于社会交换理论，员工希望与其他人建立联系，所以他会关注其他人在组织中是否被公平对待，因为员工会根据组织对待这些外部利益相关者的方式，来判断组织将如何对待自己（De Roeck & Maon，2016）。

据此，本书提出以下假设：

H3　员工 CSR 感知与员工组织承诺和组织公平正相关。

4. 员工 CSR 感知与工作投入和工作满意度

工作投入（Job Engagement）是指以活力（Vigor）、投身（Dedication）和沉浸（Absorption）为特征的积极的、满足的工作状态（Schaufeli et al.，2002；Bakker & Leiter，2010）。

如果企业具有良好的社会表现，员工就会在工作中感受到较高的意义感，因为员工会觉得自己并非仅仅是为了谋生才在企业中工作的，某种程度上更是为了服务社会，并且让这个世界变得更美好（Azim，2016）。实际上，已有学者提出在组织中让员工发挥工作激情的一种有效方式就是让其产生一种集体感（Boverie & Kroth，2001）。个体会对这种社会联结十分热衷，因其能够从中发现自己工作的意义（Hodson，2004）。从关于工作意义和工作投入的研究中我们可以知道，那些能够在工作中发现工作意义的员工将会对工作更加投入（Kahn，1990；May et al.，2004；Britt et al.，2001）。因此，员工 CSR 感知会正向影响员工的工作投入。以往一些实证研究也支持了这一结果。例如，Xanthopoulou 等（2009）发现企业参与 CSR 活动会对员工的工作投入有较大影响。Albdour 和 Altarawneh（2012）以 336 名约旦员工为样本验证了员工 CSR 感知与员工工作投入的显著正相关关系。Besieux 等（2015）也检验了员工 CSR 感知与员工工作投入之间的显著正相关关系。Gupta（2017）在检验工作投入在 CSR 与组织承诺之间的中介作用时也发现员工 CSR 感知与工作投入之间的显著正相关关系。

工作满意度（Job Satisfaction）可以被定义为"通过对个体工作或工作经验的评估而产生的一种愉快或积极的情绪状态"（Locke，1976）。这种满意可能是内在的满意，即对工作本身的内在奖励满意；也可能是外在的满意，即对报酬福利等外在的奖励满意（Porter & Kramer，2004）。

Weiss 等（1967）提出，组织的道德价值观是决定员工满意的最重要因素。特别地，已有很多研究证实 CSR 与员工工作满意度的正向相关关系（Valentine & Fleischman，2008；Ellemers et al.，2011；Tziner et al.，2011；Lee et al.，2012；De Roeck et al.，2014）。CSR 活动的开展满足了员工对于个人意义感的需求，同时也为员工带来了一种归属感（Bauman & Skitka，2012），这将进一步提高员工对工作的满意度。Rupp 等（2006）提出的组织公平框架下的多需求模型也给出了类似的解释，他们认为 CSR 行为能够积极影响员工的满意度，主要是因为 CSR 可以满足员工三种特殊的需求（Wisse et al.，2015）：①可以满足个体的归属感需求。CSR 活动的开展可以培养组织与员工以及其他利益相关者的关系，这种积极正面的形象会满足员工对于归属感的需求。②可以满足个体的控制需求。CSR 活动的开展可以赋予员工安全感，员工会认为企业非常在意其活动是否对组织之外的人或者社区产生影响，因此员工会觉得企业会像关心他人那样，将自己的需求也考虑进来。③可以满足个体对于工作意义的追求。CSR 活动的开展可以向员工传递一种信息，即员工正为一个拥有较大社会影响的企业工作。

据此，本书提出以下假设：

H4　员工 CSR 感知与员工工作投入和工作满意度正相关。

（二）员工 CSR 感知与积极行为结果变量

1. 员工 CSR 感知与工作绩效

工作绩效（Job Performance）是与工作的技术核心紧密相关的所有行为的结果，这种结果是工作描述中明确要求的，同时也是正式的奖励系统所明确规定的（Williams & Anderson，1991）。

从社会认同的观点出发，如果企业为了社会和集体的利益，在牺牲企业利润的同时改善自身的声誉，那么员工会因作为这样组织中的一员而感到骄傲，并且会加深其对组织的认同（Turker，2009a）。员工一旦强烈地认同自己的组织，就会十分关注组织的福祉，他们更愿意付出额外的努力来履行自己的工作职责，同时提高自己的工作绩效（Dutton et al.，1994；Carmeli et al.，2007）。

从社会交换的观点出发，员工会根据企业对待其他利益相关者的方式来判断组织是否支持自己以及是否将自己视作有价值且令人尊重的成员，这将决定员工是否对组织产生信任，是否愿意为组织福祉的实现承担更多的责任（Rhoades et al.，2001）。员工一旦对组织产生信任，就会积极的响应组织的号召，同时投入更多的精力到工作中，从而提高其工作绩效（熊国保，2015）。

据此，本书提出以下假设：

H5　员工 CSR 感知与员工工作绩效正相关。

2. 员工 CSR 感知与组织公民行为

组织公民行为（Organizational Citizenship Behavior）是一种个人的、自愿的行为，它有益于组织整体福祉，但是却没有在正式的薪酬体系中被提及（Organ，1988）。尽管区别于角色内任务绩效，组织公民行为不会得到直接的回报，但它实际上是工作绩效的另一种形式（Hansen et al.，2011）。

基于社会认同理论，如果企业承担更多社会责任，其员工会觉得自己与所在组织拥有很多相似的特点，并且与组织内的其他成员有许多相似的价值观，因此他们会对组织更加认同，同时也愿意自发地从事更多有益于他人的活动，比如开展更多的组织公民行为，而不仅仅满足其角色内的工作目标（Bartels et al.，2010）。

基于社会交换理论，员工会自发地开展组织公民行为以回报组织对其个人的善行，或用来交换组织对自己的承诺以及进一步保障自己与组织良好的关系（Blau，1964；Organ，1988）。因此，当员工感知到 CSR 时，他们就会对组织产生更多的信任，于是产生更多的动机来回馈他们的组织，而这种回馈将会通过组织行为表现出来（Hansen et al.，2011）。

已有许多学者对员工 CSR 感知与组织公民行为的关系进行探索。Hansen 等（2011）的研究发现，随着员工对 CSR 感知程度的加深，员工的组织公民行为将会增多。Abdullah 和 Rashid（2012）探讨了 CSR 的五个维度（即企业对政府、员工、社会、环境保护以及消费者的责任），对员工组织公民行为的影响，实证结果表明企业对环境、员工和消费者的责任以及对员工的组织公民行为有显著影响。Rupp 等（2013a）根据道义公平理论，通过实验，进一步证实了企业内员工对 CSR 的感知，会促使员工组织公民行为的出现。

组织公民行为可以分为两个维度，即个人导向 OCB 和组织导向 OCB（McNeely & Meglino，1994）。如果我们把组织公民行为理解为员工为了保持其与组织社会交换关系的平衡而开展的活动，那么我们有理由相信这种行为更直接的目的是为了让组织获益，因此员工感知到 CSR 的一个直接效果就是促进员工组织导向 OCB 的开展（Azim，2016）。个人导向 OCB 更多地体现在员工在工作中帮助他人，因此它对保持组织和员工这种交易关系起间接的作用（Azim，2016），但员工感知到 CSR 仍旧会对个人导向 OCB 产生影响。总之，本书推断员工 CSR 感知对组织导向 OCB 和个人导向 OCB 都有显著正向的影响。

据此，本书提出以下假设：

H6　员工 CSR 感知与员工组织公民行为正相关。

H6a　员工 CSR 感知与员工组织导向 OCB 正相关。

H6b　员工 CSR 感知与员工个人导向 OCB 正相关。

3. 员工 CSR 感知与创新行为

创新行为（Innovative Behavior）是在工作角色范围内为促进个人角色内绩效、团队绩效以及组织绩效的提高，而有目的地引入以及应用新想法的过程（West & Farr，1989）。员工的创造力水平不仅会受个人因素（如创造性人格和内在/外在动机）的影响，还会受一些情境因素的影响，如工作特点和工作环境（Amabile et al.，1996）。在伦理领域的相关研究中有这样的观点，组织构建良好的企业伦理环境将会促进组织内员工积极工作态度和行为的形成（Baker et al.，2006；Herndon et al.，2001；Schwepker，2001；Valentine et al.，2002）。特别地，企业伦理环境会影响员工的创造力。企业的 CSR 行为通过关注各个利益相关者的利益（Freeman，1984），为企业提供良好的伦理环境，这对员工创造能力的发挥可以起到十分重要的作用。因此，有良好社会表现的企业会通过为员工提供更具革新意识和创造性的工作环境，来为社会和企业开发新的产品和服务，而这将进一步促使员工参与到更多创新活动中来（Brammer et al.，2015；Glavas & Piderit，2009）。

据此，本书提出以下假设：

H7　员工 CSR 感知与员工的创新行为正相关。

（三）员工 CSR 感知与消极态度结果变量

1. 员工 CSR 感知与离职倾向

在组织行为学领域，离职倾向（Turnover Intention）是对员工离职心理倾向的一种测量，这种倾向可能是由于员工对所在组织不满，或是被其他组织更好的机会吸引而造成的，它对员工实际的离职行为起着决定性作用（Allen et al.，2003；Fishbein & Ajzen，1975）。

企业慈善能够振奋员工的士气，并且帮助企业吸引更多有能力的员工（Porter & Kramer，2002）。像其他利益相关者一样，如果员工认为其所在组织是负责任的、有同情心的、仁慈的团体，他们就会对该组织的雇佣关系更满意，同时对其他组织不那么有兴趣（Hansen et al.，2011）。因此，员工在感知到 CSR 后，会更倾向于在组织中留得更久（Kenexa Research Institute，2010）。此外，具有良好社会表现企业的员工会更加信任自己的组织，从而其离职倾向也会降低（Lee et al.，2012）。

据此，本书提出以下假设：

H8　员工 CSR 感知与员工离职倾向负相关。

2. 员工 CSR 感知与组织犬儒主义

组织犬儒主义（Organizational Cynicism）被定义为员工对组织的负面态度，这种态度体现在以下三个方面，即犬儒主义信念、犬儒主义情感以及犬儒主义行为（Dean et al.，1998）。犬儒主义信念指的是员工认为其所在组织缺乏诚信，同时组织活动的开展也是不公平、不诚实、不真诚的，是以自利为基础的（Dean et al.，1998）。犬儒主义情感体现员工对于组织负面信念的一种情绪上的反应，如紧张、不安、羞愧、厌恶、受挫、苦恼、恼怒、悲观和绝望等情绪（Andersson & Bateman，1997；Dean et al.，1998；Reichers、Wanous & Austin，1997）。犬儒主义行为包括员工暴露出的一些负面行为，如向同事或朋友批评其所在组织等（Wilkerson et al.，2008）。

信号理论曾提出，发出的信号会影响信号接收者对信号发送者的态度。一般而言，组织犬儒主义较高的员工普遍认为其所在的组织是不诚信的，同时他们对企业的活动都抱有一种怀疑的态度（Dean et al.，1998）。但是，当企业的 CSR 活动被员工识别后，员工就会接收到来自组织积极的信号，而这种信号会增加组织对在职员工的吸引力（Sheel & Vohra，

2016），故而可以降低员工的组织犬儒主义。同时，企业的 CSR 行为是以满足多方利益相关者为宗旨的，而不仅仅是为某一特殊利益群体服务，这也可以为员工塑造一种相对公平的形象，从某种程度上也可以降低员工的组织犬儒主义水平（Evans el al. , 2011b）。

Heider（1958）的平衡理论也可以帮助我们解释这一现象。系统内任意的三方关系都会存在一种对平衡的内在需求，如果其中的两方对第三方持有的态度有所不同，这种平衡就会被打破（Heider，1958）。这种不平衡会使系统呈现一种紧张的状态，因此两方中必有一方不得不改变自己的态度以使系统趋于平衡。组织犬儒主义水平较高的员工，在看到组织开展 CSR 活动时会产生一种认知失调，而这种认知失调将进一步促使员工不断修正自己对组织的态度，从而通过降低其组织犬儒主义水平来维持系统的平衡。

据此，本书提出以下假设：

H9　员工 CSR 感知与员工组织犬儒主义负相关。

（四）员工 CSR 感知与消极行为结果变量

员工偏差行为（Employee Deviant Behavior）是指“组织成员自发产生的违背组织准则，威胁组织或者其他成员福祉的行为”（Robinson & Bennett，1997）。根据行为目标的不同，可将其分为工作场所偏差行为和人际偏差行为。其中，工作场所偏差行为主要是指给组织带来损失的一些行为，如带走组织中的资源和资金以及工作缓慢、玩忽职守等（Evans & Davis，2014）。

当员工对其工作环境有负面的评价并且觉得其得不到组织的支持时，工作场所偏差行为就会增加（Colbert et al. , 2004）。但企业社会表现的提高恰恰能够帮助企业树立良好的外部形象，进而影响员工对组织的判断，增强员工对组织的认同。Tyler（2012）发现，成为有声望组织中的一员而产生的自豪感，将会促使员工更好地遵守规则。此外，企业 ICSR 行为的开展可以体现企业对员工需求的满足，同时包含企业为员工提供更好的工作环境等内容，在一定程度上可以增加组织对员工的支持程度，从而促使员工对组织有更积极的评价，降低其工作场所偏差行为出现的可能性。

据此，本书提出以下假设：

H10 员工 CSR 感知与员工工作场所偏差行为负相关。

（五）员工 CSR 感知各维度与相关结果变量

员工 CSR 感知的不同维度实际上体现员工对不同维度 CSR 的了解和认知情况。有关 CSR 不同维度的文献已在第二章系统地梳理过，这里仅就三种重要的分维方式进行总结。①Carroll（1979）提出了四维度模型，即经济责任、法律责任、道德责任和相机抉择责任，至今仍对 CSR 研究起十分重要的作用。Carroll（1991）的金字塔责任模型则在 Carroll（1979）的基础上，将 CSR 划分为经济责任、法律责任、道德责任和慈善责任[①]四个层次。②学者们根据企业对内部以及外部利益相关者的责任，将 CSR 划分为内外部维度（Verdeyen et al.，2004；Brammer et al.，2007），即 ICSR（对员工的责任）和 ECSR（对外部利益相关者的责任）。③Turker（2009b）基于利益相关者责任观将 CSR 分为四维度，即企业对员工的责任、对消费者的责任、对政府的责任、对社会公众和环境的责任。

首先，在 Carroll（1991）的四维模型基础上，许多学者发现 CSR 的不同维度（经济责任、法律责任、道德责任和慈善责任）会对员工态度和行为等结果变量产生不同的影响。比如，林巧燕和吴静静（2009）的研究发现，CSR 的道德维度显著正向影响员工忠诚和员工满意度，但是 CSR 的慈善维度却对两者的影响并不显著。邓丽明和李小红（2013）同样对 CSR 中道德维度和慈善维度进行分析，他们发现 CSR 中的道德维度显著正向影响员工组织承诺中的情感承诺水平和规范承诺水平。但是慈善维度仅仅对员工组织承诺中情感承诺水平正相关，与规范承诺水平的正相关关系并不显著。

其次，CSR 的内外部维度同样会对员工的态度和行为产生影响。例

---

① Carroll（1979）对相机抉择责任的定义比较模糊，故 Carroll（1991）在对企业社会责任进行分类时重新将第四种维度定义为慈善责任。本书将探讨 Carroll（1991）提出的四维度与相关结果变量之间的关系。

如，Peterson（2004）认为组织的道德行为以及可自由支配的行为（即 ECSR）会促进员工对组织的依恋，进而提升员工的组织承诺水平（De Roeck et al.，2014）。Brammer 等（2007）也提出，如果员工认为其所在组织对社区负责（即 ECSR），则员工的组织承诺水平会相应提高。Shen 和 Zhu（2011）认为，社会责任导向的企业人力资源管理实践（即 ICSR）也会促进员工情感型承诺水平的提高。

最后，对企业不同利益相关者履行的责任也会对员工态度和行为等结果变量产生影响。晁罡、程鹏和张水英（2012）讨论了 CSR 的三个维度对工作投入的影响，研究发现企业履行对消费者和员工的责任会正向影响员工的工作投入，而环境责任对工作投入的直接影响并不显著。张振刚等（2012）以广州市及周边的银行业员工为样本，验证了员工 CSR 感知与员工满意度之间的关系，其研究结果显示，企业履行对员工和客户的责任一旦被员工感知，将会显著正向影响其满意度。但是企业对社区的责任，则对员工满意度没有显著的正向影响。

据此，本书提出以下假设：

H11　员工 CSR 感知的维度与员工相应态度和行为结果变量正相关。

H11a　员工 CSR 感知的不同维度（经济责任、法律责任、道德责任和慈善责任）与员工相应态度和行为结果变量正相关。

H11b　员工 CSR 感知的不同维度（ICSR、ECSR）与员工相应态度和行为结果变量正相关。

H11c　员工 CSR 感知的不同维度（对员工的责任、对消费者的责任、对政府的责任、对社会公众和环境的责任）与员工相应态度和行为结果变量正相关。

（六）调节效应

1. 员工 CSR 感知测量工具的调节作用

鉴于 CSR 概念的复杂性，其测量方法并没有得到学者们的一致意见。本书在第二章已对 CSR 的测量进行了阐述，特别是对员工 CSR 感知的测量进行了详细的介绍，这里研究一将要探讨最常用的几种测量量表对员工 CSR 感知与相关结果变量之间的影响。

Maignan 和 Ferrell（2000）的量表关注的重点是企业公民，他们将企业公民分为经济、法律、伦理以及自由意愿公民四个维度，并用 18 个条目加以衡量，这一量表得到后来学者的广泛关注。也有学者在后续的研究中借鉴了市场营销领域内关于 CSR 感知的测量，如 Du 等（2007）和 Wagner 等（2009）的量表，并在量表的基础上进行修订。这两个量表的优点是比较简洁，但是量表来自于其他研究领域，必须经过修订，同时我们也无法确定员工感知的 CSR 与消费者感知的 CSR 是否存在明显的区别。还有一些学者使用比较简洁的量表对员工 CSR 感知进行测量。例如，Valentine 和 Fleischman（2008）的文章中使用两个题项“我正为一个负责任的组织工作，而这个组织服务了一个更大的社区”“我的组织会为了履行社会责任而投资相应的时间、金钱和资源”来测量员工对 CSR 的感知。但是一些学者认为，该量表对 CSR 的刻画过于简单，很难真正描述员工 CSR 感知的核心内涵。自 Turker（2009b）后，利益相关者视角下的员工 CSR 感知的测量得到众多学者的关注和使用。量表主要包括员工导向 CSR、客户导向 CSR、政府导向 CSR、对社会公众和环境的责任（包括企业对自然环境、后代以及非政府组织等的责任）。

由于不同测量工具的理论基础有所不同，同时测量的形式如测量量表的长度、信度和效度也存在较大差异（张辉华和王辉，2011），测量工具会对 CSR 感知与相关结果变量之间的关系产生不同的影响。

据此，本书提出以下假设：

H12　CSR 感知不同测量工具调节员工 CSR 感知与员工相应结果变量之间的关系。

2. 人口统计学变量的调节作用

已有研究认为在价值观方面男女有着较大的差异（Papamarcos & Sama，1998；Greening & Turban，2000）。男性似乎更重视组织工具性或经济的目标，而女性更易于关心组织的慈善表现（Ibrahim & Angelidis，1994）。相较于男性，女性更容易被组织中公平的工作条件以及企业良好的口碑（如 CSR 履行而给组织带来的声誉）影响（Brammer et al.，2007）。Peterson（2004）认为，除了经济责任外，包括员工感知法律责任、道德责任和相机抉择责任在内的所有责任维度与员工承诺之间的关系对于女性更加显著。Brammer 等（2007）也认为员工 CSR 感知对员工组织承诺之间的影响在女性群体中更加明显。尽管现有文献并没有证实女性在员工 CSR 感知与其他态度和行为结果变量之间的调节作用，但是由于其作用机理的类似性，本书预期员工 CSR 感知与其他态度和行为结果变量之间的关系同样对女性更显著。

就年龄的调节作用而言，Carstensen 等（2006）的社会情绪选择理论可以很好地解释年龄在员工 CSR 感知与相应结果变量之间的调节作用。根据这一理论，社会目标被分为两类，一类与工具动机相关，另一类与情绪以及意义感相关。当个人感觉其未来时间有限，他就会将一些有意义的目标放在首位；相反，若个人觉得其未来的时间还有很多，他就会将一些工具性的社会目标放在首位（Carstensen et al.，1999；Lang & Carstensen，2002；Treadway et al.，2010）。因此，随着年龄的增加，员工会更加强调一种有意义的目标的实现，比如满足其在社会环境中的归属需求，在工作环境中的安全需求，以及关注对下一代的传承等。CSR 的履行在一定程度上可以给员工这种情绪上的需求带来满足，这就意味着年长的员工可能对 CSR 行为的反应更加明显（Wisse et al.，2015）。Wisse 等（2015）的实证研究也证实了年龄在员工 CSR 感知与工作满意度之间的调节作用。本书预期年龄同样调节 CSR 感知与其他结果变量之间的关系。

据此，本书提出以下假设：

H13　人口统计学变量（性别、年龄）在员工 CSR 感知与员工相应结果变量之间起调节作用。

3. 国家文化的调节作用

文化价值观代表一种集体信念，即对什么是好与坏、是值得还是不值得、是追寻还是回避等一系列问题做出的判断（Rokeach，1973）。由于不同国家主流价值导向存在差异，CSR 在不同文化群体间有很大差别

（Waldman et al.，2006）。

集体主义反映国家文化对于集体主义资源分配的重视程度。集体主义国家中的成员认为个体之间是相互依赖的，同时应该对更大的集体承担相应的责任和义务（Javidan et al.，2006；Waldman et al.，2006）。他们觉得为了整个集体的利益而做出的自我牺牲是值得的（Triandis et al.，1988）。相反，个体主义重视个人权利、自主性和自我成就的获得（Hofstede，2001）。个体主义国家的成员认为自己独立于自己所在集体，相对于组织的利益，他们更强调个人的利益和目标的实现（Farooq et al.，2017）。同时，相对于一些社会规范以及群体规则，他们的行为更易受他们个人态度的影响（Markus & Kitayama，1991）。

CSR 行为一直被视作组织对社会、社区福利的重要贡献（Holme & Watts，2000）。相比个体主义文化背景下的国家，集体主义国家的成员会对组织的 CSR 行为有较高的认同度，一旦其强烈地认同自己的组织，就会十分关注组织的福祉，他们也更愿意付出额外的努力来履行自己的工作职责，改善自己的态度和行为。Mueller 等（2012）就发现，CSR 对员工情感型组织承诺的影响在集体主义国家中更为显著。本书认为集体主义文化和个体主义文化的调节作用在员工 CSR 感知与其他结果变量中同样存在。

据此，本书提出以下假设：

H14　国家文化（集体主义文化、个体主义文化）在员工 CSR 感知与员工相应结果变量之间起调节作用。

研究一的所有假设总结如表 4－1 所示。

表 4－1　研究一假设汇总

◆员工 CSR 感知与积极态度结果变量	
H1	员工 CSR 感知与员工感知外部声誉和感知组织支持正相关
H2	员工 CSR 感知与员工组织认同和组织信任正相关
H3	员工 CSR 感知与员工组织承诺和组织公平正相关
H4	员工 CSR 感知与员工工作投入和工作满意度正相关
◆员工 CSR 感知与积极行为结果变量	
H5	员工 CSR 感知与员工工作绩效正相关

续表

◆员工 CSR 感知与积极行为结果变量
H6　员工 CSR 感知与员工组织公民行为正相关 H6a　员工 CSR 感知与员工组织导向 OCB 正相关 H6b　员工 CSR 感知与员工个人导向 OCB 正相关
H7　员工 CSR 感知与员工的创新行为正相关
◆员工 CSR 感知与消极态度结果变量
H8　员工 CSR 感知与员工离职倾向负相关
H9　员工 CSR 感知与员工组织犬儒主义负相关
◆员工 CSR 感知与消极行为结果变量
H10　员工 CSR 感知与员工工作场所偏差行为负相关
◆员工 CSR 感知各维度与相关结果变量
H11　员工 CSR 感知的维度与员工相应态度和行为结果变量正相关 H11a　员工 CSR 感知的不同维度（经济责任、法律责任、道德责任、慈善责任）与员工相应态度和行为结果变量正相关 H11b　员工 CSR 感知的不同维度（ICSR、ECSR）与员工相应态度和行为结果变量正相关 H11c　员工 CSR 感知的不同维度（对员工的责任、对消费者的责任、对政府的责任、对社会公众和环境的责任）与员工相应态度和行为结果变量正相关
◆调节效应
H12　CSR 感知不同测量工具调节员工 CSR 感知与员工相应结果变量之间的关系
H13　人口统计学变量（性别、年龄）在员工 CSR 感知与员工相应结果变量之间起调节作用
H14　国家文化（集体主义文化、个体主义文化）在员工 CSR 感知与员工相应结果变量之间起调节作用

三、研究设计与数据处理

（一）文献检索

本书首先对 CSR 相关主题的文献进行系统而全面的检索。检索过程可以概括为以下几个步骤：

第一步，笔者通过关键词对相关文献进行检索。由于 CSR 概念的复杂性，必须首先确定用于代表 CSR 这一研究主题的相关关键词。参照 Hou 等（2016）的文章，本书选取了“Corporate Social Responsibility（CSR）”“Corporate Social Responsiveness”“Corporate Social Performance（CSP）”“Corporate Citizenship”“Corporate Conscience”以及“Sustainable Responsible Business”为关键词。此外，笔者还补充了几个常用但是 Hou 等（2016）没有在其元分析中使用的关键词，如“CSP”“Corporate Philanthropy”“Corporate Accountability”。随后本书使用以上关键词在数据库 ABI/INFORM Complete、EBSCOhost、Sciencedirect、Emerald、JSTOR、SpringerLink、Wiley InterScience、Google Scholar、Web of science（SSCI）中搜索发表于 1997～2017 年的相关主题文章。

第二步，笔者对发表在知名期刊上的文献进行了全面的浏览，以对现有相关主题的文章进行补充。Aguinis 和 Glavas（2012）开展的以 CSR 为主题的综述研究提供了一个期刊的列表，这些期刊都关注 CSR 及相关主题的研究。故本书根据这一列表，重点检索了 *Academy of Management Journal*、*Academy of Management Review*、*Administrative Science Quarterly*、*Business & Society*、*Business Ethics Quarterly*、*International Journal of Management Reviews*、*Journal of the Academy of Marketing Science*、*Journal of Applied Psychology*、*Journal of Business Ethics*、*Journal of Interantional Business Studies*、*Journal of Management*、*Journal of Management Studies*、*Journal of Marketing*、*Journal of Occupational and Organizational Psychology*、*Organizational Behavior and Human Decision Processes*、*Journal of Organizational Behavior*、*Organization Science*、*Organization Studies*、*Personnel Psychology*、*Strategic Management Journal* 等期刊相关主题的文章。

第三步，笔者对相关主题的理论及综述类文章（如 Aguinis & Glavas，2012；Rupp & Mallory，2015；Glavas，2016；Gond et al.，2017）进行检索，并通过检验这些文章后的参考文献对现有 CSR 文献库进行进一步补充。

第四步，为避免潜在的偏误，笔者根据 Rothstein 和 Hopewell（2009）的建议，检索了未发表的研究论文。具体来说，笔者从数据库 PsycINFO/Dissertation、ProQuest、Web of Science（SSCI）中对博士论文及会议论文进行了检索，并将其纳入研究的文献库中。

第五步，笔者在中国知网（CNKI）中对国内相关文献进行检索。具体来说，笔者以"企业社会责任""企业社会绩效""企业社会表现""企业公民行为""企业社会响应"为关键词在 CSSCI 目录期刊的文献库中检索了相关主题的文章，并将其补充到研究的文献库中。

经过以上五个步骤，研究一构建了 CSR 文献库，下一步笔者将在这一文献库中筛选出与本书主题密切相关的文章，用于后续的元分析。

（二）文献选择

筛选主要遵循以下几个标准：①文献类型必须是实证文章；②文献中必须以员工感知到的 CSR 行为作为核心研究变量；③文献中至少包含一种由企业社会表现引发的个人层面的态度或行为结果变量（如员工工作满意度、员工组织公民行为等）；④文献中汇报员工 CSR 感知与相关结果变量之间的相关系数；⑤文献中汇报员工 CSR 感知与相关结果变量的信度。根据以上标准，对现有 CSR 研究文献库进行筛选，本书总共获得 61 篇文章（中英文文章）作为元分析的研究样本。

（三）文献编码

在进行元分析前，笔者需要对这些文章的相关信息进行编码。除元分析过程中需要用到的数据信息（核心变量、相关结果变量、影响效应、样本信息）外，笔者还对文献的基本信息、研究内容及研究设计等信息进行了编码，相应地制定了编码手册和编码说明。具体编码的信息如下：

（1）基本信息。笔者对文章的名称、期刊、卷、期、发表年限、起始页、结束页、作者姓名、作者所在机构等文章的基本信息进行编码。

（2）研究内容。笔者对文章的研究问题（Research Question）以及理论基础（Theory）进行编码。

（3）研究设计。笔者对文章使用的研究方法（结构方程模型、回归分析、相关分析、跨层分析、其他）进行编码。同时对文章提出的假设，以及获得实证支持的假设进行编码。

（4）核心变量。笔者对文章中的主要核心变量（员工 CSR 感知）定义、维度、测量、均值、标准差和信度进行编码。

（5）相关结果变量。笔者对员工 CSR 感知的相关结果变量定义、维度、测量、均值、标准差和信度进行编码。

（6）影响效应。笔者对核心变量（员工 CSR 感知）与相关结果变量之间的影响关系（直接结果、二阶间接结果、三阶及以上间接结果）以及相关系数（r）进行编码。

（7）样本信息。笔者对样本的基本信息，如样本容量、问卷回收率，以及样本所在国家、性别比例、平均年龄等进行编码。

（四）效应值参数估计

Hunter 和 Schmidt（2004）认为，样本数、自变量信度、因变量信度以及不同研究不同的范围限制会对变量之间的相关系数产生影响（罗胜强和姜嬿，2014）。这几种因素所产生的误差可以被概括为抽样误差、测量误差以及范围限制误差。

元分析的具体步骤如下：

（1）为控制测量误差，笔者对相关系数进行修正，修正后的相关系数为 $r_{x_t y_t}=\frac{r_{xy}}{\sqrt{r_{xx}}\sqrt{r_{yy}}}$。其中，$r_{x_t y_t}$ 为真正的相关系数，r_{xy} 为观察到的相关系数，r_{xx} 为自变量的信度（员工 CSR 感知），r_{yy} 为因变量（相关结果变量）的信度。

（2）为控制抽样误差，笔者将修正后的相关系数 r 以及样本 n 输入 CMA2.0 软件，并计算相应的效应值 FisherZ。计算公式为：$\text{Fisher}Z = 0.5\times\log(1+r)/(1-r)$，之所以将相关系数 r 转换为 Fisher Z 值，主要是

因为相关系数 r 一般会呈现偏态分布，而经过转换后的 Fisher$Z$ 值服从正态分布。

（3）异质性检验。笔者将通过 I^2 值、Q 值以及 Q 检验显著性 p 值来选择验证假设所使用的模型。I^2 值反映了效应值的真实差异在观察变异中所占的比例。Higgins 等（2003）认为可分别取 25、50、75 作为衡量低、中、高异质性的 I^2 分界点。故当 I^2 值超过 75，则效应值具有较高的异质性。一般而言，Q 值服从自由度为 $k-1$ 的卡方分布，k 是效应值的数量，Q 值显著代表效应值是异质的。若效应值是异质的，本书应该采用随机效应模型来对假设进行检验。因此，异质性检验为我们进一步判断究竟应该选择固定效应模型还是随机效应模型来对假设进行验证提供了统计依据。此外，异质性指标还可用于判断调节效应是否存在。实际上，相较于固定效应模型，随机效应模型的假定更加合理（Hunter & Schmidt，2004），同时也为更多学者推崇，如 Borenstein 等（2011）就建议学者采用随机效应模型来对相关假设进行检验。

（4）主效应假设（H1 ~ H11）检验。根据异质性检验的结果，选择相应的模型对效应值 Fisher$Z$ 进行估计，CMA 软件会提供 Fisher$Z$ 的估计值以及对应的置信区间。本书需要将效应值 Fisher$Z$ 进行反转换，转换为控制测量误差和样本误差的修正后的相关系数 ρ 值，转换公式为 $\rho=\frac{e^{2EZ}-1}{e^{2EZ}+1}$，其中，$EZ$ 为 Fisher$Z$ 值的估计值。这一 ρ 值就是我们所求的“真实”相关系数。

（5）调节效应假设（H12 ~ H14）检验。Q 值除了能够帮助我们选择估计模型以外，还可以帮助我们判断在主效应之外是否存在潜在的调节效应的作用。Q 值显著意味着调节变量的存在，在此情况下我们需要继续探索到底是哪种变量可能对主效应的作用关系产生影响。本书认为员工 CSR 感知的测量，样本人口统计学特征以及国家文化都是可能的调节变量。其中，人口统计学变量中的性别比例和平均年龄是连续变量，本书将采用元分析回归的方法来探讨两者在员工 CSR 感知和相关结果变量之间的调节作用。具体而言，元分析回归是将效应值对调节变量进行回归，根据这一回归结果的显著性水平，可以判断调节效应是否存在。CSR 测量工具以及国别都是类别变量，因此本书将采用亚组元分析的方法探讨其对员工 CSR 感知与结果变量之间关系的影响，同时根据亚组对比后计算出组间 Q 值，即 Q_b 来对亚组元分析的调节作用进行检验。

四、研究结果

汇报了效应值的异质性检验结果，即 I^2 值、Q 值，以及 Q 检验显著性 p 值，同时报告了研究个数 k，被试样本总数 N，矫正抽样和测量误差后的整体相关系数以及其 95% 的置信区间。将通过置信区间是否包含 0，来验证相关假设。

（一）员工 CSR 感知与积极结果变量之间关系的检验结果

首先，汇报了员工 CSR 感知与积极态度结果变量的相关假设的检验结果。从异质性的检验结果来看，员工 CSR 感知与所有积极态度结果变量的 Q 值都显著，且 I^2 值均大于 70，处于较高水平，该结果进一步证实了随机效应模型在本书中的适用性，同时也说明可能存在潜在的调节变量影响员工 CSR 感知与积极态度结果变量之间的关系。

如表 4－2 所示，员工的 CSR 感知与员工感知外部声誉正相关（r_c = 0.397），且其 95% 的置信区间不包括 0；员工的 CSR 感知与员工感知组织支持正相关（r_c = 0.699），且其 95% 的置信区间不包括 0，故 H1（员工 CSR 感知与员工感知外部声誉和感知组织支持正相关）得到支持。

表 4－2　员工 CSR 感知与积极结果变量之间关系的检验结果

积极结果变量		k	N	r_c	95% CI		Q	p	I^2
					LL	UL			
态度结果变量	感知外部声誉	6	2057	0.397	0.264	0.515	48.409	0.000	89.671
	感知组织支持	5	18188	0.699	0.515	0.821	606.293	0.000	99.340
	组织认同	13	2766	0.517	0.409	0.611	158.128	0.000	92.411
	组织信任	5	3963	0.532	0.424	0.626	50.449	0.000	92.071
	组织承诺	7	2194	0.538	0.444	0.621	47.113	0.000	87.265
	组织公平	2	227	0.551	0.292	0.735	5.793	0.016	82.738
	工作投入	9	22482	0.515	0.361	0.642	922.295	0.000	99.133
	工作满意度	10	4243	0.520	0.396	0.625	226.502	0.000	96.027
行为结果变量	工作绩效	5	1403	0.482	0.265	0.654	88.056	0.000	95.457
	组织公民行为	5	3644	0.404	0.307	0.494	26.961	0.000	85.164
	个人导向 OCB	3	1194	0.200	0.067	0.326	10.594	0.005	81.121
	组织导向 OCB	3	1194	0.249	0.044	0.433	25.430	0.000	92.135
	创新行为	3	760	0.531	0.343	0.679	20.505	0.000	90.246

注：k＝研究个数；N＝样本总数；r_c＝矫正抽样和测量误差后的整体相关系数；95% CI＝r_c 的95%的置信区间；LL＝95%置信区间的最低值；UL＝95%置信区间的最高值；Q＝Q 统计量，同质性检验统计量；p＝Q 统计量的 T 值；I^2＝I^2 统计量。

员工的 CSR 感知与员工组织认同正相关（r_c＝0.517），且其 95% 的置信区间不包括 0；员工的 CSR 感知与员工组织信任正相关（r_c＝0.532），且其 95% 的置信区间不包括 0，故 H2（员工 CSR 感知与员工组织认同和组织信任正相关）得到支持。

员工的 CSR 感知与员工组织承诺正相关（r_c＝0.538），且其 95% 的置信区间不包括 0；员工的 CSR 感知与员工组织公平正相关（r_c＝0.551），且其 95% 的置信区间不包括 0，故 H3（员工 CSR 感知与员工组织承诺和组织公平正相关）得到支持。

员工的 CSR 感知与员工工作投入正相关（r_c＝0.515），且其 95% 的置信区间不包括 0；员工的 CSR 感知与员工工作满意度正相关（r_c＝0.520），且其 95% 的置信区间不包括 0，故 H4（员工 CSR 感知与员工工作投入和工作满意度正相关）得到支持。

其次，汇报了员工 CSR 感知与积极行为结果变量相关假设的检验结果。从异质性的检验结果来看，员工 CSR 感知与所有积极行为结果变量的 Q 值都显著，且 I^2 值均大于 70，处于较高水平，该结果进一步证实了随机效应模型在本书中的适用性，同时也说明可能存在潜在的调节变量影响员工 CSR 感知与积极行为结果变量之间的关系。

如表 4-2 所示，员工的 CSR 感知与员工工作绩效正相关（r_c = 0.482），且其 95% 的置信区间不包括 0，故 H5（员工 CSR 感知与员工工作绩效正相关）得到支持。

员工的 CSR 感知与员工组织公民行为正相关（r_c = 0.404），且其 95% 的置信区间不包括 0，故 H6（员工 CSR 感知与员工组织公民行为正相关）得到支持。员工的 CSR 感知与员工个人导向 OCB 正相关（r_c = 0.200），且其 95% 的置信区间不包括 0，故 H6a（员工 CSR 感知与员工组织导向 OCB 正相关）得到支持。员工的 CSR 感知与员工组织导向 OCB 正相关（r_c = 0.249），且其 95% 的置信区间不包括 0，故 H6b（员工 CSR 感知与员工个人导向 OCB 正相关）得到支持。

员工的 CSR 感知与员工创新行为正相关（r_c = 0.531），且其 95% 的置信区间不包括 0，故 H7（员工 CSR 感知与员工的创新行为正相关）得到支持。

（二）员工 CSR 感知与消极结果变量之间关系的检验结果

汇报了员工 CSR 感知与消极态度和消极行为结果变量的相关假设的检验结果。从异质性的检验结果来看，无论是消极态度变量还是消极行为变量，Q 值都显著，且 I^2 值均大于 70，处于较高水平，该结果进一步证实了随机效应模型在本书中的适用性。

如表 4-3 所示，员工的 CSR 感知与员工离职倾向负相关（r_c = -0.347），且其 95% 的置信区间不包括 0，故 H8（员工 CSR 感知与员工离职倾向负相关）得到支持。

表 4－3　员工 CSR 感知与消极结果变量之间关系的检验结果

积极结果变量	k	N	r_c	95% CI		Q	p	I^2
				LL	UL			
态度结果变量								
离职倾向	4	4808	－0.347	－0.433	－0.254	32.298	0.000	90.711
组织犬儒主义	2	718	－0.537	－0.797	－0.111	34.180	0.000	97.074
行为结果变量								
工作场所偏差行为	3	860	－0.321	－0.494	－0.124	18.515	0.000	89.198

注：k＝研究个数；N＝样本总数；r_c＝矫正抽样和测量误差后的整体相关系数；95% CI＝r_c 的 95% 的置信区间；LL＝95% 置信区间的最低值；UL＝95% 置信区间的最高值；Q＝Q 统计量，同质性检验统计量；p＝Q 统计量的 T 值；I^2＝I^2 统计量。

员工的 CSR 感知与员工组织犬儒主义负相关（r_c ＝ －0.537），且其 95% 的置信区间不包括 0，故 H9（员工 CSR 感知与员工组织犬儒主义负相关）得到支持。

员工的 CSR 感知与员工工作场所偏差行为负相关（r_c ＝ －0.321），且其 95% 的置信区间不包括 0，故 H10（员工 CSR 感知与员工工作场所偏差行为负相关）得到支持。

（三）员工 CSR 感知各维度与相关结果变量之间关系的检验结果

首先，汇报了员工 CSR 感知 Carroll（1991）四维度（经济责任维度、法律责任维度、道德责任维度、慈善责任维度）与相关结果变量关系的假设检验结果。从异质性的检验结果来看，除工作绩效以外，各个结果变量的 Q 值都显著，且 I^2 值均大于 70，处于较高水平，故采用随机效应模型来对这些变量进行估计。对于 Q 值不显著，且 I^2 较小（经济责任维度—工作绩效关系，法律责任维度—工作绩效关系）的变量采用固定效应模型来对此进行估计。

如表4－4 所示，①员工感知企业经济责任与员工组织信任（r_c = 0.710）、组织承诺（r_c = 0.580）、工作满意度（r_c = 0.564）、工作绩效（r_c = 0.666）正相关；②员工感知企业法律责任与员工组织信任（r_c = 0.760）、组织承诺（r_c = 0.586）、工作满意度（r_c = 0.651）、工作绩效（r_c = 0.422）正相关；③员工感知企业道德责任与员工组织信任（r_c = 0.771）、组织承诺（r_c = 0.590）、工作满意度（r_c = 0.614）、工作绩效（r_c = 0.510）正相关；④员工感知企业慈善责任与员工组织信任（r_c = 0.723）、组织承诺（r_c = 0.601）、工作满意度（r_c = 0.559）、工作绩效（r_c = 0.449）正相关。且其 95% 的置信区间不包括 0，故 H11a［员工 CSR 感知的不同维度（经济责任、法律责任、道德责任、慈善责任）与员工相应态度和行为结果变量正相关］得到支持。

表 4－4　员工 CSR 感知的 Carroll（1991）四维度与结果变量之间关系的检验结果

结果变量	亚组	k	N	r_c	95% CI		Q	p	I^2
					LL	UL			
组织信任	经济责任	3	907	0.710	0.367	0.884	116.064	0.000	98.277
	法律责任	3	907	0.760	0.393	0.918	154.211	0.000	98.703
	道德责任	2	520	0.771	0.457	0.914	37.358	0.000	97.323
	慈善责任	3	907	0.723	0.265	0.914	187.989	0.000	98.936
组织承诺	经济责任	7	1653	0.580	0.453	0.683	76.232	0.000	92.131
	法律责任	7	1653	0.586	0.355	0.749	224.696	0.000	97.330
	道德责任	7	1653	0.590	0.419	0.721	133.860	0.000	95.518
	慈善责任	7	1653	0.601	0.443	0.722	117.576	0.000	94.897
工作满意度	经济责任	4	1214	0.564	0.289	0.753	107.874	0.000	97.219
	法律责任	4	1214	0.651	0.352	0.829	155.541	0.000	98.071
	道德责任	4	1214	0.614	0.448	0.739	57.786	0.000	94.808
	慈善责任	4	1214	0.559	0.195	0.788	174.783	0.000	98.284

续表

结果变量	亚组	k	N	r_c	95% CI		Q	p	I^2
					LL	UL			
工作绩效	经济责任	2	364	0.666	0.604	0.720	2.003	0.157	50.078
	法律责任	2	364	0.422	0.333	0.503	0.470	0.493	0.000
	道德责任	2	364	0.510	0.257	0.697	8.152	0.004	87.732
	慈善责任	2	364	0.449	0.182	0.655	8.190	0.004	87.790

注：k = 研究个数；N = 样本总数；r_c = 矫正抽样和测量误差后的整体相关系数；95% CI = r_c 的95%的置信区间；LL = 95%置信区间的最低值；UL = 95%置信区间的最高值；Q = Q统计量，同质性检验统计量；p = Q统计量的T值；I^2 = I^2统计量。

通过对比各个维度与结果变量之间的关系本书发现，员工感知企业经济责任、法律责任、道德责任和慈善责任与员工组织信任、组织承诺、工作满意度之间的关系并没有显著的区别。但是通过相关系数95%置信区间的比较，本书发现员工感知企业经济责任与工作绩效之间的相关关系显著大于员工感知法律责任与工作绩效之间的关系，两者之间的置信区间不重合，这也在一定程度上说明如果员工认为企业履行经济相关的责任，其工作绩效的水平将会有一定的提高。

其次，汇报了员工CSR感知内外部维度（ICSR和ECSR）与相关结果变量的关系的假设检验结果。从异质性的检验结果来看，除工作投入以外，各个结果变量的Q值都显著，且I^2值均大于70，处于较高水平，故采用随机效应模型来对这些变量进行估计。对于Q值不显著，且I^2较小（ECSR感知—工作投入）的变量采用固定效应模型来对此进行估计。

如表4-5所示，①ICSR感知与员工组织认同（r_c = 0.574）、工作投入（r_c = 0.786）正相关，且其95%的置信区间不包括0。但是员工ICSR感知与员工工作满意度（r_c = 0.264，n.s.）的相关关系并不显著，其95%的置信区间包括0。②ECSR感知与员工组织认同（r_c = 0.489）、工作投入（r_c = 0.726）、工作满意度（r_c = 0.590）正相关，且其95%的置信区间不包括0。故H11b［员工CSR感知的不同维度（ICSR、ECSR）与员工相应态度和行为结果变量正相关］得到了部分支持。

表 4-5 员工 CSR 感知的内外部维度与结果变量之间关系的检验结果

结果变量	亚组	k	N	r_c	95% CI		Q	p	I^2
					LL	UL			
组织认同	ICSR	3	1675	0.574	0.217	0.796	124.371	0.000	98.392
	ECSR	3	1675	0.489	0.287	0.650	37.878	0.000	94.720
工作投入	ICSR	2	1492	0.786	0.576	0.899	50.607	0.000	98.024
	ECSR	2	1492	0.726	0.701	0.750	2.251	0.134	55.577
工作满意度	ICSR	2	593	0.264	-0.091	0.559	16.826	0.000	94.057
	ECSR	3	5305	0.590	0.269	0.792	133.613	0.000	98.503

注：k = 研究个数；N = 样本总数；r_c = 矫正抽样和测量误差后的整体相关系数；95% CI = r_c 的 95% 的置信区间；LL = 95% 置信区间的最低值；UL = 95% 置信区间的最高值；Q = Q 统计量，同质性检验统计量；p = Q 统计量的 T 值；I^2 = I^2 统计量。

最后，汇报了员工 CSR 感知利益相关者维度（对员工的责任、对消费者的责任、对政府的责任、对社会公众和环境的责任）与相关结果变量的关系的假设检验结果。从异质性的检验结果来看，除外在工作满意度以外，各个结果变量的 Q 值都显著，且 I^2 值均大于 70，处于较高水平，故采用随机效应模型来对这些变量进行估计。对于 Q 值不显著，且 I^2 较小（员工感知企业消费者责任维度—外在满意度关系）的变量采用固定效应模型来对此进行估计。

如表 4-6 所示，①员工感知企业对消费者的责任与员工组织信任（r_c = 0.443）、工作满意度（r_c = 0.480）、内在工作满意度（r_c = 0.410）、外在工作满意度（r_c = 0.513）以及组织公民行为（r_c = 0.327）正相关；②员工感知企业对员工的责任与员工组织信任（r_c = 0.612）、工作满意度（r_c = 0.533）、内在工作满意度（r_c = 0.613）、外在工作满意度（r_c = 0.654）以及组织公民行为（r_c = 0.394）正相关；③员工感知企业对政府的责任与员工组织公民行为($r_c=0.295$)正相关；④员工感知企业对环境的责任与员工组织信任($r_c=0.272$)、工作满意度($r_c=0.427$)、组织公民行为($r_c=0.410$)正相关，且其95%的置信区间不包括0。特别地，员工感知企业对消费者责任与组织认同($r_c=0.151$)正相关，其95%的置信区间不包括0，但是，员工感知企业对员工的责任($r_c=0.421$，n. s.)、企业对环境的责任($r_c=0.318$，n. s.)与组织认同的相关关系并不显著，因其相关系数95%置信区间包括0。故H11c［员工CSR感知的不同维度（对员工的责任、对消费者的责任、对政府的责任、对社会公众和环境的责任）与员工相应态度和行为结果变量正相关］得到部分支持。

表4-6 员工CSR感知的利益相关者维度与结果变量之间关系的检验结果

结果变量	亚组	k	N	r_c	95% CI		Q	p	I^2
					LL	UL			
态度结果变量									
组织认同	企业对消费者的责任	3	1578	0.151	0.020	0.276	12.900	0.002	84.496
	企业对员工的责任	3	1578	0.421	-0.025	0.728	169.402	0.000	98.819
	企业对政府的责任	—	—	—	—	—	—	—	—
	企业对环境的责任	3	1107	0.318	-0.047	0.608	80.980	0.000	97.530
组织信任	企业对消费者的责任	3	1420	0.443	0.028	0.728	138.911	0.000	98.560
	企业对员工的责任	3	1420	0.612	0.324	0.796	97.830	0.000	97.956
	企业对政府的责任	—	—	—	—	—	—	—	—
	企业对环境的责任	2	724	0.272	0.085	0.441	7.014	0.008	85.743
工作满意度	企业对消费者的责任	3	674	0.480	0.336	0.602	9.136	0.010	78.109
	企业对员工的责任	5	1279	0.533	0.308	0.702	96.070	0.000	95.836
	企业对政府的责任	—	—	—	—	—	—	—	—
	企业对环境的责任	3	1222	0.427	0.322	0.521	8.386	0.015	76.150
内在满意度	企业对消费者的责任	3	1150	0.410	0.086	0.656	47.375	0.000	95.778
	企业对员工的责任	4	1377	0.613	0.527	0.687	12.979	0.005	76.887
	企业对政府的责任	—	—	—	—	—	—	—	—
	企业对环境的责任	—	—	—	—	—	—	—	—

续表

结果变量	亚组	k	N	r_c	95% CI		Q	p	I^2
					LL	UL			
态度结果变量									
外在满意度	企业对消费者的责任	2	328	0.513	0.428	0.590	0.501	0.479	0.000
	企业对员工的责任	3	555	0.654	0.449	0.794	23.963	0.000	91.654
	企业对政府的责任	—	—	—	—	—	—	—	—
	企业对环境的责任	—	—	—	—	—	—	—	—
行为结果变量									
组织公民行为	企业对消费者的责任	5	2903	0.327	0.030	0.571	180.421	0.000	97.783
	企业对员工的责任	7	2521	0.394	0.239	0.529	104.531	0.000	94.260
	企业对政府的责任	4	1259	0.295	0.173	0.407	13.018	0.005	76.955
	企业对环境的责任	3	910	0.410	0.178	0.599	26.053	0.000	92.323

注：k = 研究个数；N = 样本总数；r_c = 矫正抽样和测量误差后的整体相关系数；95% CI = r_c 的 95% 的置信区间；LL = 95% 置信区间的最低值；UL = 95% 置信区间的最高值；Q = Q 统计量，同质性检验统计量；p = Q 统计量的 T 值；I^2 = I^2 统计量。

综上所述，H11（员工 CSR 感知的维度与员工相应态度和行为结果变量正相关）得到部分支持。

（四）员工 CSR 感知测量工具的调节效应检验结果

一般而言，对于亚组元分析中调节效应的判断可以基于两个标准：①根据相关系数 95% 置信区间是否包括 0，判断亚组是否显著，如果其中某一亚组显著，而另外一个亚组并不显著，那么则可以认为这一调节效应是存在的。此外，如果亚组间的相关系数 95% 置信区间不重合，即存在某一亚组相关系数的变化范围明显超过其他亚组相关系数的变化范围，此时调节效应显著。②根据组间 Q 值，即 Q_b 来判断组与组之间是否存在显著差异。若 Q_b 显著，则可以推断亚组之间存在显著差异。表 4－7 汇报了员工 CSR 感知的不同测量（Maignan & Ferrell，2000；Du et al.，2007；Valentine & Fleischman，2008；Wagner et al.，2009；Turker，2009b）在员工

CSR 感知与结果变量之间调节作用的检验结果。

就员工 CSR 感知与感知外部声誉之间的关系而言，采用 Maignan 和 Ferrell（2000）的量表时，两者相关关系并不显著，r_c = 0.348，*CI* [-0.004, 0.622]；但是采用 Turker（2009b）的量表来对员工 CSR 感知进行测量时，两者之间的关系显著，r_c = 0.515，*CI* [0.452，0.574]。因此可以表明，测量量表的选择会对员工 CSR 感知与感知外部声誉之间的关系产生影响。

表 4-7　CSR 感知不同测量工具的调节作用

结果变量		亚组	*k*	*N*	r_c	95% *CI*		Q_b	p
						LL	*UL*		
态度结果变量	感知外部声誉	Maignan 和 Ferrell（2000）	2	1323	0.348	-0.004	0.622	1.173	0.279
		Du 等（2007）	—	—	—	—	—		
		Valentine 和 Fleischman（2008）	—	—	—	—	—		
		Wagner 等（2009）	—	—	—	—	—		
		Turker（2009b）	2	1135	0.515	0.452	0.574		
	组织认同	Maignan 和 Ferrell（2000）	2	679	0.449	-0.108	0.791	0.151	0.927
		Du 等（2007）	—	—	—	—	—		
		Valentine 和 Fleischman（2008）	—	—	—	—	—		
		Wagner 等（2009）	3	502	0.540	0.340	0.693		
		Turker（2009b）	3	701	0.542	0.346	0.693		
	情感型组织承诺	Maignan 和 Ferrell（2000）	3	1635	0.411	0.184	0.596	0.511	0.475
		Du 等（2007）	—	—	—	—	—		
		Valentine 和 Fleischman（2008）	—	—	—	—	—		
		Wagner 等（2009）	—	—	—	—	—		
		Turker（2009b）	2	1057	0.486	0.438	0.531		

续表

结果变量		亚组	k	N	r_c	95% CI		Q_b	p
						LL	UL		
态度结果变量	组织承诺	Maignan 和 Ferrell（2000）	—	—	—	—	—	1.438	0.230
		Du 等（2007）	—	—	—	—	—		
		Valentine 和 Fleischman（2008）	2	380	0.469	0.275	0.627		
		Wagner 等（2009）	—	—	—	—	—		
		Turker（2009b）	2	790	0.681	0.343	0.863		
	工作满意度	Maignan 和 Ferrell（2000）	—	—	—	—	—	0.788	0.375
		Du 等（2007）	3	1041	0.541	0.394	0.661		
		Valentine 和 Fleischman（2008）	—	—	—	—	—		
		Wagner 等（2009）	—	—	—	—	—		
		Turker（2009b）	3	709	0.396	0.052	0.656		
行为结果变量	组织公民行为	Maignan 和 Ferrell（2000）	5	2061	0.414	0.312	0.506	2.785	0.095
		Du 等（2007）	—	—	—	—	—		
		Valentine 和 Fleischman（2008）	—	—	—	—	—		
		Wagner 等（2009）	—	—	—	—	—		
		Turker（2009b）	2	848	0.314	0.251	0.373		

注：k = 研究个数；N = 样本总数；r_c = 矫正抽样和测量误差后的整体相关系数；95% CI = r_c 的 95% 的置信区间；LL = 95% 置信区间的最低值；UL = 95% 置信区间的最高值；Q_b = 组间 Q 值；p = Q_b 统计量的 T 值。

就员工 CSR 感知与组织认同的关系而言，采用 Maignan 和 Ferrell（2000）的量表时，两者相关关系并不显著，r_c = 0.449，CI [-0.108，0.791]；但是采用 Wagner 等（2009）以及 Turker（2009b）的量表来对员工 CSR 感知进行测量时，两者之间的关系显著，变量间“真实”的相关

系数分别为 $r_c=0.540$，$r_c=0.542$，相关系数95%置信区间都不包含0。因此可以表明，测量量表的选择会对员工CSR感知与组织认同之间的关系产生影响。

此外，员工CSR感知与其他变量（情感型组织承诺、组织承诺、工作满意度、组织公民行为）之间的关系，无论采用哪种量表都显著，且其组间 Q 值，即 Q_b 检验都不显著。故测量量表的选择对员工CSR感知与其他变量（情感型组织承诺、组织承诺、工作满意度、组织公民行为）之间的关系并没有产生影响。综上所述，H12（CSR感知不同测量工具调节员工CSR感知与员工相应结果变量之间的关系）得到部分支持。

（五）人口统计学变量调节效应检验结果

现有元分析中对于性别的测量方法主要有两种：第一种测量的是样本中的男女比例；第二种测量的则是性别角色导向，即“人们对于男性及女性在社会中性别角色定位的传统观念”（Livingston & Judge，2008）。鉴于数据的可获得性，本书以样本性别比例作为性别的代理变量。此外，本书采用编码得到的样本平均年龄对年龄在CSR感知与结果变量之间的调节作用进行检验。表4-8汇报了人口统计学变量（性别、年龄）在员工CSR感知与结果变量之间的调节作用的检验结果。

性别比例显著负向调节员工CSR感知与工作投入（$\beta=-1.441$，$p<0.05$）之间的关系，显著正向调节员工CSR感知与工作绩效（$\beta=0.807$，$p<0.05$），组织公民行为（$\beta=0.416$，$p<0.001$）和工作场所偏差行为（$\beta=3.374$，$p<0.01$）的关系。但是性别比例在员工CSR感知与感知外部声誉（$\beta=-0.480$，n. s.）、感知组织支持（$\beta=-1.186$，n. s.）、组织认同（$\beta=-0.133$，n. s.）、组织信任（$\beta=-0.528$，n. s.）、组织承诺（$\beta=-0.603$，n. s.）、工作满意度（$\beta=-0.115$，n. s.）以及离职倾向（$\beta=0.188$，n. s.）之间的调节作用并不显著。

表 4－8　人口统计学变量（性别、年龄）的调节作用

	性别比例			平均年龄		
	k	β	p	*k*	β	p
积极态度						
感知外部声誉	5	－0.480	0.112	—	—	—
感知组织支持	4	－1.186	0.166	—	—	—
组织认同	10	－0.133	0.721	6	0.012	0.063
组织信任	5	－0.528	0.210	4	0.037*	0.018
组织承诺	6	－0.603	0.052	4	－0.007	0.640
工作投入	8	－1.441*	0.031	3	－0.038**	0.002
工作满意度	9	－0.115	0.798	5	0.024**	0.001
积极行为						
工作绩效	3	0.807*	0.012	3	－0.025*	0.040
组织公民行为	4	0.416***	0.000	—	—	—
消极态度						
离职倾向	4	0.188	0.477	—	—	—
消极行为						
工作场所偏差行为	3	3.374**	0.004	3	0.060**	0.004

注：*** 表示在 0.1 水平（双侧）上显著相关；** 表示在 0.01 水平（双侧）上显著相关；* 表示在 0.05 水平（双侧）上显著相关。

通过对结果的深入分析，笔者发现一个十分有趣的现象，随着样本男性比例的提高，员工 CSR 感知与态度型结果变量的关系会被削弱，但员工 CSR 感知与行为型结果变量的关系却被增强。一般而言，相较于男性，女性会表现得更加感性，因此本书预期女性对 CSR 活动的反应更灵敏。所以，如果样本女性比例较高，员工 CSR 感知与态度型结果变量的关系会增强；反之，随着男性比例的提高，员工 CSR 感知与态度型结果变量的关系会被削弱。但男性和女性在行为上的表现却呈现出相反的结果，相较于女性，男性感知到 CSR 后，更多地表现在其绩效的改进和组织公民行为的开展上，同时较少地表现出工作场所的偏差行为。这一结果似乎给了我们这样一个暗示，即男性在受到心理刺激（CSR 感知）后更多地倾向于通过行动来对此做出回应，属于行动派；而女性受到心理刺激（CSR 感知）后更多地通过情感来对此做出回应，属于情感派。当然这样的推断仅仅是对结果的分析，更多背后的理论依据有待探讨。

年龄显著正向调节员工 CSR 感知与组织信任（$\beta=0.037$，$p<0.05$）、工作满意度（$\beta=0.024$，$p<0.01$）和工作场所偏差行为（$\beta=0.060$，$p<0.01$）的关系，显著负向调节员工 CSR 感知与工作投入（$\beta=-0.038$，$p<0.01$）以及工作绩效（$\beta=-0.025$，$p<0.05$）之间的关系。这意味着员工 CSR 感知与组织信任以及工作满意度在年长群体更为显著，同时相较于年轻员工，年长的员工在感知 CSR 行为后会更少地表现出组织场所偏差行为。但是随着年纪的增长，尽管其感知到企业的 CSR 行为，但其对工作的投入程度仍旧较低，且工作绩效水平也没那么高。年龄在员工 CSR 感知与组织认同（$\beta=0.012$，n. s.）以及组织承诺（$\beta=-0.007$，n. s.）之间的调节作用并不显著。

综上所述，H13［人口统计学变量（性别、年龄）在员工 CSR 感知与员工相应结果变量之间起调节作用］得到部分支持。

（六）国家文化调节效应检验结果

由于样本中并没有对国家文化进行直接测度的变量，所以本书根据地区文化的特点，将样本中原始国家信息进行二次编码，并将国家分为两大类，即亚洲国家和欧美国家，这两个区域分别体现了集体主义文化和个体主义文化的特点。

表 4－9 是国家文化亚组元分析的检验结果。①集体主义国家文化背景下的员工，其 CSR 感知与感知外部声誉（$r_c=0.394$，$CI[0.189, 0.567]$）、组织认同（$r_c=0.479$，$CI[0.300, 0.625]$）、组织承诺（$r_c=0.506$，$CI[0.456, 0.553]$）、工作满意度（$r_c=0.520$，$CI[0.411, 0.614]$）以及组织公民行为（$r_c=0.438$，$CI[0.272, 0.578]$）都显著正相关，与离职倾向（$r_c=-0.348$，$CI[-0.578, -0.067]$）显著负相关。②个体主义文化背景下的员工，其 CSR 感知与感知外部声誉（$r_c=0.399$，

CI[0.185，0.577]）、组织认同（r_c = 0.562，CI[0.466，0.646]）、组织承诺（r_c = 0.573，CI[0.329，0.745]）、工作满意度（r_c = 0.412，CI[0.121，0.638]）以及组织公民行为（r_c = 0.358，CI[0.290，0.424]）都显著正相关，与离职倾向（r_c = -0.357，CI[-0.411，-0.302]）显著负相关。两个亚组对比后的组间 Q_b 值并不显著，故 CSR 感知与这些变量之间的关系在不同的国家文化下（集体主义文化、个人主义文化）并不存在显著差异。

表 4-9　国家文化的调节作用

结果变量		亚组	k	N	r_c	95% CI		Q_b	p
						LL	UL		
态度变量	感知外部声誉	亚洲	3	1650	0.394	0.189	0.567	0.001	0.974
		欧美	3	407	0.399	0.185	0.577		
	组织认同	亚洲	7	1740	0.479	0.300	0.625	0.817	0.366
		欧美	6	1026	0.562	0.466	0.646		
	组织承诺	亚洲	4	1008	0.506	0.456	0.553	0.341	0.559
		欧美	3	1186	0.573	0.329	0.745		
	工作投入	亚洲	7	1985	0.422	0.257	0.563	11.967	0.001
		欧美	2	20497	0.750	0.631	0.834		
	工作满意度	亚洲	6	1933	0.520	0.411	0.614	0.160	0.689
		欧美	3	1226	0.412	0.121	0.638		
	离职倾向	亚洲	2	1270	-0.348	0.578	-0.067	0.005	0.942
		欧美	2	3538	-0.357	-0.411	-0.302		
行为变量	组织公民行为	亚洲	2	956	0.438	0.272	0.578	0.809	0.369
		欧美	3	2688	0.358	0.290	0.424		

注：k = 研究个数；N = 样本总数；r_c = 矫正抽样和测量误差后的整体相关系数；95% CI = r_c 的 95% 的置信区间；LL = 95% 置信区间的最低值；UL = 95% 置信区间的最高值；Q_b = 组间 Q 值；p = Q_b 统计量的 T 值。

此外，员工 CSR 感知与工作投入之间的相关关系在集体主义文化群体（r_c = 0.422，CI[0.257，0.563]）和个体主义文化群体（r_c = 0.750，CI

[0.631, 0.834])中存在显著差异，此时 $Q_b = 11.967$，在 $p < 0.01$ 水平上显著。通过对相关系数置信区间的观察，本书发现员工 CSR 感知与工作投入之间的相关关系在个体主义文化群体中更为显著，这与本书期待的影响方向相反。产生这一现象可能是因为本书并没有在研究中纳入足够多的个体主义文化的研究样本，因此这一比较结果有可能存在偏差。

综上所述，H14［国家文化（集体主义文化、个体主义文化）在员工 CSR 感知与员工相应结果变量之间起调节作用］没有得到支持。

五、本章小结

研究一采用元分析的方法对员工 CSR 感知及其各个维度与相关结果变量（态度结果、行为结果）之间的关系进行全面系统的分析。此外，研究一还探讨了方法层面因素（CSR 感知测量工具）、个人层面因素（样本人口统计特征变量——性别和年龄）以及国家层面因素（国家文化）的调节作用。具体假设检验结果汇总如表 4－10 所示。

表 4－10　研究一假设检验结果汇总

假　设	检验结果
◆员工 CSR 感知与积极态度结果变量	
H1　员工 CSR 感知与员工感知外部声誉和感知组织支持正相关	支持
H2　员工 CSR 感知与员工组织认同和组织信任正相关	支持
H3　员工 CSR 感知与员工组织承诺和组织公平正相关	支持
H4　员工 CSR 感知与员工工作投入和工作满意度正相关	支持
◆员工 CSR 感知与积极行为结果变量	
H5　员工 CSR 感知与员工工作绩效正相关	支持

续表

假　设	检验结果
H6　员工 CSR 感知与员工组织公民行为正相关	支持
H6a　员工 CSR 感知与员工组织导向 OCB 正相关	支持
H6b　员工 CSR 感知与员工个人导向 OCB 正相关	支持
H7　员工 CSR 感知与员工的创新行为正相关	支持
◆员工 CSR 感知与消极态度结果变量	
H8　员工 CSR 感知与员工离职倾向负相关	支持
H9　员工 CSR 感知与员工组织犬儒主义负相关	支持
◆员工 CSR 感知与消极行为结果变量	
H10　员工 CSR 感知与员工工作场所偏差行为负相关	支持
◆员工 CSR 感知的各维度与相关结果变量	
H11　员工 CSR 感知的维度与员工相应态度和行为结果变量正相关	部分支持
H11a　员工 CSR 感知的不同维度（经济责任、法律责任、道德责任、慈善责任）与员工相应态度和行为结果变量正相关	支持
H11b　员工 CSR 感知的不同维度（ICSR，ECSR）与员工相应态度和行为结果变量正相关	部分支持
H11c　员工 CSR 感知的不同维度（对员工的责任、对消费者的责任、对政府的责任、对社会公众和环境的责任）与员工相应态度和行为结果变量正相关	部分支持
◆调节效应	
H12　CSR 感知不同测量工具调节员工 CSR 感知与员工相应结果变量之间的关系	部分支持
H13　人口统计学变量（性别、年龄）在员工 CSR 感知与员工相应结果变量之间起调节作用	部分支持
H14　国家文化（集体主义文化、个体主义文化）在员工 CSR 感知与员工相应结果变量之间起调节作用	没有支持

第五章

研究二：员工 CSR 感知影响员工行为内在作用机制研究

一、研究基础

为了深刻了解 CSR 感知对员工行为的真正影响，组织行为学领域的学者建议应该检验 CSR 感知影响相应结果变量的内在作用机制（Balmer、Fukukawa & Gray，2007；Berrone、Surroca & Tribo，2007；Dirks & Ferrin，2002；Pivato et al.，2008）。但是现有文献对于员工 CSR 感知影响员工行为中间机制的研究并不够深入（Glavas，2016）。由于研究一元分析的开展建立在对文献深度编码的基础上，在编码过程中，笔者也发现现有研究对于员工 CSR 感知影响相关行为内在中介机制的探讨并不充分。

具体而言，社会认同理论（SIT）和社会交换理论（SET）是用来解释员工 CSR 感知影响员工行为的潜在作用机制的两个常用理论框架（Ashforth & Mael，1989；Blau，1964；Cropanzano Mitchell，2005；Hogg & Terry，2000；Molm & Cook，1995；Tajfel & Turner，1986）。其中，态度型变量（组织认同和组织信任）在员工 CSR 感知与行为结果变量之间起着重要的中介作用。基于社会认同理论，一部分学者关注认同这一作用机制在员工 CSR 感知与相应行为结果变量之间的作用。例如，Farooq 等（2014a）探讨了组织认同在员工感知 CSR（企业对社区、环境、消费者以及员工的责任）与知识共享行为之间的中介作用。尽管社会认同理论较好地解释了员工 CSR 感知对员工行为的影响，但是该理论没有对根植于社会交换关系中互惠主义和相互之间的义务关系等社会规范进行解释（Cropanzano & Mitchell，2005；Gond et al.，2010）。因此基于社会交换理论，一些学者关注信任这一作用机制在员工 CSR 感知与相应行为结果变量之间的作用。例如，Hansen 等（2001）通过两个实验证实了组织信任在员工 CSR 感知与员工离职倾向以及组织公民行为之间的中介作用。

综观现有探索员工 CSR 感知影响员工行为中间机制的研究，仅有几篇文章（如 Farooq et al.，2014b）关注相对复杂的中介模型，即探讨态度型变量（组织认同和组织信任）的双重中介作用。这些研究多数仅仅提出概念模型，缺乏严格的实证检验（Glavas，2016）。同时，到底是社会认同理论对 CSR 感知与行为结果变量之间关系的解释力更强，还是社会交换理论的解释力更强？这一问题并没有得到学者们很好的关注。因此，基于社会认同理论和社会交换理论，研究二在研究一得到的变量之间“真实”相关系数的基础上，运用元分析—结构方程模型的方法，旨在探索态度型变量（组织认同和组织信任）在员工 CSR 感知与相应行为结果变量之间的中介作用，同时，研究二对比组织认同和组织信任中介效应差异，回答社会认同理论和社会交换理论的解释力问题。

本书以工作绩效和组织公民行为作为研究二的核心行为研究变量，主要基于以下两点考虑：一方面，员工的角色内绩效（工作绩效）和角色外绩效（组织公民行为）一直是众多学者所关注的员工重要的行为变量（徐姗，2018）。在实践领域，企业管理人员也对两者给予足够的重视。另一方面，在研究方法上，Earnest 等（2011）根据 Viswesvaran 和 Ones（1995）提出的将元分析和结构方程模型相结合（MASEM）的建议，检验了期望满足、角色清晰、诚实感知、吸引力感知在实际岗位演习与离职倾向之间的并列中介作用。因此，研究二将采用元分析—结构方程方法探索组织认同和组织信任的并列中介作用。为保证元分析—结构方程方法的顺利使用和研究结果的可靠性，本书在选取员工行为结果变量时，必须选择那些得到学者广泛关注的行为结果变量。通过研究一的结果笔者了解到，员工 CSR 感知与员工个体行为中工作绩效和组织公民行为之间的关系得到了众多学者的关注，故从方法的适用性角度而言，本书选择两者作为研究的核心行为结果变量也十分合理。

研究二的概念模型如图 5－1 所示。

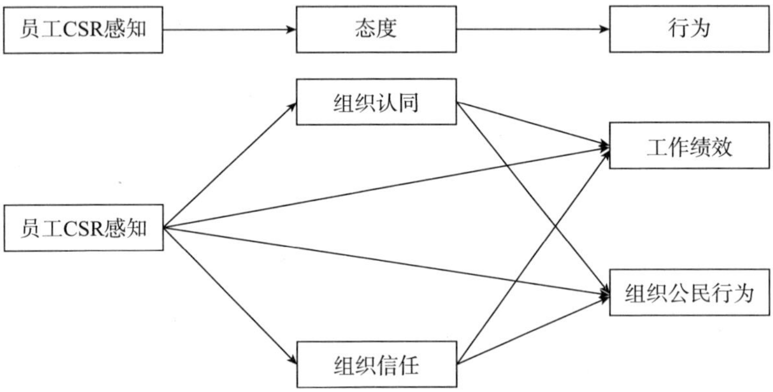

图 5－1　研究二概念模型

二、研究假设

（一）员工 CSR 感知影响员工行为——组织认同的中介效应

Tajfel 和 Turner（1979）提出的社会认同理论研究了个人感知、社会分类、团体差异对于个人态度和行为的影响。根据社会认同理论，社会认同被视作一种心理过程，即个人为了强化自身自尊和自我概念，将自己归为某种特定社会组织（如国家、组织、政治或宗教的机构等）的心理过程（Hogg & Terry，2000；Tajfel，1981；Tajfel & Turner，1986）。由于其潜在的自我强化的机制，社会认同理论一直被认为是解释员工 CSR 感知与员工态度和行为之间关系很好的理论框架（Brammer et al.，2007；Peterson，2004；Turker，2009a）。

社会认同理论相关研究（Ashforth & Mael，1989；Brammer et al.，2007；De Roeck et al.，2014）提出，员工会更认同那些有着良好组织形象且能够帮助员工自身获得自尊和自我价值感的组织（Haslam，2001）。而 CSR 活动的开展使得员工更加认同自己的组织，员工会因其归属于这样社会口碑良好的组织而感到自豪，因为这一定程度上可以满足员工对归属、自尊和自我认同的需要（Brammer et al.，2007；Collier & Esteban，2007；Jones，2010；Lee et al.，2012；Rupp et al.，2006）。这些需要一旦得到满足，员工就会用积极的态度如组织承诺、工作满意度等回应自己的组织（Suh，2016）。类似地，员工 CSR 感知还会通过组织认同对其他一些行为变量（工作绩效和组织公民行为）产生影响。

（1）当员工意识到自己的组织积极地提出一些便于企业长期开展社会活动的政策措施时，员工就会对该组织产生更加强烈的认同感。这种认同感可以缩小员工利益与组织利益的不一致，鼓励个人目标和组织目标的有机统一（Ashforth & Mael，1989；Hall、Schneider & Nygren，1970；Whetten & Godfrey，1998）。所以，员工对组织的认同感越高，其对于组织目标、组织战略和组织实践的接受力就会越强（Riketta，2005；Walumbwa et al.，2011），员工越倾向于采取那些与组织身份、声望以及战略相一致的活动（Ashforth & Mael，1996），越愿意寻找机会为组织的绩效做贡献（Korschun et al.，2014）。此外，如果员工对组织产生强烈的认同感，他们会更多地与他人合作，更加关心组织的福祉，并竭尽全力为整个社会系统贡献自己的力量（Dutton et al.，1994；Carmeli et al.，2007；Newman et al.，2015）。在此基础上，员工会更有动力去投入更多的努力，在实现组织目标和社会目标的同时实现自己的目标。同时，员工对组织越认同，其越愿意付出额外的努力，履行自己工作的职责，并且会表现出更高的绩效水平（Dutton et al.，1994；Carmeli et al.，2007；Newman et al.，2015）。因此，那些对组织有着强烈认同感的员工会在工作上表现出很高的效率（Dutton & Dukerich，1991；Mael & Ashforth，1992；Tyler，2012）。故本书认为组织认同中介员工 CSR 感知和工作绩效之间的关系。

（2）如果员工对组织产生一种认同感，他们就会将组织的利益和目标看作自己的利益和目标，并将组织的特点视为自己的特点（Dutton et al.，1994；Mael & Ashforth，1995）。由于 CSR 的履行具有服务他人的特点，员工因企业社会表现而对组织产生的认同感会促使其拥有一种服务他人（开展组织公民行为等相关活动）的意识，同时也会对组织及其组成部分（如员工）给予更多的关注（Evans & Davis，2014）。此外，由于组织公民行为的结果具有与 CSR 相似的特点，一旦员工认同其所在组织，他们就会试图通过从事某些与自我概念相一致的行为，如从事个人导向或组织导向的组织公民行为，来保持自身的自我概念（Ashforth & Mael，1989）。Evans 和 Davis（2014）也提出员工 CSR 感知会通过组织认同对组织公民行为产生影响。因此，本书提出以下假设：

H1 组织认同在员工 CSR 感知与工作绩效的关系中起中介作用。

H2 组织认同在员工 CSR 感知与组织公民行为的关系中起中介作用。

（二）员工 CSR 感知影响员工行为——组织信任的中介效应

社会交换理论强调社会行为的产生是社会交换过程的结果（Blau，1964）。这种行为实际上是一种互惠行为（Konovsky & Pugh，1994）。为了回报组织对自身的关照，员工会自愿从事一些活动（Organ，1990）。特别地，当员工觉得在组织中工作很开心时，他们就会认为支持组织就是与组织的一种相互交换（Azim，2016）。Blau（1964）就曾提出慈善捐赠不仅会对捐赠接受者产生影响，还会对捐赠者内部组织的交换关系产生影响。

因此，社会交换理论也可以对员工 CSR 感知与其态度和行为之间的关系进行较好的解释。

CSR 活动的开展不仅仅是企业追逐经济目标的手段，更多的是为了改善利益相关者的福祉，这其中也包括其对于员工福利的关注。因此基于社会交换理论（Homans，1958；Blau，1964），CSR 活动的开展能够在员工和企业之间创造一种交换关系。但是区别于传统的经济交换关系，社会交换关系主要与一些难以定价的非有形的资产相关（Shore et al.，2006），这样一来这种交换关系就会变得十分不明确，通常这种交换要以信任为基础（Blau，1964）。组织信任是组织员工长期关系中最重要的因素，它可以促成员工对组织的长期依恋（Atkinson & Butcher，2003；Mishra & Morrissey，1990）。组织行为学中一些关于信任的研究指出，组织的利益相关者是否信任其组织取决于其对组织道德和价值观的评估（Dirks & Ferrin，2002；Mayer et al.，1995；Morgan & Hunt，1994；Sirdeshmukh et al.，2002）。这意味着 CSR 活动的开展会对员工对组织的信任产生积极的影响。在这种信任交换关系的基础上，员工认为自己必须用积极的态度和行为与组织进行交换（Gond et al.，2010；Peterson，2004）。实际上，Pivato 等（2008）就提出员工的组织信任是企业 CSR 活动的最直接结果，而态度、行为和财务绩效等都是其间接的结果。

在众多员工 CSR 感知与相应结果变量的研究里，许多学者关注了信任这一作用机制。Hansen 等（2011）整合了市场营销以及组织行为的相关理论，通过两个实验证实了组织信任在 CSR 感知与员工离职倾向以及组织公民行为之间的中介作用。De Roeck 和 Delobbe（2012）检验了组织信任在员工 CSR 感知与员工认同之间的中介作用。类似地，本书推断员工组织信任还会影响员工 CSR 感知与一些行为变量（工作绩效和组织公民行为）之间的关系。

CSR 活动的开展要为所有的利益相关者谋福利，这里也包括组织内的员工。因此，那些履行 CSR 的企业会为其员工提供更多的支持，并且努力满足员工各种各样的需要（De Roeck et al.，2014；Fu、Ye & Law，2014；

Jones，2010）。鉴于此，员工会对组织产生一种信任感，同时觉得自己有义务回报自己的组织。此外，企业对其他利益相关者负责任的行为也会促进员工组织信任感的形成，同时激发员工回报组织的热情（Hansen et al.，2011）。这是因为员工觉得企业会像对待其他外部利益相关者那样对待自己（De Roeck et al.，2014；Rupp et al.，2006）。因此，对企业有着强烈信任感的员工会在工作上表现出很高的效率，本书认为员工 CSR 感知会通过组织信任对员工的工作绩效产生影响。

组织行为学学者认为企业的 CSR 活动可以向员工释放有关于组织道德和价值观等一些十分重要的信号（Rupp et al.，2006；Hansen et al.，2011），员工根据这些信号判断组织可以被信任的程度。具体来说，CSR 活动能够满足员工对组织的期待，他们将会对组织产生一种积极的态度（如信任），这将进一步促进一些充满活力行为的产生，如组织公民行为等一些令人期待的行为（Organ & Lingl，1995）。实际上，员工信任对员工组织公民行为的正向影响已反复被验证（Dirks & Ferrin，2001；Organ & Ryan，1995），根据 Konovsky 和 Pugh（1994），信任被认为是社会交换的一种表现，而社会交换关系可以解释组织公民行为的产生，这是因为社会交换鼓励员工以组织并没有严格要求的方式行事（Rousseau & Parks，1993）。无论在什么组织中，员工对组织的信任水平越高，员工越易表现出组织公民行为。因此，研究二提出以下假设：

H3　组织信任在员工 CSR 感知与工作绩效的关系中起中介作用。

H4　组织信任在员工 CSR 感知与组织公民行为的关系中起中介作用。

（三）组织认同与组织信任的中介效应比较

组织信任代表员工对于组织行动的信心和期待，员工对组织的信任对于企业的长期稳定和员工的福利有着至关重要的影响，故没有哪项因素能够像组织信任那样彻底地对员工的行为产生直接影响（Tan & Tan，2000；Lin，2010）。组织信任会正向影响员工的工作投入，即影响他们后续工作的参与度以及对组织分配工作的热情（Lin，2010）。只要员工享受与组织之间建立的信任关系，其就会将自己奉献给自己的组织（Gill，2008）。此外，组织信任体现一种核心价值观念，这种价值观念能够使员工充满活力和富有创造性（Simmons，1990）。因此，如果员工信任自己的组织，相信自己组织的决策都是能胜任的，其就会对组织的未来更有信心（Spreitzer & Mishra，2002），同时也更愿意投入自己的工作（Chughtai & Buckley，2007）。这又将进一步促进其工作绩效水平的提高。

但是，组织认同对工作绩效的影响却非常微弱，Riketta（2005）的元分析结果就发现员工的组织认同只与工作绩效微弱相关，相关系数仅为0. 17。Carmeli 等（2007）和 Shin 等（2016）也提出了相同观点。这是因为对组织认同程度较高的员工会更加热情地投入到角色外行为中，如帮助同事以及参与各种类型的组织公民行为（Shalley et al.，2004）。因此，在这种情况下，员工无法以同样的精力去关注自己额外的角色内绩效（Bolino & Turnley，2005）。Walumbwa 等（2009）也提出与领导成员关系相比，组织认同与角色内工作绩效的关系要相对较弱。因此相较于组织认同，组织信任在员工 CSR 感知与工作绩效之间的中介作用更强。故研究二提出以下假设：

H5　相较于组织认同，组织信任在员工 CSR 感知与工作绩效之间的中介作用更强。

组织公民行为是一种个人的、自愿的行为，它有益于组织整体福祉，但是却没有在正式的薪酬体系中被提及（Organ，1988）。根据社会信息处理理论和社会学习理论，员工组织公民行为的产生会受组织内集体组织公民水平行为的影响（Bommer et al.，2003）。企业的社会表现会为员工提供一种示范，同时会使员工产生一种自豪感，并且也给员工一种可以在组织中实现更高目标的期待，因此这样的企业会对员工产生一种吸引力（Aguinis & Glavas，2013）。对组织产生认同的员工不只是满足自身的工作目标，还会更愿意尝试一些风险性较高的自由支配的行为（如组织公民行为）以使组织其他成员受益（Bartels et al.，2010）。尽管信任与组织公民行为的关系已被许多学者（如 Konovsky & Pugh，1994；Podsakoff et al.，

1990）检验过，但是鉴于组织公民行为是一种自愿的行为，我们有理由相信其产生的根源更多地源于CSR行为对员工的示范作用。因此，研究二提出以下假设：

H6　相较于组织信任，组织认同在员工CSR感知与组织公民行为之间的中介作用更强。

研究二的所有假设汇总如表5-1所示。

表5-1　研究二假设汇总

◆员工CSR感知影响员工行为——组织认同的中介效应
H1　组织认同在员工CSR感知与工作绩效的关系中起中介作用
H2　组织认同在员工CSR感知与组织公民行为的关系中起中介作用
◆员工CSR感知影响员工行为——组织信任的中介效应
H3　组织信任在员工CSR感知与工作绩效的关系中起中介作用
H4　组织信任在员工CSR感知与组织公民行为的关系中起中介作用
◆组织认同与组织信任的中介效应比较
H5　相较于组织认同，组织信任在员工CSR感知与工作绩效之间的中介作用更强
H6　相较于组织信任，组织认同在员工CSR感知与组织公民行为之间的中介作用更强

三、研究设计与数据处理

（一）元分析—结构方程模型相关系数矩阵的构建

在对结构方程模型进行检验之前，我们首先要获得变量之间的相关系数矩阵。这一相关系数矩阵与以往实证研究中的矩阵有所不同，它描述的是变量之间“真实”的相关关系，而这一系数我们可以通过元分析的结果获得。因此，在构建相关系数矩阵过程中，我们需要获得员工 CSR 感知、组织认同、组织信任、工作绩效以及组织公民行为两两之间的相关系数。具体步骤如下：

（1）通过文献搜索，笔者找到了前人元分析得到的个别变量之间的“真实”相关系数。如通过元分析文章 c1（Riketta，2005），笔者获得了组织认同与组织公民行为之间的“真实”相关系数；通过元分析文章 c2（Colquitt et al.，2007），笔者获得了组织信任与工作绩效和组织公民行为之间的“真实”相关系数；通过元分析文章 c3（Podsakoff et al.，2009），笔者获得了工作绩效和组织公民行为之间的“真实”相关系数。我们可以将相关数据，如研究个数（k）、样本量（N）、去除误差的修正相关系数（r）填入相关系数矩阵相应位置。由于此时未能获得所有变量之间的“真实”的相关系数，我们可以继续下一步骤。

（2）在研究一中，笔者已经获得员工 CSR 感知与组织认同、组织信任、工作绩效以及组织公民行为之间的“真实”相关系数，故我们可以将相关数据，如研究个数（k）、样本量（N）、去除误差的修正相关系数（r）填入相关系数矩阵相应位置。

（3）前两个步骤后，并没有得到一个完备的相关系数矩阵，其中“组织认同和组织信任”以及“组织认同和工作绩效”的“真实”相关系数尚未被获悉。因此，需要开展两个迷你元分析以获得两者之间的相关系数。与研究一相似，笔者首先在 ABI/INFORM Complete、EBSCOhost、Sciencedirect、Emerald、Google Scholar、ISI Web of Knowledge、JSTOR、SpringerLink 以及 Wiley InterScience 数据库中以“Organizational Identification”“Organizational Trust”“Organizational Identification”“Job Performance”为关键词进行文献的检索工作。同时系统地检索了国内外顶级期刊相关主题文章，进行查缺补漏，最终分别确定 10 个以及 29 个有效研究样本。文献收集完备后，对研究样本中“组织认同和组织信任”以及“组织认同和工作绩效”的相关系数，样本容量及各变量的信度进行编码，使用 CMA 软件进行一个迷你元分析，以得到“组织认同和组织信任”以及“组织认同和工作绩效”的去除误差的“真实”相关系数，并填入相关系数矩阵中，如表 5－2 所示。

表 5－2　中介作用检验的相关系数矩阵

变量	*CSR*	*OI*	*OT*	*WP*	*OCB*
CSR	1				
k，*N*					
OI	0.517[a]	1			
k，*N*	13，2766				
OT	0.532[a]	0.321[b]	1		
k，*N*	5，3963	10，4335			
WP	0.482[a]	0.258[b]	0.330[c2]	1	
k，*N*	5，1403	29，5156	27，4882		
OCB	0.404[a]	0.350[c1]	0.270[c2]	0.600[c3]	1
k，*N*	5，3644	25，6644	19，4050	72，21881	

注：*k* 代表研究个数；*N* 代表样本总数；上标 *a* 表示本书的元分析中得到的变量之间的“真实”相关系数；上标 *b* 表示利用二次文献搜索，进行迷你元分析后得到的变量之间的“真实”相关系数；上标 *c* 表示前人已有元分析研究得到的“真实”相关系数。所参考的文章分别为 *c*1（Riketta，2005）、*c*2（Colquitt et al.，2007）、*c*3（Podsakoff et al.，2009）。CSR 代表员工 CSR 感知，*OI* 代表组织认同，*OT* 代表组织信任，*WP* 代表工作绩效，*OCB* 代表组织公民行为。

（二）元分析—结构方程模型的检验

由于本书旨在探索组织认同和组织信任对行为结果变量（工作绩效和组织公民行为）的并列多中介效应，本书将采用多中介结构方程模型“Product of Coefficient”的方法（Preacher & Hayes，2008）来对此进行检验。相较于 Baron 和 Kenny（1986）的检验方法，这一方法能够在确保其他并列变量中介作用的情况下检验目标变量的间接效应，因此具有更高的统计效力。

具体而言，笔者将运用 LISREL 8.7 软件，采用最大似然估计方法来对结构方程模型中并列变量中介效应的路径系数、直接效应和间接效应进行估计。最后，根据参数估计的结果，本书将采用 Sobel 检验方法来检验并列变量中介效应的显著性。

四、研究结果

如图 5－2 所示，当结果变量是工作绩效时，员工 CSR 感知通过组织认同影响工作绩效的间接效应为 $a1 \times b1 = 0.52 \times 0.01 = 0.0052$，$Z = 0.5000$，$SD = 0.0104$，n. s.，组织认同在员工 CSR 感知与工作绩效之间的中介作用并不显著，故 H1 没有得到支持。员工 CSR 感知通过组织信任影响工作绩效的间接效应为 $a2 \times b2 = 0.53 \times 0.10 = 0.0530$，$Z = 4.9779$，$SD = 0.0106$，$p < 0.001$，组织信任在员工 CSR 感知与工作绩效之间的中介作用显著，故 H3 得到支持。

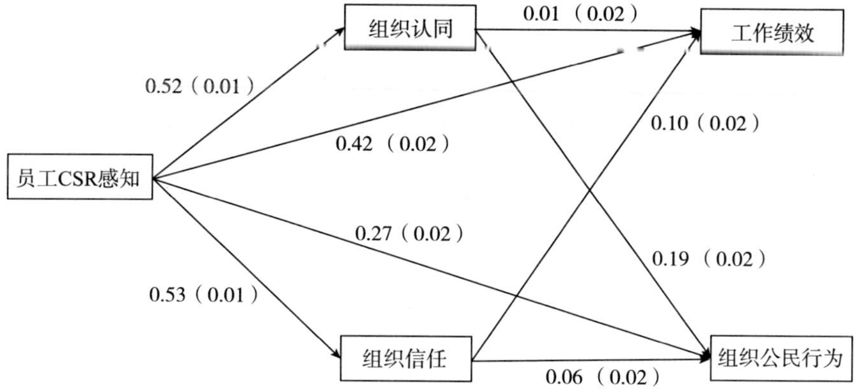

图 5－2 组织认同和组织信任的中介效应

当结果变量是组织公民行为时，员工 CSR 感知通过组织认同影响组织公民行为的间接效应为 $a3 \times b3 = 0.52 \times 0.19 = 0.0988$，$Z = 9.3453$，$SD = 0.0106$，$p < 0.001$。组织认同在员工 CSR 感知与组织公民之间的中介作用显著，故 H2 得到支持。员工 CSR 感知通过组织信任影响组织公民行为的间接效应为 $a4 \times b4 = 0.53 \times 0.06 = 0.0318$，$Z = 2.9952$，$SD = 0.0106$，$p < 0.01$。组织信任在员工 CSR 感知与组织公民行为之间的中介作用显著，故 H4 得到支持。

由于组织认同在员工 CSR 感知与工作绩效之间的中介作用并不显著，而组织信任在员工 CSR 感知与工作绩效之间的中介作用显著，这说明员工在感知到 CSR 后，会通过对组织产生的信任感，并促进其工作绩效水平的提高；但是员工在感知 CSR 后，是否会经由组织认同，进而提高自身工作绩效仍有待继续深入探索。从某种意义上来讲，相较于组织认同，组织信任这一路径在员工 CSR 感知与工作绩效之间的中介作用更强，所以 H5 得到支持。此外，通过对比我们可以发现，组织认同在员工 CSR 感知与组织公民行为之间的中介作用要强于组织信任的中介作用，所以 H6 得到支持。

组织信任在员工 CSR 感知与工作绩效之间的中介作用显著，而组织认同的中介效应并不显著。产生这一现象的原因可能正如前文提及的，没有哪个因素能够像信任那样可以直接对员工的行为产生影响。特别地，组织信任会正向影响员工的工作投入，即影响他们后续工作的参与度以及对组织分配的工作的热情程度，这种投入和热情会对员工的绩效产生重要的促进作用。组织认同对工作绩效的影响却非常微弱，对组织认同程度较高的员工会将更多热情投入到角色外行为中，如帮助同事以及参与各种类型的组织公民行为，在这种情况下员工并没有足够多的精力在满足工作要求的基础上再持续改善自己的角色内绩效水平，因此员工 CSR 感知与工作绩效之间的关系更多的是通过组织信任的中介而实现的。

此外，组织认同在员工 CSR 感知与组织公民行为之间的间接效应大于组织信任在两者之间的间接效应。员工的组织公民行为更多体现的是员工超越于工作职责之外的一些行为，这些行为是一种个人的、自愿的行为。

员工开展这种得不到回报却体现自我精神追求的行为，更多的是出于一种榜样的力量。企业如果有良好的社会表现，员工就会将这一企业视为榜样，对企业产生更多的认同，故也会更多地效仿榜样，开展更多的组织公民行为，因此相对组织信任，组织认同对组织公民行为的影响更大。

五、本章小结

研究二利用元分析—结构方程模型，检验了态度结果变量（组织认同和组织信任）在员工 CSR 感知与行为结果变量（工作绩效和组织公民行为）之间的中介作用效应。研究结果表明，当结果变量为工作绩效时，组织信任中介员工 CSR 感知与工作绩效之间的关系，但组织认同的中介作用并不显著；当结果变量为组织公民行为时，组织认同和组织信任都中介员工 CSR 感知与组织公民行为的关系。特别地，组织认同在员工 CSR 感知与组织公民行为之间的间接效应大于组织信任在两者之间的间接效应，表 5－3 是对所有假设验证结果的汇总。

表 5－3　研究二假设检验结果汇总

假设	检验结果
H1　组织认同在员工 CSR 感知与工作绩效的关系中起中介作用	没有支持
H2　组织认同在员工 CSR 感知与组织公民行为的关系中起中介作用	支持
H3　组织信任在员工 CSR 感知与工作绩效的关系中起中介作用	支持
H4　组织信任在员工 CSR 感知与组织公民行为的关系中起中介作用	支持
H5　相较于组织认同，组织信任在员工 CSR 感知与工作绩效之间的中介作用更强	支持
H6　相较于组织信任，组织认同在员工 CSR 感知与组织公民行为之间的中介作用更强	支持

第六章

研究三：内外部导向员工 CSR 感知对员工创新行为影响的实证研究

一、研究基础

研究一的结果显示，员工 CSR 感知的利益相关者维度会对员工的态度和行为产生影响。但是，由于企业受资源的限制，利益相关者之间对财务资源和管理注意力需求的冲突会增加，管理者如何平衡其对各利益相关者的责任对于企业来说是一个重大的挑战（Wang et al.，2016）。因此，员工 CSR 感知利益相关者维度对员工态度和行为的影响是否存在差异仍是一个值得探索的问题。

已有研究曾探索过类似的问题，如 Turker（2009a）以土耳其员工为样本的研究发现，尽管社会利益相关者导向 CSR（包括企业对自然环境、后代以及非政府组织等的责任）与员工的组织承诺正向相关，但是政府导向 CSR 与员工组织承诺不相关。Hofman 和 Newman（2014）的研究却发现中国员工的组织承诺与社会利益相关者导向 CSR 不相关，但是与员工导向、消费者导向以及政府导向的 CSR 正相关。Newman 等（2015）则发现社会利益相关者导向 CSR 与员工的工作绩效和组织公民行为正向相关，但是员工导向、消费者导向、政府导向 CSR 与员工工作绩效和组织公民行为不相关。

国内学者晁罡、程鹏和张水英（2012）讨论了 CSR 的三个维度对工作投入的影响，研究发现消费者以及员工导向 CSR 行为会显著正向影响员工的工作投入，但是企业环境责任对工作投入的直接影响并没被证实。张振刚等（2012）以银行业员工为样本，发现员工和客户导向 CSR 行为一旦被员工感知将会显著正向影响其满意度。但是企业对社区的责任则对员工满意度没有显著的正向影响。

员工 CSR 感知的内外部维度实际上是利益相关者维度的一种体现，其中，内部导向企业社会责任（ICSR）被定义为企业对员工负责任的行为（Mory et al.，2016），体现企业对员工的关心。外部导向企业社会责任（ECSR）体现企业对外部利益相关者的关心。因此，员工 CSR 感知的内外部维度可能会对员工的态度和行为产生不同的影响。本书研究三旨在探索员工不同导向的 CSR（ICSR 和 ECSR）感知是否会通过不同的心理机制和态度对员工行为产生影响。

此外，研究一元分析的结果也表明，员工创新行为是除工作绩效和组织公民行为之外一个被学者关注的行为结果变量。已有关于员工 CSR 感知与员工行为的关系研究，大多关注员工 CSR 感知对工作绩效和组织公民行为的影响（Aguilera et al.，2007；Brammer et al.，2007；Azim，2016），仅有为数不多的学者试图探讨 CSR 对员工创新行为（Innovative Behavior）的影响。比如，Glavas 和 Piderit（2009）认为，员工感知企业公民行为与员工的创新投入（Creative Involvement）正向相关。Brammer 等（2015）则通过调查西班牙电信部门的员工证实了员工 CSR 感知和员工创造性劳动（Creative Effort）之间的关系（Brammer et al.，2015）。Hur 等（2016）通过对韩国 250 家酒店的员工进行问卷调查，结果证实了员工 CSR 感知与员工创造力（Creativity）之间的关系。国内学者仅有黄俊等（2016）探讨了企业履行的员工责任对员工创新行为的影响。尽管现有文献对此问题稍有探索，但是对员工 CSR 感知与创新行为两者关系方面的研究始终没有得到充分的重视（Hur et al. ，2016），且探讨员工 CSR 感知对其创新行为这一影响内在作用机制的文章更少。我们无法知晓这一影响是何时以及如何产生的（Glavas，2016）。这也为未来学者在该问题上的研究提供了更多的机会。

De Roeck 和 Maon（2016）提出一个理论研究框架，探讨了 ECSR 感知和 ICSR 感知影响员工行为的两条不同路径，即基于社会认同理论的认同路径和基于社会交换理论的信任路径。同时他们认为员工 ECSR 感知和员工 ICSR 感知在对组织信任和组织认同产生影响之前会经历一个复杂的心理作用机制。本书研究三基于他们的理论框架，提出员工 ECSR 感知影响员工创新行为的感知外部声誉—组织认同路径和员工 ICSR 感知影响员工创新行为的感知组织支持—组织信任路径。研究三的概念模型如图 6－1 和图 6－2 所示。

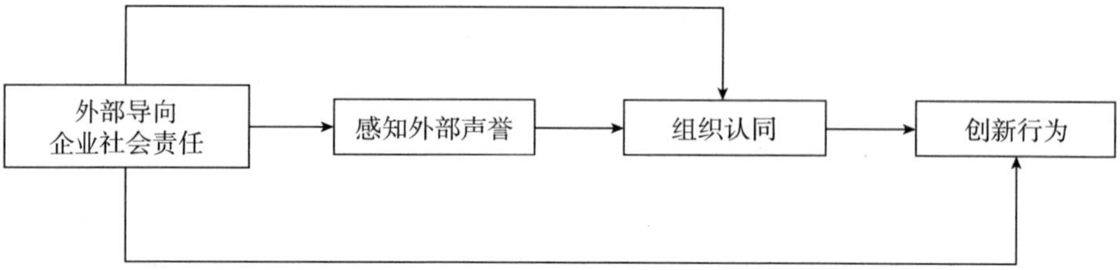

图 6－1　外部导向企业社会责任感知（ECSR）对创新行为的影响路径

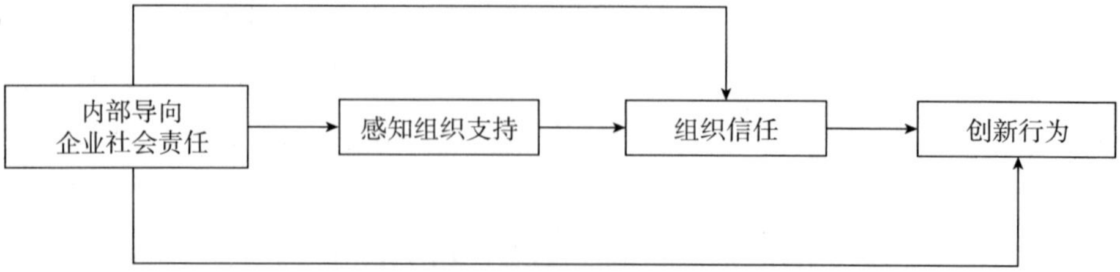

图 6－2　内部导向企业社会责任感知（ICSR）对创新行为的影响路径

二、研究假设

（一）社会认同理论下员工 ECSR 感知影响创新行为的作用机制

1. 员工 ECSR 感知对创新行为的影响

在 Amabile 等（1996）之前，关于创造力的研究大多只关注个人层面因素对创造力的影响（如内外在动机等），很少有学者关注影响创造力的一些特殊的条件因素（Oldham & Cummings，1996）。特别是，工作环境对创新行为的影响（Amabile et al.，1996）。Amabile 等（1996）认为工作团队支持、工作的挑战性、组织的鼓励、上级领导的鼓励、自由且充足的资源都会对员工的创造力产生影响。如果我们将工作环境和个人因素结合起来考虑其对员工创造力的影响，那么我们可以推断在那些企业社会表现良好的企业中，员工的创造力水平会更高（Glavas & Piderit，2009）。Kanter（1999）也发现社会问题可能是创新参与的一种有效来源。当一个企业用商业逻辑来解决社会问题时，一些不可预料的创新就会出现，而且这一创新的结果将会对企业以及社会有益（Glavas & Piderit，2009）。

具体来说，首先，员工会因为企业社会活动的开展而对组织产生积极的态度，也会认为自己从事有意义的工作，这将进一步促进员工生产力和创造力水平的提高（Brammer et al.，2015）。其次，忠于自己以及自己价值观的员工更易于开发自己内在创造潜能。因此，如果企业的价值观（如开展更多的 CSR 活动）与员工个人价值观和信念相一致，那么员工的创新行为就会增加（Glavas & Piderit，2009）。最后，良好的企业社会表现会激励员工打破原有思维方式，发现为企业和社会做出贡献的新方式（Glavas & Piderit，2009）。

ECSR 感知体现企业对外部利益相关者的关心，主要包括客户责任、政府责任、社会公众和自然环境责任。ECSR 主要关注一些社会问题，如企业慈善、环境保护、志愿行动、事业关联营销等（Brammer et al.，2007；Chen et al.，2008；Cornelius et al.，2008）。当员工意识到企业向外部利益相关者履行相应的职责，那么他就会认为自己的工作十分有意义，同时会对企业的价值观更加认同。因此，员工更愿意打破原有的思维方式，不断提高自己的创造能力，并表现出更多的创新行为。因此，本书提出以下假设：

H1 员工 ECSR 感知显著正向影响员工创新行为。

2. 员工 ECSR 感知对创新行为的影响——组织认同的中介作用

（1）员工 ECSR 感知对组织认同的影响。组织认同（Organizational Identification）指的是员工根据组织的特点对自我进行定义的过程，同时也是对自己是否归属于这一组织的判断（Mael & Ashforth，1992）。Stawiski、Deal 和 Gentry（2010）提出员工的态度会受到组织社会活动的影响，其中，个人认同感是与组织活动紧密相连的一种态度。如果一个企业的一些负责任的行为如捐助、资助穷人等一旦被员工知晓，员工就会为自己为这样的企业工作而感到自豪。ECSR 感知是指那些对组织的声誉和外部形象起重要作用的那一部分社会责任，包括企业对于环境的、社区的和一些慈善的项目和活动（Brammer et al.，2007）。ECSR 行为可以改变企业的外部形象，并使其与其他组织区分开来（Brammer et al.，2015）。因此，员工会因为 ECSR 行为给企业带来良好形象，而对企业产生更多的认同。

此外，ECSR 还会促使员工对企业产生一种归属感，因为员工觉得企业的价值观与自己的价值观能够较好地匹配在一起。以往的研究也提出那些具有亲社会价值观的员工更希望这些价值观能够在其工作的企业中有所体现（Jones et al.，2014），而这种价值的匹配会加强员工的自我概念，进而促使他们对企业更加认同（Dutton et al.，1994；Hogg & Abrams，1993；Hogg & Terry，2000）。因此，本书提出以下假设：

H2 员工 ECSR 感知显著正向影响员工组织认同。

（2）组织认同对员工创新行为的影响。组织认同与员工许多积极的态度和行为正相关（Ashforth et al.，2008；Hekman et al.，2009）。具体而言，那些对企业强烈认同的员工会在工作中找到一种安全感，因而他们会更有好奇心，更愿意承担风险，同时也呈现出更多的认知上的开放性，故而有更广阔的信息来源（Amabile，1979、1996；Amabile et al.，2005；Grant & Berry，2011）。此外，对企业有较高认同感的员工会提出更多建设性的意见（George & Brief，1992；George & Jones，1997；Podsakoff et al.，2000），愿意主动开发新的资源，并且采用更有效的方式方法来完成工作（Podsakoff et al.，2000），而具备这些特点的员工就会表现出更多的创新行为。因此，本书提出以下假设：

H3　员工组织认同显著正向影响员工创新行为。

（3）组织认同的中介作用。根据社会认同理论（Tajfel，1974、1975），组织认同会中介员工 ECSR 感知与其创新行为之间的关系。工作环境氛围是员工对组织产生认同感的重要影响因素（Foote，1951），同时也会激励员工，使其获得更多的能量（Deci & Ryan，2000）。当员工意识到其处在一个具有良好社会责任感（特别是对外部利益相关者负责）的组织环境中时，员工就会对自己的组织持有积极的态度（如组织认同），并且开始从事一些活动来帮助组织实现目标（Newman et al.，2015），如提出对组织有用并具有创造性的建议，主动开发新的资源，并且采用更有效的方式方法来完成工作（Podsakoff et al.，2000）。Brammer 等（2015）证实了组织认同在组织公民行为与员工创新投入之间的中介作用。由于 ECSR 表现对组织的声誉和外部形象起重要作用，员工在感知到 ECSR 后会对组织产生强烈的认同感，并相应地产生一些有创意的想法，同时更多地表现出创新行为。因此，本书认为员工 ECSR 感知会通过组织认同对员工的创新行为产生影响。因此，本书提出以下假设：

H4　员工组织认同在员工 ECSR 感知和创新行为之间起中介作用。

3. 员工 ECSR 感知对创新行为的影响——外部声誉感知和组织认同的链式中介作用

（1）员工 ECSR 感知对外部声誉感知的影响。外部声誉感知（PEP）是员工对于外界对其所在组织评价的感知（Herrbach & Mignonac，2004；

Smidts et al.，2001）。每个人都会产生从正面角度看待自己的需求（Hogg et al.，1995），因此感知外部声誉会对员工进行组织形象的构建产生影响。当员工成为一个有良好责任表现的企业中的一员时，他会感到骄傲和自豪，而这种骄傲和自豪感很大程度上来自于外界对企业的评价。以往的研究表明，企业的社会表现与组织的社会评价紧密相连（Brammer & Millington，2005；Fombrun & Shanley，1990）。具体来说，企业的社会表现会影响外界对组织的评价和对其产品的需求（Brown & Dacin，1997；Lichtenstein et al.，2004）。相较于ICSR，企业的ECSR活动更多地体现在企业对外承担客户、政府、社会公众和自然环境的责任（Turker，2009b），包括企业对于环境的、社区的和一些慈善的项目和活动（Brammer et al.，2007），但不包括企业对员工的责任。因此，ECSR是对企业的声誉和外部形象有较大影响的那一部分社会责任。因此，本书提出以下假设：

H5　员工ECSR感知显著正向影响员工感知外部声誉。

（2）外部声誉感知对组织认同的影响。个人有着认同某一具有积极形象的特定群体的强烈需要，因为这会帮助他提升其自我概念（Tajfel & Turner，1986）。类似地，当员工意识到企业很有声望并且企业的形象十分有吸引力时，员工就会对企业产生认同，因为这可以帮助其提升自尊感（Ashforth & Mael，1989；Dutton et al.，1994）。每个人都会产生从正面角度看待自己的需求（Hogg et al.，1995），当企业外部的利益相关者如投资人、消费者、供应商、社会公众都对企业有积极的评价和反馈，那么这将有效帮助员工满足其自我尊重的需求，并由此强化员工的自豪感。换句话说，如果员工积极看待其所在企业的公众形象，员工就会为在这样的企业中工作而感到骄傲，相应地，他们会对企业产生更多的认同。以往实证研究发现了外部声誉感知影响组织认同的一致性证据（Bartels et al.，2010；Mael & Ashforth，1992；Smidts et al.，2001）。因此，本书提出以下假设：

H6　员工感知外部声誉显著正向影响员工组织认同。

（3）外部声誉感知和组织认同的链式中介效应。根据社会认同理论（Tajfel，1974、1975），企业开展CSR活动会提高组织的声誉（Turban &

Greening，1997），而企业的声誉又会进一步促进员工对企业的认同，进而对员工的行为产生影响（Moon et al.，2014）。

具体来说，企业良好的伦理气氛直接与员工创造力紧密相关，产生这种现象的原因是员工认同企业富有道德感的商业实践行为，并形成对企业的认同，从而变得更有创造性。员工对组织的认同是经由感知外部声誉来实现的。

一些研究发现，企业外部形象或声誉（Farooq et al.，2017）可以解释员工 CSR 感知对于组织认同的影响（Gond et al.，2017）。企业在承担这些责任的过程中就会得到来自相应利益相关者的评价，而这种来自外部利益相关者的评价对员工的自我评价有着重要的意义（Dutton & Dukerich，1991）。Dutton 和 Dukerich（1991）的定性研究中就强调了员工的外部声誉感知和组织认同会受与社会问题有关的组织活动的影响。这一研究也进一步说明员工会关注企业的 CSR 活动，这是因为外在的利益相关者会通过这些社会活动来对组织的形象甚至是组织内的员工进行评价。Kim 等（2010）的研究也提出，为理解员工对于 CSR 的评价与其对组织认同之间的关系，我们需要关注外部声誉感知的作用，尽管他们并没有分析外部声誉感知的中介作用，但是他们的研究指出员工 CSR 感知会与外部声誉感知正向相关，而外部声誉感知又会对组织认同产生正向影响（De Roeck & Delobbe，2012）。因此，如果员工意识到其所在企业通过 CSR 活动开展为社会福祉的实现贡献自己的力量，并因此为企业赢得积极的社会形象，他们就会对企业产生一种满意感，同时这也可以强化他们的自尊感和骄傲感，因此他们会对企业更加认同（Hogg & Terry，2000；Tajfel，1978）。换句话说，如果员工意识到公众对自己所在企业开展的社会福利活动给予较高评价，员工就会对企业产生强烈的认同（Smidts et al.，2001；Jones，2010）。

基于这一逻辑，本书认为如果员工意识到他们正在为一个有较好声誉的组织工作，其就会对组织产生一种自豪感，进而对组织产生更多的认同（态度的反应）（Ashforth et al.，2008；Smidts et al.，2001；Tyler & Blader，2003），并进一步改变自身的行为（行为的反应）。为有声望的组织工作而产生的自豪感会强化员工的自尊，进而提高其对组织的认同感（Dutton & Dukerich，1991；Dutton et al.，1994），并一步促进更多的创新行为的实现。特别地，ECSR 行为与组织的社会和环境政策密切相关，企业需要向他们说明 CSR 行为的合法性并借此提升组织在外部利益相关者中的声誉（Carroll，1979；Brammer et al.，2007）。因此，员工 ECSR 感知对组织的声誉和外部形象有重要影响，所以员工 ECSR 感知会通过员工的心理机制（感知外部声誉）以及态度（组织认同）对员工的创新行为产生影响。员工越是感知到组织对其他利益相关者的关注，越容易感知到外界对组织的声誉评价，进而对组织的认同程度越高，同时越可能提高自己的创造能力，并表现出更多的创新行为。因此，本书提出以下假设：

H7　员工感知外部声誉和组织认同中介员工 ECSR 感知对员工创新行为的影响。

（二）社会交换理论下员工 ICSR 感知影响创新行为的作用机制

1. 员工 ICSR 感知对创新行为的影响

工作环境如上级主管的支持、组织支持、团队合作或互助行为会激发员工创新动机（Amabile，1998；Gagne & Deci，2005）。Pandey 和 Gupta（2008）引入一个新的概念——精神意识，即在一个能够使其他人受益（如开展 CSR 活动）的充满关心和支持的环境氛围中，会产生一种“精神意识”，这种意识会促使员工产生更多关于企业产品、服务、程序、实践等方面创新的想法。此外，研究表明员工的创新行为还会在多资源的环境中形成（Amabile，1988；Amabile et al.，1996）。

企业的 ICSR 行为体现企业对员工福利和个人发展的关注，同时这种行为向员工传递这样一种信息，即组织是关心、在意并且重视员工的（Farooq et al.，2017）。员工 ICSR 感知将对员工的态度和行为有更直接的影响，一方面，那些积极开展 CSR 活动（特别是企业 ICSR 活动）的企业会在组织内部提倡自由的以及无约束的工作环境，在这样的环境下员工可以为社会以及企业开发更多富有创新意识的产品和服务（Brammer et al.，2015；Glavas & Piderit，2009）。另一方面，企业对员工履行的社会责任还包括为员工提供充足的学习资源，而资源是员工进行创新活动的重要条件（Amabile，1998）。因此，本书提出以下假设：

H8 员工 ICSR 感知显著正向影响员工创新行为。

2. 员工 ICSR 感知对创新行为的影响——组织信任的中介作用

（1）员工 ICSR 感知对组织信任的影响。在组织环境中，组织信任可以被理解为员工对组织的一种期待，因为他们希望组织的行为和决策会考虑他们的利益和福利（Lee et al.，2012）。员工与企业之间形成的一种长期开放的社会交换关系是建立在信任基础之上的。Rupp 等（2006）认为，CSR 活动向员工传递关于这个组织的伦理立场和道德观念等一些积极的信号，员工会据此判断出组织可被信任的程度。已有大量研究表明，企业 CSR 行为会增强员工对组织的信任。Pivato 等（2008）提出 CSR 活动最直接的结果就是员工组织信任的产生。Lee 等（2012）认为员工感知到企业的 CSR 行为后，会因为对企业积极的判断和联想而感觉到自身价值的提升，这在一定程度上也可以增加员工对企业的信任。

其中，ICSR 是企业对员工履行的社会责任，即组织为员工提供与其生理和心理健康密切相关的一些组织的政策和实践活动（Verdeyen et al.，2004；Brammer et al.，2007；Turker，2009b；Shen & Zhu，2011；De Roeck et al.，2014），如为员工提供公平的薪酬和晋升制度，为员工提供更多的培训和教育，为员工创造更完善的工作环境等。通过 ICSR 活动，员工可以获得一些收益，如获得志愿服务的机会，或通过参与一些特殊项目而获得专业发展的机会。因此，员工会认为企业是在意并关心自己的，同时这样的企业也是值得信赖的。因此，本书提出以下假设：

H9 员工 ICSR 感知显著正向影响员工组织信任。

（2）组织信任对创新行为的影响。组织信任体现员工对组织的行动和政策不设防的意愿（Schoorman et al.，2007；Lin，2010）。如果员工信任其所在组织，其会为在这样的组织中工作而感到安全和开心，因为他们认为组织不会做对自己以及自己的工作有害的事（Lee et al.，2012）。组织信任被视作影响长期组织员工关系中最重要的因素，对于员工对组织长期依赖的建立起着黏合剂的作用（Atkinson & Butcher，2003；Mishra & Morrissey，1990）。

信任能够显著正向影响员工的态度和行为（Dyer & Chu，2003）。Clegg 等（2002）发现，信任能够影响员工的创新过程、包括新想法的提出和实施等。因此，本书认为，组织信任会对员工创新行为产生影响。组织信任体现一种核心价值观念，这种价值观念能够使员工充满活力和富有创造性（Simmons，1990）。同时，信任组织的员工能够更好地接受组织的持续改进（Townsend & Gebhardt，2008）。此外，如果员工相信其所在组织会对自己的想法和行动给予最大限度的支持，并对自己的错误给予更多的宽容和谅解，那么员工就会在组织中找到一种安全感，因此个体更愿意承担风险，并愿意尝试核心任务之外的事物，提出更多问题解决的方法，从而表现出更多的创新行为。因此，本书提出以下假设：

H10　员工组织信任显著正向影响员工创新行为。

（3）组织信任的中介作用。根据社会交换理论（Homans，1958；Blau，1964），本书预期组织信任会中介员工 ICSR 感知与其创新行为之间的关系。CSR 活动会引发组织和员工之间的社会交换关系（Farooq et al.，2014b），而社会交换是建立在信任的基础上的。CSR 活动向员工传递组织的道德特质（如公正、仁慈）以及组织可被信任的程度等信息（Mayer et al.,1995；Morgan & Hunt，1994）。由于各利益相关者（包括员工）十分关注组织道德相关的活动，履行 CSR 的企业就更容易赢得其利益相关者的信任，两者之间表现为被信任者与信任者的关系（Balmer et al.，2007）。在这种信任的交换关系基础上，员工认为自己必须用积极的态度和行为与组织进行交换（Gond et al.，2010；Peterson，2004）。例如，员工可以开发新的资源，挑战新的任务，提出新的创意等，而这些却会进一步引发员工的创新行为。

研究发现，组织信任可以中介 CSR 感知与员工不同工作态度的关系

（如组织公民行为、留任意愿等）（Hansen et al.，2011；Hillenbrand et al.，2013），如 Farooq 等（2014b）强调社会交换理论的重要性，并解释组织信任在 CSR 感知与员工态度（如组织承诺）之间所起的中介作用。此外，一些学者提出组织信任还中介 CSR 感知与员工行为之间的关系，因为 CSR 行为向员工释放有关组织道德立场和价值观念，以及组织可以被信任的程度等重要信号（De Roeck & Delobbe，2012）。因此，本书认为组织信任在员工 CSR 感知与创新行为之间同样起着中介作用。

企业 ICSR 行为体现组织对员工的关心和责任，能够满足员工对自尊、归属以及意义感的需求（De Roeck et al.，2014），因此员工在感知到 ICSR 后会对组织产生强烈的信任感，并相应地产生有创意的想法，表现出更多的创新行为。因此，本书认为员工 ICSR 感知会通过组织信任对员工的创新行为产生影响。因此，本书提出以下假设：

H11 员工组织信任在员工 ICSR 感知和创新行为之间起中介作用。

3. 员工 ICSR 感知对创新行为的影响——感知组织支持和组织信任的链式中介作用

（1）员工 ICSR 感知对感知组织支持的影响。感知组织支持强调组织对员工的福利的关心（Rhoades & Eisenberger，2002）。根据 Eisenberger 和 Stinglhamber（1986）的说法，员工会根据组织提供的优惠待遇来判断自己受组织支持的程度。这种优惠待遇体现组织对员工的积极评价，故而会对员工的组织支持感知产生影响（Stinglhamber et al.，2006）。

已有很多研究发现员工 CSR 感知会显著正向影响员工的组织支持感知（Glavas & Kelly，2014；Shen & Benson，2016；Ditlev - Simonsen，2015）。Shen 和 Benson（2016）发现，社会表现较好的企业更易从事负责任的人力资源管理实践，这种观点与 Waddock 和 Graves（1997a）提到的“CSR 代表一种高水平的管理方式”十分类似。具有良好社会表现的企业通常具备优秀的管理能力，同时这样的企业会考虑所有利益相关者的利益，这其中也包括员工的利益。ICSR 体现企业对员工的责任，如为员工提供健康和安全等相关保障，提供培训和发展的机会、工作家庭平衡政策，以及组织对人权、多样性和公平机会的尊重（Vuontisjärvi，2006；Turker，2009b；Gond et al.，2011；Shen & Zhu，2011）。此外，组织还会为员工提供公平的工作环境，提供相应的报酬和支持并关心和关怀员工的工作和生活，故员工会感受到来自组织的关心和帮助。因此，本书提出以下假设：

H12 员工 ICSR 感知显著正向影响员工感知组织支持。

（2）感知组织支持对组织信任的影响。组织信任的基本前提是组织将会兑现自己的承诺（Lin，2010）。心理契约的相关研究也提到那些没有被满足的期待（如承诺薪酬的增加、晋升的机会并没有兑现），就会降低员工对组织的信任水平（Robinson，1996）。感知组织支持体现员工和组织间的一种交换关系（Dirks & Ferrin，2002），在这种情况下，组织不但能满足员工的期待，还能使员工感受到组织对他们福利的关心，因此感知组织支持会对员工组织信任产生影响。

同时，信任是组织积极体检累积的结果（Lee et al.，2012）。也就是说，组织中积极的工作经历（如被公平对待）会让员工意识到组织是重视自己的贡献和福祉的，这将进一步促使员工组织信任感的形成（Stinglhamber et al.，2006）。这样一来员工就会对组织充满信心，他们相信组织未来的行动是对他们有益的（或至少不是有害的），同时也相信组织会向他们提供更好的工作条件和支持以回报自己的努力工作。

此外，Rich 等（2010）提出感知组织支持对于员工心理安全至关重要。换句话说，组织对员工的支持越多，其为员工提供的工作环境就越安全。这种安全的工作环境会让员工对组织产生一种信任感；反之，如果员工感受不到来自组织的支持，员工就会封闭自我，甚至脱离、退出组织（Kahn，1990；Rich et al.，2010），而这些都是因为员工对组织缺乏信任造成的。因此，本书提出以下假设：

H13 员工感知组织支持显著正向影响员工组织信任。

（3）感知组织支持和组织信任的链式中介效应。根据社会交换理论（Homans，1958；Blau，1964），员工导向的 CSR 活动会通过提高员工对组织支持的感知，促进其对组织的信任，进而对员工的行为产生影响（De

Roeck & Maon，2016）。

具体来说，企业 ICSR 行为体现组织对员工的关心和责任，能够满足员工对于自尊、归属以及意义感的需求（De Roeck et al.，2014），员工在感知到 ICSR 后，其自身的一些需求特别是这种归属的需求会得到满足，因此，员工会对组织产生强烈的信任感，而这种信任使得员工愿意用自己的一些新的创意、新的想法和新的挑战来与组织进行交换。因此，员工会更多地表现出创新行为。

员工对组织的信任感又是经由感知组织支持来实现的。Tan 和 Tan（2000）的研究中就发现员工感知组织支持与员工组织信任正相关。基于这一逻辑，本书认为员工 ICSR 感知会通过员工的心理机制（感知组织支持）和态度（组织信任）对员工的创新行为产生影响。因此，本书提出以下假设：

H14 员工感知组织支持和组织信任中介员工 ICSR 感知对员工创新行为的影响。

研究三的所有假设汇总如表 6－1 所示。

表 6－1 研究三假设汇总

◆社会认同理论下员工 ECSR 感知影响创新行为的作用机制	
➢员工 ECSR 感知对创新行为的影响	
H1	员工 ECSR 感知显著正向影响员工创新行为
➢组织认同的中介作用	
H2	员工 ECSR 感知显著正向影响员工组织认同
H3	员工组织认同显著正向影响员工创新行为
H4	员工组织认同在员工 ECSR 感知和创新行为之间起中介作用
➢外部声誉感知和组织认同的链式中介作用	
H5	员工 ECSR 感知显著正向影响员工感知外部声誉
H6	员工感知外部声誉显著正向影响员工组织认同

续表

H7	员工感知外部声誉和组织认同中介员工 ECSR 感知对员工创新行为的影响
◆社会交换理论下员工 ICSR 感知影响创新行为的作用机制	
➢员工 ICSR 感知对创新行为的影响	
H8	员工 ICSR 感知显著正向影响员工创新行为
➢组织信任的中介作用	
H9	员工 ICSR 感知显著正向影响员工组织信任
H10	员工组织信任显著正向影响员工创新行为
H11	员工组织信任在员工 ICSR 感知和创新行为之间起中介作用
➢感知组织支持和组织信任的链式中介作用	
H12	员工 ICSR 感知显著正向影响员工感知组织支持
H13	员工感知组织支持显著正向影响员工组织信任
H14	员工感知组织支持和组织信任中介员工 ICSR 感知对员工创新行为的影响

三、研究设计与数据处理

（一）研究设计

研究设计是一个研究项目的整体蓝图，主要包括 7 个步骤：①研究主题的确定；②文献回顾和探索性访谈；③研究问题的定义；④研究假设的提出；⑤数据收集；⑥数据分析；⑦结果汇报（Royer & Zarlowski，2001）。由于前文已确定研究主题，并通过文献综述提出相应的研究假设，此部分主要对数据收集、数据分析、结果汇报的具体设计环节进行汇报。

就数据收集而言，本书共通过两轮测试对相关数据进行收集，在第一轮预测试环节，笔者采用线上网络版问卷进行小样本调查，以检验问卷的有效性；在第二轮正式测试环节，笔者采用线下纸质版问卷及线上网络版问卷进行大样本问卷调查。测试所采用的问卷为自评问卷，主要包括以下内容：①问卷指导语。对本次调查目的、调查内容、信息保密情况等进行说明，以确保被调查者能够清楚研究问题，并安心作答。②基本信息情况。对被调查者的个人基本信息（如性格、年龄、受教育水平等）以及被调查者所在企业的基本信息（如企业所有权结构、成立时间、生命周期阶段、企业总人数、是否上市等）进行调查。③填写说明。对即将进行调查的问题进行大致的解释和说明，以帮助被调查者了解调查题项的真正含义。④具体测量题项说明。对变量量表题项进行描述，并希望被调查者根据这些描述与自身及所在企业的符合情况进行打分。具体来说，笔者通过双向翻译的方法最终确定中文版量表题项。量表采用李克特七点量表，其中“1”~“7”代表员工对于某一描述完全不同意到完全同意程度的变化。⑤结束语。再次对被调查的参与表示感谢。

就数据分析而言，本书在预测试中采用 SPSS 软件对量表的信效度以及样本的描述统计进行分析；在正式测试中采用 AMOS 对量表进行验证性因子分析，采用 SPSS 及 SPSS 宏 Process 插件对回归结果及链式中介作用进行分析。

就结果汇报而言，本书汇报了预测试量表探索性因子分析结果，并根据该结果对问卷进行调整。同时本书汇报了正式测试的量表验证性因子分析结果、变量之间的区分效度、共同方法偏误检验结果、变量之间的相关系数以及回归结果和中介效应检验结果。

（二）变量测量

1. 员工 CSR 感知

如第二章所述，已有研究对 CSR 感知的测量有很多种方法。本书采用 Turker（2009b）的量表来测量员工 ECSR 和 ICSR 感知，其中 ECSR 包括三方面的责任，即政府责任、社会公众和环境责任、客户责任；ICSR 即为企业对员工的责任。具体地，ECSR 和 ICSR 感知的测量题项如表 6－2 和表 6－3 所示。

表 6－2　ECSR 感知的测量题项

变量维度	测量题项	来源
政府责任	公司总是按时足额缴税	Turker（2009b） 杨菊兰（2016）
	公司严格遵守各种法律法规	
社会公众和环境责任	公司参与保护和改善自然环境的活动	
	公司采用专门计划来降低对自然环境的负面影响	
	公司把为后代负责、实现可持续增长作为发展目标	
	公司对有利于子孙后代生活的项目进行投资	
	公司提供增进社会福利的活动和项目	
客户责任	公司向客户提供全面、准确的产品信息	
	公司依法尊重消费者的所有权利	
	对公司来说，客户满意是很重要的	

表 6－3　ICSR 感知的测量题项

变量	测量题项	来源
ICSR	公司对员工的受教育需求给予支持	Turker（2009b） 杨菊兰（2016）
	公司政策鼓励员工发展技能和职业素养	
	公司为员工的工作生活平衡提供灵活的政策	
	公司的管理方式比较关注员工的需求	
	公司有关员工的管理决策通常很公平	

2. 感知外部声誉

本书采用 Mael 和 Ashforth（1992）量表来测量感知外部声誉。Mael 和 Ashforth（1992）量表已多次被 CSR 研究的相关学者引用。具体的测量题项如表 6－4 所示。

表 6－4　感知外部声誉的测量题项

变量	测量题项	来源
感知外部声誉	社区内的区民对我公司的评价很高	Mael 和 Ashforth（1992）
	在社区内成为我公司的一员是一件很有声望的事	
	我公司被认为是最好的公司之一	
	其他公司的人会轻视我的公司	
	如果其他公司的员工在我公司工作，他们会很骄傲	
	我公司在社区内没有良好的声誉	

3. 感知组织支持

本书采用 Eisenberger 等（1997）以及 Lynch 等（1999）的量表来测量感知组织支持。他们的量表已多次被 CSR 研究的相关学者所引用。Glavas 和 Kelley（2014）、Caroline（2015）在研究员工 CSR 感知与员工感知组织支持的关系时都引用过这一量表；国内学者李歌、颜爱民和徐婷（2016）在其员工 CSR 感知与离职倾向的研究中也采用这一量表测量感知组织支持。本书采用此量表的中文版本，该版本由刘璞、井润田和刘煜（2008）翻译并使用，量表共有 8 个题项，具体的测量题项如表 6－5 所示。

表 6－5　感知组织支持的测量题项

变量	测量题项	来源
感知组织支持	公司很在意我的意见	Eisenberger 等（1997） Lynch 等（1999）
	公司很关心我的身体状况	
	公司很关心我的目标和价值	
	当我有困难的时候，公司会给予我帮助	
	公司会原谅我的无心之过	
	如果有机会的话，公司会利用我	
	公司很少关心我	
	当我需要特殊帮助时，公司很乐意帮助我	

4. 组织认同

如表 6－6 所示，本书采用 Mael 和 Ashforth（1992）量表来测量组织认同。实际上，目前组织认同成熟的量表有很多，比如 Cheney 等（1987）开发的量表，相较而言，Mael 和 Ashforth（1992）的量表题项数目较少，而且也被众多 CSR 领域内的学者使用，如 Carmeli 等（2007）、De Roeck 和 Delobbe（2012）、Evans 和 Davis（2014）、Brammer 等（2015）、Shin 等（2016）、De Roeck 等（2016）。国内学者何显富、蒲云和薛英（2011），刘宗华、李燕萍和郑鑫怡（2017）也使用这一量表对组织认同进行测量。

表 6－6　组织认同的测量题项

变量	测量题项	来源
组织认同	当别人称赞我公司时，我感觉就像是在称赞我一样	Mael 和 Ashforth（1992）
	当别人批评我公司时，我感觉就像是在批评我一样	
	公司的成功就是我的成功	
	我很想了解别人是如何评价我公司的	
	谈及我的公司时，我经常说“我们”而不是“他们”	
	如果发现新闻媒体批评我的公司，我会感到尴尬	

5. 组织信任

本书采用 Nyhan 和 Marlowe（1997）量表来测量组织信任。具体测量题项如表 6－7 所示。

表 6－7　组织信任的测量题项

变量	测量题项	来源
组织信任	我相信公司会公平对待我	Nyhan 和 Marlowe（1997）
	公司中上级主管和员工之间是相互信任的	
	我对与我经常在一起工作的同事很信任	
	在公司中，我们可以相互依赖	

6. 创新行为

表 6－8 列出了员工创新行为的测量题项。该量表由 Scott 和 Bruce（1994）开发，后被杨付和张丽华（2012）翻译成中文。本书使用该量表的中文版本。

表 6－8　创新行为的测量题项

变量	测量题项	来源
创新行为	我总是寻求应用新的流程、技术和方法	Scott 和 Bruce（1994） 杨付和张丽华（2012）
	我经常提出有创意的点子和想法	
	我经常与别人沟通并推销自己的新想法	
	为了实现新想法，我应该想办法争取所需资源	
	为了实现新想法，我应该制定合适的机会和规划	
	总体而言，我是一个具有创新精神的人	

（三）预测试

1. 问卷的发放和回收

为进一步检验问卷的有效性和适用性，本书在开展正式问卷调查之前进行小样本预测试。笔者于 2017 年 1 月通过问卷星，对来自全国各地的企业一线员工进行调查。调查主要通过各省份的同学和朋友利用自己的社会关系来开展。此次问卷共发放 150 份，收回 137 份，其中有效问卷 119 份。

2. 描述性统计分析

表 6－9 汇报了小样本问卷的描述统计分析结果。其中调查对象男女比例分别为 49.6% 和 50.4%。就调查对象的年龄而言，年龄为 18～30 岁的调查对象占样本较大比例，为 66.4%；年龄为 31～40 岁的调查对象次

表 6－9　小样本描述统计分析（$N=119$）

人口特征变量	分类	频率	百分比（%）
性别	男	59	49.6
	女	60	50.4
年龄（岁）	18 以下	0	0
	18～30	79	66.4
	31～40	36	30.3
	41～50	4	3.4
	51～60	0	0
	60 以上	0	0
学历	初中及以下	0	0
	高中	1	0.8
	专科	14	11.8
	本科	65	54.6
	硕士	38	31.9
	博士及以上	1	0.8

之，占总调查对象的30.3%。调查对象的教育程度方面，本科65人，占调查对象的54.6%，所占比例最大；硕士次之，共计38人，占调查对象的31.9%。

3. 量表信度检验

信度（Reliability）是用来评价测量工具所测结果是否稳定以及是否一致的指标（吴明隆，2012），它衡量测量工具免于随机误差影响的程度（罗胜强和姜嬿，2014）。由于管理学领域的问卷经常使用李克特计分量表，本书主要采用内部一致性信度对量表测量结果的一致性进行检验。其中，Cronbach's α 系数是衡量内部一致性信度的一种重要系数。Cronbach's α 系数越大，测量工具所测结果的内部一致性越好。一般而言，当 Cronbach's α 系数大于0.7时，我们可以认为该量表可以接受（Nunnally，1978；DeVellis，1991）；当该系数在0.8以上，说明该量表比较理想（吴明隆，2012）。本书利用 SPSS 20.0 统计软件，对研究中所使用量表的信度进行检验，如表6－10所示。所有量表的信度系数都在0.8以上，因此量表信度水平较高。

表6－10　各量表信度检验结果（$N=119$）

量表	题项数	Cronbach's Alpha
ECSR	10	0.907
ICSR	5	0.892
感知组织支持	8	0.835
感知外部声誉	6	0.816
组织认同	6	0.914
组织信任	4	0.918
创新行为	6	0.927

4. 量表效度检验——探索性因子分析

效度（Validity）体现量表确实测量我们期待测量的构念的程度（罗胜

强和姜嬿，2014），因此是用来评价测量工具所测结果是否正确以及是否可靠的一种指标（吴明隆，2012）。其中，内容效度（Content Validity）和内部结构效度（Internal Structure Validity）是学者进行效度分析的两个重要内容。①内容效度反映测量工具具体测量内容或题项的适当性、贴切性与代表性（吴明隆，2012），如问卷题目分布是否合理、题项内容是否准确、语言措辞是否妥当、是否符合当地语言和文化习惯等（罗胜强和姜嬿，2014）。②内部结构效度反映测量工具所测数据结构与我们对构念的预期结构相一致的程度（罗胜强和姜嬿，2014）。一般采用因子分析的方法来对测量工具的内部结构效度进行判别。因子分析主要包括探索性因子分析（EFA）和验证性因素分析（CFA）两种。如果对构念背后的结构以及各题项之间的关系不了解，可以采用探索性因子分析的方法来帮助我们了解构念背后的结构；如果我们对构念背后结构以及各题项之间的关系比较了解，可以采用验证性因子分析的方法来验证数据是否符合我们的预期（罗胜强和姜嬿，2014）。

本书进行了大量文献的梳理和回顾，所使用的量表都是国内外学者开发或翻译的成熟量表。同时，在量表确定之初，笔者不断向一些专家和老师进行征询，最终确定了量表的测量题项，因此我们相信量表具有较高的内容效度。此外，为检测测量量表的内部结构效度，同时进一步了解构念背后的结构关系，笔者对预测试的小样本进行了探索性因子分析，各量表探索性因子分析的结果如下：

（1）ECSR 感知的探索性因子分析。本书首先对 ECSR 感知进行探索性因子分析。如表 6－11 所示，ECSR 的 KMO 值为 0.855，Bartlett 球形检验 p 值显著，故该量表适合进行因子分析。ECSR 共提取 3 个因子，分别为政府责任（因子 1）、社会公众和环境责任（因子 2）、客户责任（因子 3）。3 个因子共解释了 ECSR 感知 81.618% 的变异量。其中因子 1 和因子 3 各题项因子载荷均大于 0.8，而因子 2 各题项因子载荷均大于 0.7，故该量表在中国情境下仍具有较高效度。

表 6-11　ECSR 感知的 KMO 和 Bartlett 检验（$N=119$）

变量因子	题项	因子载荷	KMO	Bartlett 球形检验 p 值	累计解释的方差
政府责任	ECSR1	0.905	0.855	0.000	81.618
	ECSR2	0.885			
社会公众和环境责任	ECSR5	0.890			
	ECSR4	0.871			
	ECSR6	0.841			
	ECSR3	0.780			
	ECSR7	0.760			
客户责任	ECSR10	0.878			
	ECSR9	0.842			
	ECSR8	0.842			

其中，各题项的编码对应如下：ECSR1 公司总是按时足额缴税；ECSR2 公司严格遵守各种法律法规；ECSR3 公司会参与保护和改善自然环境的活动；ECSR4 公司采用专门计划降低对自然环境的负面影响；ECSR5 公司把为后代负责、实现可持续增长作为发展目标；ECSR6 公司对有利于子孙后代生活的项目进行投资；ECSR7 公司提供增进社会福利的活动和项目；ECSR8 公司向客户提供全面、准确的产品信息；ECSR9 公司依法尊重消费者的所有权利；ECSR10 对公司来说，客户满意是很重要的。

（2）ICSR 感知的探索性因子分析。表 6-12 汇报了 ICSR 感知探索性因子分析的结果。ICSR 的 KMO 值为 0.849，Bartlett 球形检验 p 值显著，故该量表适合进行因子分析。ICSR 提取了一个因子，因子共解释了 ICSR 感知 69.799% 的变异量。各题项因子载荷均大于 0.7，故该量表在中国情境下仍具有较高效度。

表 6 - 12　ICSR 感知的 KMO 和 Bartlett 检验（$N=119$）

变量因子	题项	因子载荷	KMO	Bartlett 球形检验 p 值	累计解释的方差
感知外部声誉	ICSR3	0.876	0.849	0.000	69.799
	ICSR5	0.876			
	ICSR4	0.858			
	ICSR1	0.817			
	ICSR2	0.743			

其中，各题项的编码对应如下：ICSR1 公司对员工的受教育需求给予支持；ICSR2 公司政策鼓励员工发展技能和职业素养；ICSR3 公司为员工的工作生活平衡提供灵活的政策；ICSR4 公司的管理方式比较关注员工的需求；ICSR5 公司有关员工的管理决策通常很公平。

（3）感知外部声誉（PEP）的探索性因子分析。表 6 - 13 是 PEP 探索性因子分析的结果。PEP 的 KMO 值为 0.799，Bartlett 球形检验 p 值显著，故该量表适合进行因子分析。此外，PEP 共提取了两个因子，两个因子共解释了 71.692% 的变异量。通过进一步分析发现，因子 2 的两个题项（PEP4 和 PEP6）是反向表述题，反向表述题容易导致项目表述方法效应，故量表的单维结构拟合效果不好（顾红磊和温忠麟，2014）。因此本书删掉了这两个题项。

表 6 - 13　感知外部声誉的 KMO 和 Bartlett 检验（$N=119$）

变量	题项	因子载荷	KMO	Bartlett 球形检验 p 值	累计解释的方差
因子 1	PEP3	0.857	0.799	0.000	71.692
	PEP2	0.849			
	PEP1	0.829			
	PEP5	0.806			
因子 2	PEP4	0.846			
	PEP6	0.724			

在对量表进行修正后，本书重新汇报了 PEP 探索性因子分析的结果。如表 6－14 所示，PEP 的 KMO 值为 0.788，Bartlett 球体检验 p 值显著，故该量表适合进行因子分析。PEP 共提取了一个因子，因子共解释了 73.669% 的变异量。各题项因子载荷均大于 0.7，故修正后的量表效度较好。

其中，各题项的编码对应如下：PEP1 社区内的区民对我公司的评价很高；PEP2 在社区内成为我公司的一员是一件很有声望的事；PEP3 我公司被认为是最好的公司之一；PEP4 其他公司的人会轻视我公司（量表修正版本中已删除）；PEP5 如果其他公司的员工来到我的公司工作，他们会很骄傲；PEP6 我公司在社区内没有良好的声誉（量表修正版本中已删除）。

表 6－14 修正后感知外部声誉的 KMO 和 Bartlett 检验（$N=119$）

变量	题项	因子载荷	KMO	Bartlett 球形检验 p 值	累计解释的方差
感知外部声誉	PEP3	0.897	0.788	0.000	73.669
	PEP1	0.883			
	PEP2	0.881			
	PEP5	0.766			

（4）感知组织支持（POS）的探索性因子分析。表 6－15 是 POS 探索性因子分析的结果。POS 的 KMO 值为 0.861，Bartlett 球形检验 p 值显著，故该量表适合进行因子分析。POS 共提取了两个因子，两个因子共解释了 66.423% 的变异量。通过进一步分析发现，因子 1 中题项 POS7 的因子载荷仅为 0.502，显著低于其他题项的因子载荷，同时从内容上来看该因子属于反向表述题。类似地，因子 2 的题项 POS6 也是反向表述题。由于量表的单维结构拟合效果不好，本书删除了这两个题项。

表 6－15 感知组织支持的 KMO 和 Bartlett 检验（$N=119$）

变量	题项	因子载荷	KMO	Bartlett 球形检验 p 值	累计解释的方差
因子 1	POS2	0. 876	0. 861	0. 000	66. 423
	POS4	0. 871			
	POS3	0. 800			
	POS8	0. 799			
	POS5	0. 774			
	POS1	0. 745			
	POS7	0. 502			
因子 2	POS6	0. 929			

在对量表进行修正后，本书重新汇报了 POS 探索性因子分析的结果。如表 6－16 所示，POS 的 KMO 值为 0. 874，Bartlett 球体检验 p 值显著，故该量表适合进行因子分析。POS 共提取了一个因子，因子共解释了 66. 762% 的变异量。各题项因子载荷均大于 0. 7，故修正后的量表效度较好。

表 6－16 修正后感知组织支持的 KMO 和 Bartlett 检验（$N=119$）

变量	题项	因子载荷	KMO	Bartlett 球形检验 p 值	累计解释的方差
感知组织支持	POS2	0. 883	0. 874	0. 000	66. 762
	POS4	0. 862			
	POS8	0. 802			
	POS3	0. 802			
	POS5	0. 782			
	POS1	0. 766			

其中，各题项的编码对应如下：POS1 公司很在意我的意见；POS2 公司很关心我的身体状况；POS3 公司很关心我的目标和价值；POS4 在我有

困难时，公司会给予我帮助；POS5 公司会原谅我的无心之过；POS6 如果有机会的话，公司会利用我（量表修正版本中已删除）；POS7 公司很少关心我（量表修正版本中已删除）；POS8 当我需要特殊帮助时，公司很乐意帮助我。

（5）组织认同（OI）的探索性因子分析。表 6 – 17 是 OI 探索性因子分析的结果。OI 的 KMO 值为 0.890，Bartlett 球形检验 p 值显著，故该量表适合进行因子分析。OI 提取了一个因子，因子共解释了 70.078% 的变异量。各题项因子载荷均大于 0.8，故该量表效度较好。

表 6 – 17　组织认同的 KMO 和 Bartlett 检验（$N = 119$）

变量	题项	因子载荷	KMO	Bartlett 球形检验 p 值	累计解释的方差
组织认同	OI3	0.873	0.890	0.000	70.078
	OI5	0.848			
	OI4	0.832			
	OI2	0.832			
	OI6	0.821			
	OI1	0.814			

其中，各题项的编码对应如下：OI1 当别人称赞我公司时，我感觉就像是在称赞我一样；OI2 当别人批评我公司时，我感觉就像是在批评我一样；OI3 公司的成功就是我的成功；OI4 我很想了解别人是如何评价我公司的；OI5 谈及我公司时，我经常说“我们”而不是“他们”；OI6 如果发现新闻媒体批评我公司，我会感到尴尬。

（6）组织信任（OT）的探索性因子分析。表 6 – 18 是 OT 探索性因子分析的结果。OT 的 KMO 值为 0.785，Bartlett 球形检验 p 值显著，故该量表适合进行因子分析。OT 提取了一个因子，因子共解释了 80.868% 的变异量。各题项因子载荷均大于 0.8，故该量表效度较好。

表 6-18　组织信任的 KMO 和 Bartlett 检验（N=119）

变量	题项	因子载荷	KMO	Bartlett 球形检验 p 值	累计解释的方差
组织信任	OT2	0.920	0.785	0.000	80.868
	OT3	0.905			
	OT4	0.901			
	OT1	0.869			

其中，各题项的编码对应如下：OT1 我相信公司会公平对待我；OT2 公司中上级主管和员工之间是相互信任的；OT3 我对与我经常在一起工作的同事很信任；OT4 在公司中，我和同事们可以相互依赖。

（7）创新行为（IB）的探索性因子分析。表 6-19 是 IB 探索性因子分析的结果。IB 的 KMO 值为 0.897，Bartlett 球形检验 p 值显著，故该量表适合进行因子分析。IB 提取了一个因子，因子共解释了 73.547% 的变异量。各题项因子载荷均大于 0.7，故该量表效度较好。

表 6-19　创新行为的 KMO 和 Bartlett 检验（N=119）

变量	题项	因子载荷	KMO	Bartlett 球形检验 p 值	累计解释的方差
创新行为	IB3	0.922	0.897	0.000	73.547
	IB4	0.889			
	IB2	0.873			
	IB6	0.866			
	IB5	0.835			
	IB1	0.751			

其中，各题项的编码对应如下：IB1 我总是寻求应用新的流程、技术和方法；IB2 我经常提出有创意的点子和想法；IB3 我经常与别人沟通并推销自己的新想法；IB4 为了实现新想法，我应该想办法争取所需资源；

IB5 为了实现新想法，我应该制定合适的机会和规划；IB6 总体而言，我是一个具有创新精神的人。

（四）正式测试

1. 问卷的发放和回收

根据预测试数据分析结果，笔者对量表进行修正，并对问卷进行修改，随即确定了问卷的最终版本，并进行大样本调查。本书的主要研究对象为企业一线员工。尽管 CSR 问题在某些行业中比较突出，但是从员工感知的角度来讲，任何行业的企业都有履行社会责任的义务，因此为确保研究的全面性，本书并没有对员工所在的行业进行限制。

笔者于 2017 年 4 ~6 月，采用线下纸质版问卷及线上网络版问卷进行大样本问卷调查。其中，网络版问卷由问卷星网络平台制作可以通过网络链接向被调查者转发。具体调查的开展主要通过以下方法：①通过个人、导师的关系网络联系各省份已参加工作的同学和朋友进行问卷发放和回收。②委托同学和朋友，以“滚雪球”的方式，邀请自己的同事和朋友进行问卷的发放和回收。③借助问卷星样本数据库进行问卷的发放和回收。

本次调查共发放问卷 500 份，回收 465 份，回收率为 93%。问卷中设有一项质量测试题，即“本企业从来没有开展任何企业社会活动”，若员工在此问题回答“是”，那么将会对此问卷视为无效问卷处理。剔除缺失值问卷以及无效问卷后，共获得有效问卷 324 份，有效率为 64.8%。其中，纸质问卷 152 份，电子问卷 172 份。

2. 描述性统计分析

为保证问卷调查的全面性，笔者在全国范围内进行问卷的发放和回收。具体信息如表 6 - 20 所示。除 8 份问卷没有填写其所在省份外（除此项外，其他变量信息完备，所以并没有在最终样本中将这些问卷删除），其余 316 个样本分布在全国各个省份。其中四川、黑龙江的样本量较多，分别为 45 份和 44 份，上海、北京、广东、江苏、云南也占了较大比例，样本量均在 20 以上。这些城市也比较有代表性，涵盖东北、西南、东部沿海的部分代表性省市。

表 6－20　样本所在地区（$N=324$）

地区	四川	黑龙江	上海	北京	广东	江苏	云南	其他	空缺
数量（份）	45	44	27	26	23	20	20	111	8
占比（%）	13.9	13.6	8.3	8	7.1	6.2	6.2	34.3	2.5

表 6－21 汇报了样本个体特征的描述统计分析结果。在剔除无效问卷后，有效问卷中调查对象男女比例恰巧相同，都为 50%。就调查对象的年龄而言，年龄为 18～30 岁的调查对象，占样本较大比例，达 61.1%；年龄为 31～40 岁的调查对象次之，占总调查对象的 34.6%。调查对象的教育程度方面，本科 179 人，占调查对象的 55.2%，所占比例最大；硕士次之，共计 95 人，占调查对象的 29.3%。

表 6－21　大样本描述统计分析（$N=324$）

人口特征变量	分类	频率	百分比（%）
性别	男	162	50
	女	162	50
年龄（岁）	18 以下	0	0
	18～30	198	61.1
	31～40	112	34.6
	41～50	13	4
	51～60	1	0.3
	60 以上	0	0
学历	初中及以下	2	0.6
	高中	4	1.2
	专科	38	11.7
	本科	179	55.2
	硕士	95	29.3
	博士及以上	6	1.9

表 6－22 汇报了被调查者所在企业的基本信息。企业所有权性质方

面，民营企业和国有企业所占比例较大，分别为47.2%和40.4%。成立年限方面，成立年限在15年以上的企业占全部样本的58.3%。企业大多为成熟期企业，占样本的53.1%。此外，45.7%的企业的规模较大，有1000人以上。非上市公司占样本的大多数，为65.4%。

表6－22　被调查者所在企业描述统计分析（$N=324$）

企业特征	分类	频率	百分比（%）
所有权结构	国有	131	40.4
	民营	153	47.2
	外资	28	8.6
	中外合资	12	3.7
成立时间（年）	1以下	2	0.6
	1～5	45	13.9
	6～10	57	17.6
	11～15	31	9.6
	15以上	189	58.3
生命周期阶段	创立期	28	8.6
	成长期	94	29
	成熟期	172	53.1
	衰退期	30	9.3
总人数（人）	10以下	10	3.1
	10～100	67	20.7
	100～500	67	20.7
	500～1000	32	9.9
	1000以上	148	45.7
是否上市	上市	112	34.6
	非上市	212	65.4

3. 量表信度检验

表6－23汇报了大样本调查中7个变量量表的内部一致性系数。所有

变量的内部一致性系数都在 0.8 之上，量表信度较好，处于理想水平。

表 6-23　各量表信度检验结果（$N=324$）

量表	题项数	Cronbach's Alpha
ECSR	10	0.878
ICSR	5	0.871
感知组织支持	6	0.904
感知外部声誉	4	0.871
组织认同	6	0.873
组织信任	4	0.865
创新行为	6	0.878

4. 量表效度检验——验证性因子分析

（1）内部结构效度检验。预测试中笔者已对所使用的量表进行探索性因子分析，并相应地修正了感知组织支持和感知外部声誉的量表。现笔者对正式测试所收集到的大样本进行验证性因子分析，以进一步验证测量量表的内部结构。我们需考察四大类指标：模型拟合指标（*CMIN/DF*、*GFI*、*AGFI*、*NFI*、*TLI*、*CFI*、*RMSEA* 等）；各个潜变量因子载荷值；潜变量平均抽取变异量 AVE 值；潜变量组合信度 CR 值。若模型拟合指标达到标准，各潜变量因子载荷值在 0.5～0.95，AVE 值大于 0.5，CR 值大于 0.6，则认为模型适配良好，且具有较高内部结构效度（吴明隆，2012）。

一是 ECSR 内部结构效度检验。如表 6-24 和表 6-25 所示，ECSR 的一阶验证性因子分析模型的适配度指标基本达到检验标准。其中，$CMIN/DF=2.648$，$GFI=0.955$，$AGFI=0.920$，$NFI=0.955$，$TLI=0.958$，$CFI=0.971$，$RMSEA=0.071$。且在 $p<0.001$ 的水平上，各个路径系数均显著。量表测量模型的拟合指标达到统计要求，故量表效度可以接受。此外，ECSR 各题项的标准化因子载荷均超过 0.6；复合信度值为 0.949，大于临界值；AVE 的值为 0.652，大于 0.5。因此可以判断 ECSR 的量表具有较高的内部结构效度。

表 6－24 一阶 ECSR 验证因子分析结果（$N=324$）

路径			标准化载荷系数	p值	CR	AVE
ECSR1	<---	G	0.740		0.949	0.652
ECSR2	<---	G	0.980	***		
ECSR3	<---	N	0.786			
ECSR4	<---	N	0.861	***		
ECSR5	<---	N	0.853	***		
ECSR6	<---	N	0.751	***		
ECSR7	<---	N	0.747	***		
ECSR8	<---	C	0.749			
ECSR9	<---	C	0.916	***		
ECSR10	<---	C	0.632	***		

注：G代表企业对政府的责任，N代表企业对社会公众和环境的责任，C代表企业对顾客的责任；***表示在0.001水平上显著。

表 6－25 模型适配度指标（$N=324$）

CMIN/DF	*GFI*	*AGFI*	*NFI*	*TLI*	*CFI*	*RMSEA*
2.648	0.955	0.920	0.955	0.958	0.971	0.071

二是ICSR内部结构效度检验。如表6－26和表6－27所示，ICSR的一阶验证性因子分析模型的适配度指标基本达到检验标准。其中，$CMIN/DF=4.448$，$GFI=0.983$，$AGFI=0.917$，$NFI=0.984$，$TLI=0.959$，$CFI=0.988$，$RMSEA=0.100$。其中，*CMIN/DF* 和 *RMSEA* 的值偏大，根据Wheaton等（1997），*CMIN/DF* 小于5，模型勉强可以接受；同时根据Striger（1990），*RMSEA* 小于0.1表示模型有较好的拟合。在 $p<0.001$ 的水平上，各个路径系数均显著。量表测量模型的拟合指标基本达到统计要求，故量表效度可以接受。此外，ICSR各题项的标准化因子载荷均超过0.5；复合信度值为0.856，大于临界值；AVE的值为0.551，大于0.5。因此可以判断ICSR的量表具有较高的内部结构效度。

表 6 - 26　ICSR 感知验证性因子分析结果（$N=324$）

路径			标准化载荷系数	p 值	CR	AVE
ICSR1	< - - -	E	0.546		0.856	0.551
ICSR2	< - - -	E	0.584	***		
ICSR3	< - - -	E	0.821	***		
ICSR4	< - - -	E	0.861	***		
ICSR5	< - - -	E	0.838	***		

注：E 代表企业对员工的社会责任；＊＊＊表示在 0.001 水平上显著。

表 6 - 27　模型适配度指标（$N=324$）

CMIN/DF	*GFI*	*AGFI*	*NFI*	*TLI*	*CFI*	*RMSEA*
4.448	0.983	0.917	0.984	0.959	0.988	0.100

三是感知外部声誉（PEP）内部结构效度检验。如表 6 - 28 和表 6 - 29 所示，PEP 的一阶验证性因子分析模型的适配度指标基本达到检验标准。其中，$CMIN/DF=1.836$，$GFI=0.997$，$AGFI=0.972$，$NFI=0.997$，$TLI=0.992$，$CFI=0.999$，$RMSEA=0.051$。且在 $p<0.001$ 的水平上，各个路径系数均显著。量表测量模型的拟合指标达到统计要求，故量表效度可以接受。此外，PEP 各题项的标准化因子载荷均超过 0.6；AVE 的值为 0.620，大于 0.5；复合信度值为 0.866，大于临界值。因此可以判断 PEP 量表的内部结构效度较高。

表 6 - 28　感知外部声誉验证性因子分析结果（$N=324$）

路径			标准化载荷系数	p 值	CR	AVE
EP1	< - - -	PEP	0.814		0.866	0.620
EP2	< - - -	PEP	0.896	***		
EP3	< - - -	PEP	0.763	***		
EP4	< - - -	PEP	0.657	***		

注：PEP 代表感知外部声誉；＊＊＊表示在 0.001 水平上显著。

表 6 – 29　模型适配度指标（$N = 324$）

CMIN/DF	*GFI*	*AGFI*	*NFI*	*TLI*	*CFI*	*RMSEA*
1.836	0.997	0.972	0.997	0.992	0.999	0.051

四是感知组织支持（POS）内部结构效度检验。如表 6 – 30 和表 6 – 31 所示，POS 的一阶验证性因子分析模型的适配度指标基本达到检验标准。其中，$CMIN/DF = 1.688$，$GFI = 0.993$，$AGFI = 0.964$，$NFI = 0.994$，$TLI = 0.979$，$CFI = 0.998$，$RMSEA = 0.046$。且在 $p < 0.001$ 的水平上，各个路径系数均显著。量表测量模型的拟合指标达到统计要求，故量表效度可以接受。此外，POS 各题项的标准化因子载荷均超过 0.6；AVE 的值为 0.581，大于 0.5；复合信度值为 0.891，大于临界值。由此可以判断 POS 量表的内部结构效度较高。

表 6 – 30　感知组织支持验证性因子分析结果（$N = 324$）

路径			标准化载荷系数	p 值	CR	AVE
OS1	< - - -	POS	0.730		0.891	0.581
OS2	< - - -	POS	0.924	***		
OS3	< - - -	POS	0.800	***		
OS4	< - - -	POS	0.769	***		
OS5	< - - -	POS	0.618	***		
OS6	< - - -	POS	0.698	***		

注：POS 代表感知组织支持；*** 表示在 0.001 水平上显著。

表 6 – 31　模型适配度指标（$N = 324$）

CMIN/DF	*GFI*	*AGFI*	*NFI*	*TLI*	*CFI*	*RMSEA*
1.688	0.993	0.964	0.994	0.979	0.998	0.046

五是组织认同（OI）内部结构效度检验。如表 6 – 32 和表 6 – 33 所示，OI 的一阶验证性因子分析模型的适配度指标基本达到检验标准。其

中，*CMIN/DF* = 1.642，*GFI* = 0.988，*AGFI* = 0.964，*NFI* = 0.987，*TLI* = 0.989，*CFI* = 0.995，*RMSEA* = 0.045。且在 $p < 0.001$ 的水平上，各个路径系数均显著。量表测量模型的拟合指标达到统计要求，故量表效度可以接受。此外，OI 各题项的标准化因子载荷均超过 0.5；AVE 的值为 0.530，大于 0.5；复合信度值为 0.869，大于临界值。因此可以判断 OI 量表的内部结构效度较高。

表 6－32　组织认同验证性因子分析结果（*N* = 324）

路径			标准化载荷系数	p 值	CR	AVE
OI1	<---	OI	0.861		0.869	0.530
OI2	<---	OI	0.829	***		
OI3	<---	OI	0.732	***		
OI4	<---	OI	0.641	***		
OI5	<---	OI	0.695	***		
OI6	<---	OI	0.568	***		

注：OI 代表组织认同；*** 表示在 0.001 水平上显著。

表 6－33　模型适配度指标（*N* = 324）

CMIN/DF	*GFI*	*AGFI*	*NFI*	*TLI*	*CFI*	*RMSEA*
1.642	0.988	0.964	0.987	0.989	0.995	0.045

六是组织信任（OT）内部结构效度检验。如表 6－34 和表 6－35 所示，OT 的一阶验证性因子分析模型的适配度指标基本达到检验标准。其中，*CMIN/DF* = 1.828，*GFI* = 0.997，*AGFI* = 0.972，*NFI* = 0.998，*TLI* = 0.993，*CFI* = 0.999，*RMSEA* = 0.051。且在 $p < 0.001$ 的水平上，各个路径系数均显著。量表测量模型的拟合指标达到统计要求，故量表效度可以接受。此外，OT 各题项的标准化因子载荷均超过 0.5；AVE 的值为 0.584，大于 0.5；复合信度值为 0.844，大于临界值。因此可以判断 OT 量表的内部结构效度较高。

表 6-34 组织信任验证性因子分析结果（$N=324$）

路径			标准化载荷系数	p 值	CR	AVE
OT1	<---	OT	0.564		0.844	0.584
OT2	<---	OT	0.663	***		
OT3	<---	OT	0.890	***		
OT4	<---	OT	0.886	***		

注：OT 代表组织信任；*** 表示在 0.001 水平上显著。

表 6-35 模型适配度指标（$N=324$）

CMIN/DF	*GFI*	*AGFI*	*NFI*	*TLI*	*CFI*	*RMSEA*
1.828	0.997	0.972	0.998	0.993	0.999	0.051

七是创新行为（IB）内部结构效度检验。如表 6-36 和表 6-37 所示，IB 的一阶验证性因子分析模型的适配度指标基本达到检验标准。其中，$CMIN/DF=1.434$，$GFI=0.991$，$AGFI=0.970$，$NFI=0.992$，$TLI=0.994$，$CFI=0.997$，$RMSEA=0.037$。且在 $p<0.001$ 的水平上，各路径系数均显著。量表测量模型的拟合指标达到统计要求，故量表效度可以接受。此外，IB 各题项的标准化因子载荷均超过 0.5；AVE 的值为 0.550，大于 0.5；复合信度值为 0.875，大于临界值。因此可以判断 IB 量表的内部结构效度较高。

表 6-36 创新行为验证性因子分析结果（$N=324$）

路径			标准化载荷系数	p 值	CR	AVE
IB1	<---	IB	0.553		0.875	0.550
IB2	<---	IB	0.739	***		
IB3	<---	IB	0.930	***		
IB4	<---	IB	0.634	***		
IB5	<---	IB	0.544	***		
IB6	<---	IB	0.942	***		

注：IB 代表创新行为；*** 表示在 0.001 水平上显著。

表 6－37 模型适配度指标（$N=324$）

CMIN/DF	*GFI*	*AGFI*	*NFI*	*TLI*	*CFI*	*RMSEA*
1.434	0.991	0.970	0.992	0.994	0.997	0.037

（2）变量间区别效度检验。变量间的区别效度可以通过比较潜变量平均抽取变异量 AVE 值的平方根与该变量和其他变量相关系数的绝对值来进行判断（Fomell & Larcker，1981）。如表 6－38 所示，表格对角线上括号中的数值为相应变量 AVE 的平方根，其他数值为各个变量之间的相关系数。根据表 6－38 的结果可以发现，每个变量的 AVE 平方根都大于该变量与其他变量的相关系数。如 ECSR 的 AVE 平方根为 0.807，该值大于 ECSR 与其他变量之间的相关系数（0.704、0.537、0.424、0.376、0.488、0.363），因此通过区别效度检验。

表 6－38 区分效度分析结果（$N=324$）

	1	2	3	4	5	6	7
1 ECSR	(0.807)						
2 ICSR	0.704**	(0.742)					
3 PEP	0.537**	0.581**	(0.787)				
4 POS	0.424**	0.640**	0.581**	(0.762)			
5 OI	0.376**	0.524**	0.529**	0.585**	(0.728)		
6 OT	0.488**	0.618**	0.566**	0.750**	0.563**	(0.764)	
7 IB	0.363**	0.362**	0.346**	0.325**	0.405**	0.374**	(0.742)

注：** 表示在 0.01 水平（双侧）上显著相关；* 表示在 0.05 水平（双侧）上显著相关；对角线上括号中的数值为相应变量 AVE 平方根。

5. 共同方法偏差

共同方法偏差是指由于数据来源相同，测量环境相似而导致两个变量间变异的重叠（周浩、龙立荣，2004）。它是一种系统误差，可能会引发变量间的虚假相关，同时掩盖潜在构念间的真实相关关系。由于本书的数据是一线员工的自评数据，这极有可能引发变量之间的虚假相关关系。因此，十分有必要对共同方法偏差进行检验和控制。本书采用 Podsakoff 等

（2003）提出的 Harman 单因子法对共同方法偏差进行检验。

具体而言，笔者将 ECSR 感知、ICSR 感知、感知组织声誉、感知组织支持、组织认同、组织信任和创新行为共 7 个变量的所有题项放在一起，并运用未旋转的主成分分析法，提取出特征值大于 1 的 7 个因子，如表 6－39 所示。这 7 个因子累计解释整体变异的 66.961%，其中第 1 个因子解释 36.126% 的方差，低于 40% 的标准，故共同方法偏差问题并不严重。

表 6－39　共同方法偏差

成分	初始特征值			提取平方和载入		
	合计	方差的%	累计%	合计	方差的%	累计%
1	14.812	36.126	36.126	14.812	36.126	36.126
2	3.316	8.089	44.215	3.316	8.089	44.215
3	2.940	7.170	51.385	2.940	7.170	51.385
4	1.945	4.743	56.128	1.945	4.743	56.128
5	1.821	4.441	60.569	1.821	4.441	60.569
6	1.384	3.375	63.944	1.384	3.375	63.944
7	1.237	3.017	66.961	1.237	3.017	66.961

四、研究结果

（一）变量间相关性分析

如表 6－40 所示，本书汇报了各个变量的均值和方差，以及各变量之间的相关系数。从表中可以看出，ECSR 与感知外部声誉、组织认同以及创新行为的相关系数分别为 0.537、0.376、0.363，且均在 1% 水平下显著；ICSR 与感知组织支持、组织信任及创新行为的相关系数分别为

0.640、0.618、0.362，且均在 1% 水平下显著。变量间的相关性分析结果与理论预期的结果完全一致。为进一步验证各个变量之间的因果关系，可以通过回归分析进行下一步的验证。

表 6－40　变量间相关性分析结果（$N=324$）

	Mean	SD	1	2	3	4	5	6	7	8	9
1. 性别	1.500	0.501									
2. 年龄	2.435	0.588	-0.100								
3. 学历	4.170	0.750	-0.062	-0.056							
4. ECSR	5.476	0.996	0.008	-0.012	0.047						
5. ICSR	5.143	1.178	-0.033	0.022	-0.030	0.704**					
6. PEP	4.695	1.300	-0.024	0.025	0.082	0.537**	0.581**				
7. POS	4.497	1.282	-0.064	0.014	-0.004	0.424**	0.640**	0.581**			
8. OI	5.237	1.159	-0.020	0.084	0.016	0.376**	0.524**	0.529**	0.585**		
9. OT	4.951	1.226	-0.063	-0.038	-0.041	0.488**	0.618**	0.566**	0.750**	0.563**	
10. IB	5.131	0.981	-0.129*	0.093	-0.016	0.363**	0.362**	0.346**	0.325**	0.405**	0.374**

注：** 表示在 0.01 水平（双侧）上显著相关；* 表示在 0.05 水平（双侧）上显著相关。

（二）员工 ECSR 感知对创新行为的影响路径假设检验

1. 回归结果

笔者利用层次回归法分别检验：①员工 ECSR 感知与感知外部声誉、组织认同以及创新行为之间的关系，即 H5、H2、H1。②感知外部声誉与组织认同的关系，即 H6。③员工组织认同与创新行为的关系，即 H3。④组织认同中介员工 ECSR 感知与创新行为之间的关系，即 H4。

回归结果如表 6－41 所示，表中的估计值均为标准化系数。Model 1－1为控制变量对员工感知外部声誉的回归结果。其中，性别、年龄、受教育水平对员工感知外部声誉并不存在显著影响。Model 1－2 为员工 ECSR 感知对员工感知外部声誉的回归结果，可以看出员工 ECSR 感知对员工

表 6－41　回归结果（$N=324$）

因变量 Y	感知外部声誉		组织认同				创新行为				
	Model 1－1	Model 1－2	Model 1－3	Model 1－4	Model 1－5	Model 1－6	Model 1－7	Model 1－8	Model 1－9	Model 1－10	Model 1－11
性别	－0. 016	－0. 022	－0. 011	－0. 015	－0. 002	－0. 005	－0. 122*	－0. 126*	－0. 118*	－0. 121*	－0. 120*
年龄	0. 028	0. 033	0. 084	0. 087	0. 069	0. 072	0. 080	0. 083	0. 046	0. 056	0. 056
受教育水平	0. 082	0. 057	0. 020	0. 002	－0. 024	－0. 024	－0. 019	－0. 037	－0. 027	－0. 037	－0. 042
ECSR		0. 535***		0. 377***		0. 132*		0. 366***		0. 252***	0. 219***
PEP					0. 529***	0. 458***					0. 084
OI									0. 399***	0. 304***	0. 272***
R^2	0. 008	0. 293	0. 008	0. 149	0. 286	0. 298	0. 023	0. 157	0. 182	0. 236	0. 240
Adjusted R^2	－0. 001	0. 284	－0. 002	0. 139	0. 277	0. 287	0. 014	0. 147	0. 171	0. 224	0. 226
F	0. 843	33. 049***	0. 815	14. 004***	31. 882***	26. 994***	2. 557	14. 898***	17. 702***	19. 639***	16. 688***
ΔR^2	0. 008	0. 285	0. 008	0. 142	0. 278	0. 149	0. 023	0. 134	0. 158	0. 079	0. 004
ΔF	0. 843	128. 657***	0. 815	53. 170***	124. 143***	67. 312***	2. 557	50. 729***	61. 683***	32. 681***	1. 714
VIF 最大值	1. 015	1. 015	1. 015	1. 015	1. 015	1. 414	1. 015	1. 015	1. 021	1. 176	1. 714

注：* 代表 $p<0.05$，** 代表 $p<0.01$，*** 代表 $p<0.001$。

感知外部声誉存在显著正向影响（Model 1－2：$\beta=0.535$，$p<0.001$），H5 得到验证，说明企业对外部利益相关者承担相应的社会责任后，员工感知到的企业的外部形象就会更好。

Model 1－3 为控制变量对员工组织认同的回归结果。其中，性别、年龄、受教育水平对员工组织认同并不存在显著影响。Model 1－4 为员工 ECSR 感知对员工组织认同的回归结果，可以看出员工 ECSR 感知对员工组织认同存在显著正向影响（Model 1－4：$\beta=0.377$，$p<0.001$），H2 得到验证，说明企业对外部利益相关者承担相应的社会责任后，员工会对组织产生更多的认同感。

Model 1－7 为控制变量对员工创新行为的回归结果。其中，年龄、受教育水平对创新行为并不存在显著影响；但性别在 5% 水平下显著负向影响员工创新行为。Model 1－8 为员工 ECSR 感知对员工创新行为的回归结果，可以看出员工 ECSR 感知对员工创新行为存在显著正向影响（Model 1－8：$\beta=0.366$，$p<0.001$），H1 得到验证，说明员工感知较高水平的 ECSR 后，会更加愿意投入到创新活动中。

Model 1－5 为员工感知外部声誉对组织认同的回归结果。结果显示，员工感知外部声誉可以显著正向预测员工组织认同（Model 1－5：$\beta=0.529$，$p<0.001$），H6 得到验证，说明若员工对企业外部形象的认知较好，员工会对组织产生更多的认同感。

Model 1－9 为员工组织认同对员工创新行为的回归结果。结果显示，员工组织认同可以显著正向预测员工的创新行为（Model 1－9：$\beta=0.399$，$p<0.001$），H3 得到验证，说明若员工对组织有较强的认同感，员工也会相应地更愿意在组织中开展更多的创新活动。

此外，据 Baron 和 Kenny（1986）推荐的中介效应检验程序，员工感知 ECSR 对感知外部声誉（H5）、组织认同（H2）都有显著正向影响作用，而感知外部声誉对组织认同（H6）也有显著的正向影响作用。Model 1－6 把员工感知 ECSR 和感知外部声誉同时放入方程，探讨两者对组织认同的共同作用。相较于仅有自变量（员工感知 ECSR）的情况，当中介变量（感知外部声誉）进入方程之后，方程的 Adjusted R^2 逐渐增加，这一数据的变动说明中介变量的加入能够显著提升两者对被解释变量（组织认同）的方差解释率。结果显示，无论是员工感知 ECSR 还是员工感知外部声誉都对组织认同有显著正向影响（Model 1－6：$\beta_{ECSR}=0.132$，$p<0.05$；$\beta_{PEP}=0.458$，$p<0.001$）。尽管针对这一中介效应，并未在正文中提出相应的假设，但这说明员工感知外部声誉部分中介了员工感知 ECSR 与员工组织认同之间的关系。

员工感知 ECSR 能够显著正向预测组织认同（H2）和创新行为（H1），而组织认同对员工创新行为（H3）也有显著的正向影响作用。Model 1－10 把员工感知 ECSR 和组织认同同时放入方程，探讨两者对员工创新行为的共同作用。相较于仅有自变量（员工感知 ECSR）的情况，当中介变量（组织认同）进入方程之后，方程的 Adjusted R^2 逐渐增加，这一数据的变动说明中介变量的加入能够显著提升二者对被解释变量（创新行为）的方差解释率。结果显示，无论是员工感知 ECSR 还是员工组织认同都对创新行为有显著正向影响（Model 1－10：$\beta_{ECSR}=0.252$，$p<0.001$；$\beta_{OI}=0.304$，$p<0.001$）。这说明员工组织认同部分中介了员工感知 ECSR 与员工创新行为之间的关系，H4 得到验证。

类似地，我们可以首先通过模型 Model 1－11 对员工感知 ECSR、感知外部声誉和组织认同对员工创新行为的共同影响有个初步的判断。将三者同时放入方程中，我们发现员工感知 ECSR 和组织认同能够显著正向预测员工的创新行为（Model 1－11：$\beta_{ECSR}=0.219$，$p<0.001$；$\beta_{OI}=0.272$，$p<0.001$），但是员工感知外部声誉对员工创新行为的影响并不显著（Model 1－11：$\beta_{PEP}=0.084$，n. s.）。这说明员工感知外部声誉并不能直接对员工的创新行为产生影响。产生这一现象的可能原因是，员工在感知 ECSR 后产生的感知外部声誉，必须经由组织认同，才能对创新行为产生影响。这也为我们进一步探索感知外部声誉和组织认同在员工感知 ECSR 和员工创新行为关系中的链式中介作用提供了依据。随后，笔者将根据 Hayes（2013）等的建议，采用非参数百分位 Bootstrap 法对这一链式中介

效应（H7）进行进一步的检验。

2. 中介效应检验结果

以往研究对中介效应的检验多使用因果步骤法和 Sobel 检验，但是相较于其他两种方法，Bootstrap 法适用各种效应模型，比如链式中介、调节的中介、中介的调节等模型，同时 Bootstrap 对数据的分布没有过高要求，不需要其必须符合正态分布。此外，Bootstrap 对样本量较小的样本仍然具备较高的统计效力（方杰、张敏强和李晓鹏，2011）。本书采用 SPSS 中的 Process 程序（http：//www. afhayers. com），该程序由 Hayes（2013）所写。

在控制个体差异（性别、年龄、受教育水平）后，本书抽取了 5000 个样本量来对感知外部声誉、组织认同在员工感知 ECSR 和员工创新行为关系中 95% 的中介效应置信区间进行估计。在模型设定上，选择含有两个中介变量的模型，即 Model 6。如表 6－42 所示，员工 ECSR 分别通过两个路径对员工创新行为产生影响，且这两个路径的中介效应都显著。

表 6－42　中介效应显著性检验（*N*＝324）

路径	间接效应估计	95% 的置信区间	
		下限	上限
ECSR－OI－IB	0. 035	0. 004	0. 076
ECSR－PEP－OI－IB	0. 066	0. 031	0. 110

路径一：员工 ECSR 感知会通过员工对组织的认同，对员工的创新行为产生影响。在这一路径下，组织认同中介员工 ECSR 感知和创新行为的关系，其间接效应值为 0. 035。且其 Bootstrap 95% 置信区间的下限和上限分别为 0. 004 和 0. 076，区别不包括 0，故员工组织认同在员工 ECSR 感知和创新行为之间的中介效应显著，H4 得到进一步验证。

路径二：员工 ECSR 感知会增强员工外部声誉感知和对组织的认同感，进而影响员工的创新行为。在这一路径下，感知外部声誉和组织认同在员工 ECSR 感知和创新行为的关系中起链式中介作用，其间接效应值为 0.066。且其 Bootstrap 95%置信区间的下限和上限分别为 0.031 和 0.110，区别不包括 0，故员工感知外部声誉和组织认同在员工 ECSR 感知和创新行为之间的链式中介效应显著，H7 得到验证。

需要特别指出的是，由于在模型设定时选择了 Model 6，该模型同时对路径 ECSR - PEP - IB 进行了估计，但这一路径在理论推导上并没有得到文献支持，所以本书并没有提出相关假设。同时该路径实证的结果也不显著，故并没有将其涵盖在本书的研究中。

（三）员工 ICSR 感知对创新行为的影响路径假设检验

1. 回归结果

笔者利用层次回归法分别检验：①员工 ICSR 感知与感知组织支持，组织信任以及创新行为之间的关系，即 H12、H9、H8。②感知组织支持与组织信任的关系，即 H13。③员工组织信任与创新行为的关系，即 H10。④组织信任中介员工 ICSR 感知与创新行为之间的关系，即 H11。

回归结果如表 6 - 43 所示，表中的估计值均为标准化系数。Model 1 - 1为控制变量对员工感知组织支持的回归结果。其中，性别、年龄、受教育水平对员工感知组织支持并不存在显著影响。Model 1 - 2 为员工 ICSR 感知对员工感知组织支持的回归结果，可以看出员工 ICSR 感知对员工感知组织支持存在显著正向影响（Model 1 - 2：$\beta = 0.639$，$p < 0.001$），H12 得到验证，说明企业对内部利益相关者（员工）承担相应的社会责任后，员工来自组织的支持感就越强烈。

Model 1 - 3 为控制变量对员工组织信任的回归结果。其中，性别、年龄、受教育水平对员工组织信任并不存在显著影响。Model 1 - 4 为员工 ICSR 感知对员工组织信任的回归结果，可以看出员工 ICSR 感知对员工组织信任存在显著正向影响（Model 1 - 4：$\beta = 0.617$，$p < 0.001$），H9 得到验证，说明企业对内部利益相关者（员工）承担相应的社会责任后，员工会对组织产生更多的信任感。

表 6-43　回归结果（$N=324$）

因变量 Y	感知组织支持		组织信任				创新行为				
	Model1 - 1	Model1 - 2	Model1 - 3	Model1 - 4	Model1 - 5	Model1 - 6	Model1 - 7	Model1 - 8	Model1 - 9	Model1 - 10	Model1 - 11
性别	-0.064	-0.042	-0.071	-0.050	-0.023	-0.025	-0.122*	-0.110*	-0.096	-0.098	-0.098
年龄	0.008	-0.003	-0.048	-0.058	-0.053	-0.056	0.080	0.074	0.097	0.088	0.088
受教育程度	-0.008	0.012	-0.048	-0.029	-0.042	-0.036	-0.019	-0.008	-0.001	-0.001	-0.002
ICSR		0.639***		0.617***		0.234***		0.356***		0.206**	0.204**
POS					0.749***	0.600***				0.000	0.009
OT									0.371***	0.243***	0.238**
R^2	0.004	0.412	0.008	0.388	0.568	0.600	0.023	0.150	0.160	0.186	0.186
Adjusted R^2	-0.005	0.404	-0.001	0.381	0.562	0.593	0.014	0.139	0.150	0.174	0.171
F	0.451	55.832***	0.888	50.601***	104.668***	95.306***	2.557	14.084***	15.210***	14.564***	12.101***
ΔR^2	0.004	0.408	0.008	0.380	0.559	0.212	0.023	0.127	0.137	0.036	0.000
ΔF	0.451	221.046***	0.888	198.097***	412.581***	168.101***	2.557	47.546***	51.949***	14.163***	0.011
VIF 最大值			1.015	1.016	1.019	1.700	1.015	1.016	1.020	1.634	2.599

注：* 代表 $p<0.05$，** 代表 $p<0.01$，*** 代表 $p<0.001$。

Model 1－7 为控制变量对员工创新行为的回归结果。其中，年龄、受教育水平与其的关系并不显著；但性别在5%水平下显著负向影响员工创新行为。Model 1－8 为员工 ICSR 感知对员工创新行为的回归结果，可以看出员工 ICSR 感知对员工创新行为存在显著正向影响（Model 1－8：$\beta=0.356$，$p<0.001$），H8 得到验证，说明员工感知较高水平的 ICSR 后，会更加愿意投入到创新活动中来。

Model 1－5 为员工感知组织支持对员工组织信任的回归结果。结果显示，员工感知组织支持可以显著正向预测组织信任（Model 1－5：$\beta=0.749$，$p<0.001$），H13 得到验证，说明员工来自组织的支持感越强烈，员工就会对组织产生更多的信任。

Model 1－9 为员工组织信任对员工创新行为的回归结果。结果显示，员工组织信任可以显著正向预测员工创新行为（Model 1－9：$\beta=0.371$，$p<0.001$），H10 得到验证，说明若员工对组织有较强的信任感，员工也会相应地更愿意在组织中开展更多的创新活动。

此外，据 Baron 和 Kenny（1986）推荐的中介效应检验程序，员工感知 ICSR 可以显著正向预测感知组织支持（H12）和组织信任（H9），而感知组织支持对组织信任（H13）也有显著的正向影响作用。Model 1－6 把员工感知 ICSR 和感知组织支持同时放入方程，探讨两者对组织信任的共同作用。相较于仅有自变量（员工感知 ICSR）的情况，当中介变量（感知组织支持）进入方程之后，方程的 Adjusted R^2 逐渐增加，这一数据的变动说明中介变量的加入能够显著提升两者对被解释变量（组织信任）的方差解释率。结果显示，无论是员工感知 ICSR 还是员工感知组织支持，都对组织信任有显著正向影响（Model 1－6：$\beta_{ICSR}=0.234$，$p<0.001$；$\beta_{POS}=0.600$，$p<0.001$）。尽管针对这一中介效应，并未在文中提出相应的假设，但是这说明员工感知组织支持部分可以中介员工感知 ICSR 与员工组织信任之间的关系。

员工感知 ICSR 可以显著预测组织信任（H9）和创新行为（H8），而组织信任对员工创新行为（H10）也有显著的正向影响作用。Model 1－10

把员工感知 ICSR 和组织信任同时放入方程，探讨两者对员工创新行为的共同作用。相较于仅有自变量（员工感知 ICSR）的情况，当中介变量（组织信任）进入方程之后，方程的 Adjusted R^2 逐渐增加，这一数据的变动说明中介变量的加入能够显著提升两者对被解释变量（创新行为）的方差解释率。结果显示，无论是员工感知 ICSR 还是员工组织信任，都对创新行为有显著正向影响（Model 1－10：$\beta_{ICSR}=0.206$，$p<0.01$；$\beta_{OT}=0.243$，$p<0.001$）。这说明员工组织信任部分可以中介员工感知 ICSR 与员工创新行为之间的关系，H11 得到验证。

类似地，我们可以首先通过模型 Model 1－11 对员工感知 ICSR、感知组织支持和组织信任对员工创新行为的共同影响有初步的判断。将三者同时放入方程中，我们发现员工感知 ICSR 和组织信任对员工创新行为有显著正向影响（Model 1－11：$\beta_{ICSR}=0.204$，$p<0.01$；$\beta_{OI}=0.238$，$p<0.01$），但是员工感知组织支持对员工创新行为的影响并不显著（Model 1－11：$\beta_{POS}=0.009$，n. s.）。这说明员工感知组织支持并不能直接预测员工的创新行为。产生这一现象的可能原因是，员工在感知 ICSR 后产生的感知组织支持必须经由组织信任才能对创新行为产生影响。这也为我们进一步探索感知组织支持和组织信任在员工感知 ICSR 和员工创新行为关系中的链式中介作用提供依据。随后，笔者将根据 Hayes（2013）等的建议，采用非参数百分位 Bootstrap 法对这一链式中介效应（H14）进行进一步的检验。

2. 中介效应检验结果

在控制个体差异（性别、年龄、受教育水平）后，本书抽取了 5000 个样本量来对感知组织支持、组织信任在员工感知 ICSR 和员工创新行为关系中 95% 的中介效应置信区间进行估计。在模型设定上，选择含有两个中介变量的模型，即 Model 6。如表 6－44 所示，员工 ICSR 分别通过两个路径对员工创新行为产生影响，且这两个路径的中介效应都显著。

路径一：员工 ICSR 感知会通过员工对组织的信任感，进而预测其创新行为。此时，组织信任在员工 ICSR 感知和创新行为的关系中起中介作用，其间接效应值为 0.046。且其 Bootstrap 95% 置信区间的下限和上限分别为0.011和0.090，区别不包括0，故员工组织信任在员工ICSR感知和创新行为之间的中介效应显著，H11得到进一步验证。

表6-44　中介效应显著性检验（$N=324$）

路径	间接效应估计	95%的置信区间	
		下限	上限
ICSR - OT - IB	0.046	0.011	0.090
ICSR - POS - OT - IB	0.076	0.019	0.132

路径二：员工ICSR感知会增强员工组织支持感和对组织的信任感，进而影响员工的创新行为。在这一路径下，感知组织支持和组织信任在员工ICSR感知和创新行为的关系中起链式中介作用，其间接效应值为0.076。且其Bootstrap 95%置信区间的下限和上限分别为0.019和0.132，区别不包括0，故员工感知组织支持和组织信任在员工ICSR感知和创新行为之间的链式中介效应显著，H14得到验证。

需要特别指出的是，由于在模型设定时选择Model 6，该模型同时对路径ICSR - POS - IB进行了估计，但这一路径在理论推导上并没有得到文献支持，所以本书并没有提出相关假设。同时该路径实证的结果也不显著，故并没有将其涵盖在本书的研究中。

五、本章小结

本章探讨了员工CSR感知对员工创新行为影响的内在影响机制。具体而言，基于社会认同理论，本书探讨了员工ECSR感知影响员工创新行为的认同路径，即ECSR - PEP - OI - IB；基于社会交换理论，本书探讨了员工 ICSR 感知影响员工创新行为的信任路径，即 ICSR - POS - OT - IB。

方法上，本章通过对 324 名企业一线员工的问卷调查，采用 SPSS 及 SPSS 宏 Process 插件对数据进行分析，对提出的假设进行验证，表 6 - 45 是对所有假设验证结果的汇总。

表 6 - 45　研究假设检验结果汇总

假设	检验结果
◆社会认同理论下员工 ECSR 感知影响创新行为的作用机制	
➢员工 ECSR 感知对创新行为的影响	
H1　员工 ECSR 感知显著正向影响员工创新行为	支持
➢组织认同的中介作用	
H2　员工 ECSR 感知显著正向影响员工组织认同	支持
H3　员工组织认同显著正向影响员工创新行为	支持
H4　员工组织认同在员工 ECSR 感知和创新行为之间起中介作用	支持
➢外部声誉感知和组织认同的链式中介作用	
H5　员工 ECSR 感知显著正向影响员工感知外部声誉	支持
H6　员工感知外部声誉显著正向影响员工组织认同	支持
H7　员工感知外部声誉和组织认同中介员工 ECSR 感知对员工创新行为的影响	支持
◆社会交换理论下员工 ICSR 感知影响创新行为的作用机制	
➢员工 ICSR 感知对创新行为的影响	
H8　员工 ICSR 感知显著正向影响员工创新行为	支持
➢组织信任的中介作用	
H9　员工 ICSR 感知显著正向影响员工组织信任	支持
H10　员工组织信任显著正向影响员工创新行为	支持
H11　员工组织信任在员工 ICSR 感知和创新行为之间起中介作用	支持
➢感知组织支持和组织信任的链式中介作用	
H12　员工 ICSR 感知显著正向影响员工感知组织支持	支持
H13　员工感知组织支持显著正向影响员工组织信任	支持
H14　员工感知组织支持和组织信任中介员工 ICSR 感知对员工创新行为的影响	支持

第七章

研究结论与未来展望

通过以上六章、三个子研究对员工 CSR 感知与相关结果变量之间的关系进行深入探讨，首先，通过元分析的方法系统地梳理了员工 CSR 感知与结果变量之间的关系。其次，通过元分析—结构方程的方法探索了员工 CSR 感知影响态度，进而影响行为（工作绩效和组织公民行为）的内在作用机制。最后，通过实证分析检验了员工 CSR 感知的内外维度对员工创新行为的影响。

一、结论及讨论

研究一运用元分析的方法总结梳理了员工 CSR 感知及其各个维度与积极态度、积极行为、消极态度和消极行为变量之间的关系，同时探索了方法层面因素（CSR 感知测量工具）、个人层面因素（样本人口统计学特征变量——性别和年龄）以及国家层面因素（国家文化）在员工 CSR 感知与结果变量之间的调节作用。结果显示，员工 CSR 感知及其各个维度与员工积极态度和行为正相关，与员工消极态度和行为负相关；CSR 感知测量工具，人口统计学特征变量部分调节员工 CSR 感知与相关结果变量之间的关系，但是国家文化的调节作用并没有得到证实。

研究二运用元分析—结构方程的方法探索了员工 CSR 感知影响员工行为（工作绩效和组织公民行为）的内在作用机制。具体而言，本书基于社会认同理论和社会交换理论，分别探索了组织认同和组织信任在员工 CSR 感知与工作绩效和组织公民行为之间的中介作用，并对比了两个中介作用的差异。结果显示，当结果变量是工作绩效时，组织认同在员工 CSR 感知与工作绩效之间的中介作用并不显著，但组织信任的中介作用显著；当结果变量是组织公民行为时，组织认同和组织信任的中介作用都显著，且组织认同在员工 CSR 感知与组织公民行为之间的间接效应大于组织信任在两者之间的间接效应。因此，相较于社会认同理论，社会交换理论在员工 CSR 感知与工作绩效之间的解释更强；相较于社会交换理论，社会认同理论在员工 CSR 感知与组织公民行为之间的解释更强。

研究三运用实证研究的方法，基于社会认同理论和社会交换理论，探索了员工 CSR 感知的两个维度——员工 ECSR 感知和 ICSR 感知对员工创新行为影响的内在作用机制。结果显示，员工感知外部声誉和组织认同中介员工 ECSR 感知对员工创新行为的影响，员工感知组织支持和组织信任中介员工 ICSR 感知对员工创新行为的影响。

（一）员工 CSR 感知对员工态度和行为的影响

研究结果表明：①员工 CSR 感知与员工的积极态度和行为正相关。这些积极态度如感知外部声誉、感知组织支持、组织认同、组织信任、组织承诺、组织公平、工作投入、工作满意度等。这些积极行为包括工作绩效、组织公民行为和创新行为等。企业 CSR 活动的开展会为员工释放一种积极的信号，而这种信号对员工有着强烈的激励作用，因此企业 CSR 的履行会促进员工积极态度的产生，并更多地表现出一些积极行为。②员工 CSR 感知与员工的消极态度和行为负相关。这些消极的态度如组织犬儒主义和离职倾向等，而消极的行为主要是指员工的工作场所偏差行为。员工会对有良好的社会表现的企业产生认同感，并且会为留在这样的组织产生自豪感，因此员工不会轻易离职，其组织犬儒主义、工作场所偏差行为都会相应降低。

（二）员工 CSR 感知各维度对员工态度和行为的影响

研究结果表明：①Carroll（1991）CSR 四维度（经济责任维度、法律责任维度、道德责任维度、慈善责任维度）与员工的组织信任、组织承诺、工作满意度和工作绩效正相关。②CSR 内外部维度（ECSR 感知和 ICSR 感知）与员工的组织认同和工作投入正相关。员工 ECSR 感知还与员工工作满意度正相关，但是员工 ICSR 感知与员工工作满意度的相关关系并不显著。③CSR 利益相关者维度（对员工的责任、对消费者的责任、对政府的责任、对社会公众和环境的责任）与员工组织信任、工作满意度（包括内部工作满意度和外部工作满意度）以及组织公民行为正相关。员工感知企业对消费者责任还与组织认同正相关，但是员工感知企业对员工的责任、企业对环境的责任与组织认同的相关关系并不显著。

尽管员工 CSR 感知的各维度与部分员工态度变量之间的相关关系并不显著，但是企业开展的不同内容、不同类型的 CSR 活动会对员工产生积极的影响。同时，通过对 CSR 不同维度的比较本书发现，员工感知经济责任与工作绩效之间的相关关系显著大于员工感知法律责任与工作绩效之间的关系，这在某种程度上说明如果员工认为企业履行经济相关的责任，其工作绩效的水平将会有一定的提高。除此之外，CSR 各维度对员工态度和行为的影响不存在明显的差异。

（三）调节因素的影响效应

分别考察了方法层面因素（CSR 感知测量工具）、个人层面因素（样本人口统计学特征变量——性别和年龄）、国家层面因素（国家文化）对员工 CSR 感知与相关结果变量之间关系的影响。首先，研究结果部分支持了 CSR 感知测量工具的调节作用。比如在探讨员工 CSR 感知与感知外部声誉和组织认同的相关研究中，采用 Maignan 和 Ferrell（2000）这一测量工具对CSR感知进行测量时，变量之间的相关关系并不显著，但是采用Tuker（2009）这一测量工具时，变量之间的相关关系都显著，这意味着CSR感知测量工具不同，员工CSR感知与相关结果变量之间的关系也可能会发生变化。其次，研究结果部分证实了人口统计学变量的调节作用，无论是年龄还是性别都会对员工CSR感知与相关结果变量的关系产生影响，但是这一调节作用的影响方向有待进一步探索。最后，在员工CSR感知与相应结果变量的关系中，国家文化的调节作用并不显著。

（四）员工CSR感知影响工作绩效和组织公民行为的作用机制

研究二运用元分析—结构方程模型探索了员工CSR感知影响工作绩效和组织公民行为的内在作用机制。结果表明，组织信任中介员工CSR感知与工作绩效之间的关系，但组织认同的中介作用并不显著；组织认同和组织信任中介员工CSR感知与组织公民行为之间的关系，且组织认同的间接效应要大于组织信任的间接效应。

这一现象的产生主要基于以下两方面原因：一方面，正如前文提及的那样，没有哪个因素能够像信任那样可以直接对员工的行为产生影响。特别地，组织信任会正向影响员工的工作投入，即影响他们后续工作的参与度以及对组织分配工作的热情，这种投入和热情会对员工的绩效产生重要的促进作用。同时，组织认同对工作绩效的影响十分微弱。对组织认同程度较高的员工会将更多热情投入到角色外行为中，如帮助同事以及参与各种类型的组织公民行为，在这种情况下员工并没有足够多的精力在满足工作要求的基础上再去持续改善自己的角色内绩效。

另一方面，员工的组织公民行为更多体现的是员工超越工作职责之外的一些行为，这些行为是一种个人的、自愿的行为。员工开展这种得不到回报却体现自我精神追求的行为，更多的是出于一种榜样的力量。企业如果有良好的CSR表现，员工就会将这一组织视为榜样，对组织产生更多的认同，故也会更多地效仿榜样，开展更多的组织公民行为，相对组织信任，组织认同对组织公民行为的影响更大。

因此，员工 CSR 感知与工作绩效之间的关系更多的是通过组织信任的中介而实现的，同时组织认同在员工 CSR 感知与组织公民行为之间的间接效应大于组织信任在两者之间的间接效应。

（五）员工 CSR 感知内外部维度影响创新行为的作用机制

研究三运用实证分析的方法探索了员工 CSR 感知两个维度，ECSR 感知和 ICSR 感知影响员工创新行为的内在链式作用机制。由于不同导向的 CSR 活动体现企业对不同利益相关者的关注，这势必会对员工产生不同的心理刺激，相应地，员工的态度和行为也会随着发生变化。研究结果表明，基于社会认同理论，员工感知外部声誉和组织认同中介员工 ECSR 感知与创新行为之间的关系；基于社会交换理论，员工感知组织声誉和组织信任中介员工 ICSR 感知与创新行为之间的关系。因此，研究三发现了企业不同导向 CSR 感知对员工创新行为影响的不同机制，这一发现对于我们进一步了解 CSR 感知影响员工行为的内在作用机制起到了重要作用。

二、理论贡献

本书在以往实证研究的基础上，通过元分析的方法探寻了员工 CSR 感知与相应结果变量之间“真实”的相关系数，并分别利用元分析—结构方程和实证研究揭示了员工 CSR 感知影响一些行为变量（工作绩效、组织公民行为、创新行为）的内在作用机制，具有重大的理论贡献。

（一）以元分析的方法对个人层面 CSR 相关研究进行综述

尽管目前已有很多学者对个人层面 CSR 相关研究进行了综述，如 Aguinis 和 Glavas（2012）、Rupp 和 Mallory（2015）、Glavas（2016）、Gond 等

（2017），但这些文章更多的是理论综述类文章。本书首次采用元分析的方式，对员工 CSR 感知相关研究进行了系统的综述。文章依据 Gond 等（2017）总结的框架，探讨了 CSR 感知对员工积极态度、积极行为、消极态度以及消极行为的影响，并总结了 CSR 感知各维度与员工态度和行为之间的关系。因此本书的研究一弥补了以往文献综述的不足，通过统计手段总结了员工 CSR 感知及其各维度与相关结果变量之间的关系，为后来学者开展相关研究奠定了基础。此外，元分析的结果为我们提供了变量间“真实”的相关系数，这也便于我们进一步了解 CSR 感知对员工态度和行为的真实影响，为后续学者相关研究的开展提供参考，因此具有重要的理论价值。

（二）探索了 CSR 感知测量工具的边界作用

本书探讨了方法层面因素（CSR 感知测量工具）对 CSR 感知与相应结果变量之间关系的影响。一直以来，学者们在定义 CSR 时并没有得到一致的结论，故学者们对员工 CSR 感知的测量方式也有很多。但是我们并不知晓不同测量下员工 CSR 感知与相应结果变量之间的关系是否有所不同。因此，本书采用元分析的方法分别对比了不同测量工具下员工 CSR 感知与相应结果变量之间的关系，这为未来学者在测量工具上的选择提供了一定的参考，同时也为未来学者进行员工 CSR 感知量表的开发奠定了基础。

（三）验证了人口统计学特征变量的调节作用

尽管很多学者早已开始关注员工 CSR 感知影响相关结果变量的边界效应，但是这些变量对两者关系的影响方向是否存在差异仍值得学者进一步关注。本书验证了个人层面因素（样本人口统计学特征变量——性别和年龄）对员工 CSR 感知与相应结果变量关系的调节作用。本书的研究结果表明，人口统计学特征变量对员工 CSR 感知与不同结果变量的影响方向存在差异。这意味着不同性别、不同年龄的员工在感知企业的 CSR 行为后，其态度和行为会发生不同的变化。特别地，女性在感知企业的 CSR 行为后，更倾向于改变其态度；而男性在感知企业的 CSR 行为后，更倾向于改变其行为。论文相关研究结果为后续学者开展边界效应的深入研究提供了一个全新视角。

（四）比较了组织认同和组织信任中介效应的差异

一直以来，社会认同理论和社会交换理论被用来解释员工 CSR 感知与行为变量。基于社会认同理论，组织认同一直被认为是中介 CSR 感知与相应结果变量的重要中介变量；而基于社会交换理论，组织信任一直被认为是中介 CSR 感知与相应结果变量的重要中介变量。但是仅有的几篇文章同时关注组织认同和组织信任的双重中介模型（如 Farooq et al.，2014b；De Roeck & Maon，2016），同时我们也并不知晓这两个理论哪一个有更好的解释力。

同时，关注了组织认同和组织信任在员工 CSR 感知与行为变量（工作绩效、组织公民行为）之间的并列中介作用，这加深了我们对员工内在心理机制的理解。此外，本书对两者的中介效应进行了对比，研究发现，当结果变量是工作绩效时，组织认同在员工 CSR 感知与工作绩效之间的中介作用并不显著，但组织信任的中介作用显著；当结果变量是组织公民行为时，组织认同和组织信任的中介作用都显著，且组织认同在员工 CSR 感知与组织公民行为之间的间接效应大于组织信任在两者之间的间接效应。因此，相较于社会认同理论，社会交换理论在员工 CSR 感知与员工工作绩效之间的解释力更强。相较于社会交换理论，社会认同理论在员工 CSR 感知与组织公民行为之间的解释力更强。本书的研究结论对社会认同理论和社会交换理论的解释力问题进行了很好的阐释和回答。

（五）提出了员工 CSR 感知内外部维度对创新行为影响的不同路径

基于社会认同理论，探讨了员工 ECSR 感知影响创新行为的认同路径，即员工 ECSR 感知—感知组织声誉—组织认同—创新行为路径。同时，基于社会交换理论，本书探讨了员工 ICSR 感知影响创新行为的信任路径，即员工 ICSR 感知—感知组织支持—组织信任—创新行为路径。相关结果加深了我们对 CSR 感知影响员工创新行为内在作用机制的理解。

此外，从研究一的结果可知，员工 CSR 感知的不同维度会对员工的态度和行为产生影响，但是各个维度对员工态度和行为的影响是否相同，在学者间尚未形成一致性的结论。本书提出 ECSR 感知和员工 ICSR 感知会对员工的心理机制产生不同的影响，进而改变员工的态度和行为。这两条影响路径的提出较好地解释了企业不同导向 CSR 行为对员工的不同影响机制，也为未来学者进一步探析员工 CSR 感知不同维度的影响差异奠定了基础。

三、管理实践启示

（一）社会责任战略的实施——基于社会责任活动的合理性解释

由本书的研究结论可知，企业良好的社会表现不仅能够帮助企业获得良好的声誉，还会影响员工的态度和行为。这一结论为企业社会责任战略实施的合理性提供了全新的解释视角。企业不应把社会责任的履行看作增加成本的负担，而应将其视为未来可持续发展的必要途径。因此，企业应将企业社会责任活动的开展放在战略高度，在发展自身经济的同时兼顾社会和环境的利益。在实施相关活动的过程中，要由衷地关切社会福祉的实现和各方利益相关者利益的满足。这种关切要发自内心，而不应该仅仅出于工具性的目的，甚至是“伪社责任”。特别地，企业要调动多方利益相关者的积极性，在落实履行对各利益相关者企业社会责任的前提下，充分发挥员工、消费者、经销商、政府等利益相关者对企业的监督和支持作用。

（二）社会责任氛围的营造——基于人力资源管理活动的配合

企业要营造良好的社会责任氛围，并确保社会责任的开展与企业的人力资源管理活动有机结合起来。对于潜在的员工，企业可以加大宣传力度，拓宽宣传渠道，让潜在的求职者了解企业社会责任现状，增加其对企业的信心。在员工招聘阶段，通过对企业社会责任的宣传，吸引具有相同价值观的员工进入本组织。在员工培训阶段，应该有意识地将企业社会责任相关内容纳入培训范围中来，通过有针对性地传达企业的社会责任精神，以期在员工进入组织的初期就对员工的价值观进行塑造和同化，并进一步促使员工与组织更加匹配。此外，对于在职员工，企业可以提供专门的讲座和系统的培训，培养员工的企业社会责任意识，加强员工对于本企业社会责任活动的了解，在企业内部确保社会责任有关的信息被员工了解和熟知。同时，企业还可以通过一定的激励手段鼓励员工加入企业社会责任相关的活动中来，并在组织范围内培养良好的社会责任氛围。同时，企业可以通过提高员工社会责任感知水平，有针对性地培养其对组织的认同感和信任感，充分调动员工的积极性，进而改善其对工作的态度和行为，激励其更好地为组织服务。

（三）社会责任内容的协调——基于内外部导向社会责任活动的平衡

企业应平衡其外部导向与内部导向企业社会责任活动。具体来说，外部导向的企业社会责任是指企业对消费者、政府、环境、社会等外部利益相关者的责任。外部导向企业社会责任活动有利于培养企业声誉、树立企业形象，并促使员工形成对组织的认同，进而改善其态度和行为。内部导向的企业社会责任活动主要是指企业对其内部利益相关者，即员工的责任。内部导向的企业社会责任活动体现企业对员工的尊重、关怀和帮助，员工会因此获得来自组织的支持感，故而对组织产生信任，而这种信任又会进一步促使员工愿意通过改善自己的态度和行为对组织予以回报。由于不同导向的企业社会责任对员工心理机制有不同的影响，企业应当对此有所侧重。

（四）社会责任效应的延伸——基于组织创新氛围的营造

企业在工作设计之外，还可以通过创造良好的工作环境来培养组织的创新氛围。特别地，企业可以通过社会责任活动的开展为员工创造认同和信任的工作环境。具体而言，积极履行外部导向企业社会责任可以帮助企业塑造良好的品牌形象，并提升企业的声誉，员工在这样的组织中工作会产生对组织的认同感，而这种价值观的契合有利于员工创新活动的开展，并最终促进企业创新氛围的形成；积极履行内部导向企业社会责任可以加强企业组织支持感知，从而促进企业员工对组织的信任。充满信任的组织环境将会激发员工的创造热情，并提高其创造能力，这将进一步有利于企业创新文化氛围的形成。

四、局限及未来展望

（一）局限

本书具有一定的局限性。①研究一进行元分析所采用的实证研究数据大多为横截面数据，我们无法对变量进行因果关系的推断（Spector，2006），故本书仅仅对变量的相关关系进行了探讨。同时，对于调节效应的检验由于纳入元分析中的实证研究数目较少，元分析异质性检验的结果偏大，这可能对结果的推断造成一定程度的偏差。此外，国家层面因素（国家文化）的调节作用并没有被证实，这可能是笔者采用国家地理位置对国家文化进行区分导致的。②研究二仅仅关注了CSR感知与两个行为变量（工作绩效和组织公民行为）之间的关系，并没有关注员工的其他行为结果。因此 CSR 感知影响其他行为变量的作用机制仍有待进一步探索。③研究三采用自评问卷来对员工进行调查，同时员工对于 CSR 的感知及其相应的态度和行为的变化都在一个时间点测量，因此可能会存在共同方差偏误的问题。

（二）展望

首先，未来学者可以开展新的元分析，对变量的因果关系进行推断并关注其他调节变量的作用。现有实证研究的结果也表明，除了员工的人口统计特征外，其他个人层面因素——员工的价值态度，如员工对 CSR 重要性的判断（Peterson，2004）、互惠意识（Jones，2010）、道德认同（Rupp et al.，2013a）、集体主义思想（Farooq et al.，2014a）、员工满意度（Vlachos et al.，2014）、员工对客户 CSP 感知的感知（Panagopoulos et al.，2016）等都会对员工 CSR 感知与相应结果变量之间的关系产生影响。因此，未来学者可以采用元分析的方法进一步检验这些变量的调节作用。此外，可以采用更精确的方式对国家文化进行划分和度量，以进一步探索国家文化的调节作用。

其次，除工作绩效和组织公民行为外，未来学者可以探索 CSR 感知影响其他行为结果变量的内在作用机制，并在此基础上探索组织认同理论和组织信任理论对两者关系的解释力差异。与此同时，还有其他理论能够对员工 CSR 感知与相应结果变量之间的关系进行解释，如信号理论（Rynes，1991）、公平框架（Rupp et al.，2006）、社会学习理论（Bandura，1969）、关系管理理论（Broom et al.，2000）等，未来学者可以根据不同理论探索更多中介变量的作用，以进一步了解 CSR 感知影响相应结果变量的内在作用机制。

最后，未来学者在开展相关实证研究时，可以采用不同时点、不同来源的数据进一步探索员工不同维度 CSR 感知与创新行为之间的关系。Daft（1983）提出，“好的研究设计可以将研究涉及的变量纳入一个清晰连贯的体系，以此更好地回答研究者提出的问题”。

特别地，Rodrigo 和 Arenas（2008）等研究发现，不同类别的员工对 CSR 项目的实施持有不同的态度。他们将员工分为三个类别：①承诺型员工。这类员工十分关注社会福利和社会公平问题，他们对 CSR 行为高度关注，同时会积极响应企业开展的社会实践活动。因此这类员工对企业的社会角色持高度评价，并对其所在组织产生高度的认同。②冷漠型员工。这类员工更多地关注自身事业的发展，他们更加奉行实用主义，尽管他们能够理解企业社会人的角色，但是并没有上升到实践层面上。虽然这类员工工作十分高效，总是期待将事情做得更好，但是他们并非是对组织产生认同，而更多的是认同自己所从事的工作，因此此时 CSR 的实施并没有增加也没有降低其组织承诺。③完全持反对意见的员工。这类员工会质疑 CSR 的投资行为，他们觉得企业不应该将钱投在一些触摸不到的、华而不实的领域，而应更多地投资在与其薪酬等直接相关的激励政策上面，因而他们不认同其所在的组织，也不会采取除组织要求之外的任何行动，此时 CSR 的实施使他们十分沮丧和苦恼（Rodrigo & Arenas，2008）。因此，不同特质的员工对 CSR 的态度截然不同，这为未来学者相关领域的研究提供了一个新的研究思路，学者们可以探索不同特质员工在面对 CSR 行为时态度和行为上的差异。

参考文献

[1] Abdullah M. H. , & Rashid N. R. (2012). The implementation of corporate social responsibility (CSR) programs and its impact on employee organizational citizenship behavior. *International Journal of Business and Commerce*, 2 (1): 67 –75.

[2] Ackerman R. W. (1973). How companies respond to social demands. *Harvard Business Review*, 51 (4): 88 –98.

[3] Agle B. R. , Mitchell R. K. , & Sonnenfeld J. A. (1999). Who matters to CEOs? An investigation of stakeholder attributes and salience, corporate performance, and CEO values. *Academy of Management Journal*, 42(5): 507 –525.

[4] Aguilera R. V. , Rupp D. E. , Williams C. A. , & Ganapathi J. (2007). Putting the s back in corporate social responsibility: A multilevel theory of social change in organizations. *Academy of Management Review*, 32 (3): 836 –863.

[5] Aguinis H. & Glavas A. (2012). What we know and don't know about corporate social responsibility: A review and research agenda. *Journal of Management*, 38 (4): 932 –968.

[6] Aguinis H. , & Glavas A. (2013). Embedded versus peripheral corporate social responsibility: Psychological foundations. *Industrial and Organizational Psychology*, 6 (4): 314 –332.

[7] Albdour A. A., & Altarawneh I. I. (2012). Corporate social responsibility and employee engagement in Jordan. *International Journal of Business and Management*, 7 (16): 89.

[8] Albinger H. S., & Freeman S. J. (2000). Corporate social performance and attractiveness as an employer to different job seeking populations. *Journal of Business Ethics*, 28 (3): 243 - 253.

[9] Ali I., Rehman K. U., Ali S. I., Yousaf J., & Zia M. (2010). Corporate social responsibility influences, employee commitment and organizational performance. *African Journal of Business Management*, 4 (13): 2796.

[10] Allen D. G., Shore L. M. & Griffeth R. W. (2003). The role of perceived organizational support and supportive human resource practices in the turnover process. *Journal of Management*, 29 (1): 99 - 118.

[11] Amabile T. M. (1979). Effects of external evaluation on artistic creativity. *Journal of Personality and Social Psychology*, 37 (2): 221.

[12] Amabile T. M. (1988). A model of creativity and innovation in organizations. *Research in Organizational Behavior*, 10 (1): 123 - 167.

[13] Amabile T. M. (1996). *Creativity in context: Update to the social psychology of creativity*. Westview Press.

[14] Amabile T. M. (1998). *How to kill creativity* (Vol. 87). Boston, MA: Harvard Business School Publishing.

[15] Amabile T. M., Barsade S. G., Mueller J. S., & Staw B. M. (2005). Affect and creativity at work. *Administrative Science Quarterly*, 50 (3): 367 - 403.

[16] Amabile T. M., Conti R., Coon H., Lazenby J., & Herron M. (1996). Assessing the work environment for creativity. *Academy of Management Journal*, 39 (5): 1154 - 1184.

[17] Ambrose M. L., & Schminke M. (2009). The role of overall justice judgments in organizational justice research: A test of mediation. *Journal of*

Applied Psychology, 94 (2): 491.

[18] Andersson L. M., & Bateman T. S. (1997). Cynicism in the workplace: Some causes and effects. *Journal of Organizational Behavior*, 449-469.

[19] Arora N., & Henderson T. (2007). Embedded premium promotion: Why it works and how to make it more effective. *Marketing Science*, 26 (4): 514-531.

[20] Arya B., & Zhang G. (2009). Institutional reforms and investor reactions to CSR announcements: Evidence from an emerging economy. *Journal of Management Studies*, 46 (7): 1089-1112.

[21] Ashforth B. E., & Mael F. (1989). Social identity theory and the organization. *Academy of Management Review*, 14 (1): 20-39.

[22] Ashforth B. E., & Mael F. A. (1996). Oranizational Identity and Strategy as a Context for the Individual. *Advances in Strategic Management*, 13: 19-64.

[23] Ashforth B. E., Harrison S. H., & Corley K. G. (2008). Identification in organizations: An examination of four fundamental questions. *Journal of Management*, 34 (3): 325-374.

[24] Atkinson S., & Butcher D. (2003). Trust in managerial relationships. *Journal of Managerial Psychology*, 18 (4): 282-304.

[25] Aupperle K. E., Carroll A. B., & Hatfield J. D. (1985). An empirical examination of the relationship between corporate social responsibility and profitability. *Academy of Management Journal*, 28 (2): 446-463.

[26] Azim M. T. (2016). Corporate Social Responsibility and employee behavior: Mediating role of organizational commitment. *Revista Brasileira de Gestão de Negócios*, 18 (60): 207-225.

[27] Backhaus K. B., Stone B. A., & Heiner K. (2002). Exploring the relationship between corporate social performance and employer attractiveness. *Business & Society*, 41 (3): 292-318.

[28] Backman J. (Ed.) . (1975) . *Social responsibility and accountability*. New York University Press.

[29] Baker T. L. , Hunt T. G. , & Andrews M. C. (2006) . Promoting ethical behavior and organizational citizenship behaviors: The influence of corporate ethical values. *Journal of Business Research*, 59 (7): 849 - 857.

[30] Bakker A. B. , & Leiter M. P. (Eds.) . (2010) . *Work engagement: A handbook of essential theory and research*. Psychology Press.

[31] Balmer J. M. , Fukukawa K. , & Gray E. R. (2007) . The nature and management of ethical corporate identity: A commentary on corporate identity, corporate social responsibility and ethics. *Journal of Business Ethics*, 76 (1): 7 - 15.

[32] Bandura A. (1969) . Social - learning theory of identificatory processes. *Handbook of Socialization Theory and Research*, 213: 262.

[33] Bansal P. (2003) . From issues to actions: The importance of individual concerns and organizational values in responding to natural environmental issues. *Organization Science*, 14: 510 - 527.

[34] Baron R. M. , & Kenny D. A. (1986) . The moderator - mediator variable distinction in social psychological research: Conceptual, strategic, and statistical considerations. *Journal of Personality and Social Psychology*, 51 (6): 1173.

[35] Bartel C. A. (2001) . Social comparisons in boundary - spanning work: Effects of community outreach on members' organizational identity and identification. *Administrative Science Quarterly*, 46 (3): 379 - 413.

[36] Bartels J. , Peters O. , de Jong M. , Pruyn A. , & van der Molen M. (2010) . Horizontal and vertical communication as determinants of professional and organisational identification. *Personnel Review*, 39 (2): 210 - 226.

[37] Bauman C. W. , & Skitka L. J. (2012) . Corporate social responsibility as a source of employee satisfaction. *Research in Organizational Behavior*,

32：63 －86.

[38] Becker－Olsen K. L. , Cudmore B. A. , & Hill R. P. (2006). The impact of perceived corporate social responsibility on consumer behavior. *Journal of Business Research*, 59 (1)：46 －53.

[39] Behrend T. S. , Baker B. A. , & Thompson L. F. (2009) . Effects of pro－environmental recruiting messages：The role of organizational reputation. *Journal of Business and Psychology*, 24 (3)：341 －350.

[40] Berens G. , Riel C. B. V. , & Bruggen, G. H. V. (2005) . Corporate associations and consumer product responses：The moderating role of corporate brand dominance. *Journal of Marketing*, 69 (3)：35 －48.

[41] Bergh D. D. , Aguinis H. , Heavey C. , Ketchen D. J. , Boyd B. K. , Su, P. , & Joo H. et al. (2016) . Using meta－analytic structural equation modeling to advance strategic management research：Guidelines and an empirical illustration via the strategic leadership－performance relationship. *Strategic Management Journal*, 37 (3)：477 －497.

[42] Berle, A. A. (1931) . Corporate powers as powers in trust. *Harvard Law Review*, 44 (7)：1049 －1074.

[43] Berle A. A. (1954) . *The* 20th *century capitalist revolution*. New York：Harcourt, Brace and Company.

[44] Berle A. A. (1962) . Modern functions of the corporate system. *Columbia Law Review*, 433.

[45] Berrone P. , Surroca J. , & Tribó J. A. (2007) . Corporate ethical identity as a determinant of firm performance：A test of the mediating role of stakeholder satisfaction. *Journal of Business Ethics*, 76 (1)：35 －53.

[46] Besieux T. , Baillien E. , Verbeke A. L. , & Euwema M. C. (2015) . What goes around comes around：The mediation of corporate social responsibility in the relationship between transformational leadership and employee engagement. *Economic and Industrial Democracy*, 0143831X15614914.

[47] Blau P. M. (1964). *Exchange and power in social life*. Transaction Publishers.

[48] Blau P. M. (1968). Social exchange. *International Encyclopedia of the Social Sciences*, 7: 452-457.

[49] Boal K. B., & Peery N. (1985). The cognitive structure of corporate social responsibility. *Journal of Management*, 11 (3): 71-82.

[50] Bobocel D. R. (2013). Coping with unfair events constructively or destructively: The effects of overall justice and self-other orientation. *Journal of Applied Psychology*, 98 (5): 720.

[51] Bommer W. H., Miles E. W., & Grover S. L. (2003). Does one good turn deserve another? Coworker influences on employee citizenship. *Journal of Organizational Behavior*, 24 (2): 181-196.

[52] Borenstein M., Hedges L. V., Higgins J. P. T., & Rothstein H. R. (2011) *Introduction to Meta-Analysis*. Chichester, England: Wiley.

[53] Bosch L. A., & Card N. A. (2012). A meta-analytic review of Berzonsky's Identity Style Inventory (ISI). *Journal of Adolescence*, 35 (2): 333-343.

[54] Boverie P., & Kroth M. (2001). *Transforming work: The five keys to achieving trust, commitment, and passion in the workplace*. New Perspectives in Organizati.

[55] Bowen H. R. (1953). *Social responsibilities of the businessman* (No. 3). Harper.

[56] Brammer S. J., & Pavelin S. (2006). Corporate reputation and social performance: The importance of fit. *Journal of Management Studies*, 43 (3): 435-455.

[57] Brammer S., & Millington A. (2005). Corporate reputation and philanthropy: An empirical analysis. *Journal of Business Ethics*, 61 (1): 29-44.

[58] Brammer S., He H., & Mellahi K. (2015). Corporate social responsibility, employee organizational identification, and creative effort: The moderating impact of corporate ability. *Group & Organization Management*, 40 (3): 323-352.

[59] Brammer S., Millington A., & Rayton B. (2007). The contribution of corporate social responsibility to organizational commitment. *The International Journal of Human Resource Management*, 18 (10): 1701-1719.

[60] Brass D. J., Galaskiewicz J., Greve H. R., & Tsai W. (2004). Taking stock of networks and organizations: A multilevel perspective. *Academy of Management Journal*, 47: 795-817.

[61] Britt T. W., Adler A. B., & Bartone P. T. (2001). Deriving benefits from stressful events: The role of engagement in meaningful work and hardiness. *Journal of Occupational Health Psychology*, 6 (1): 53.

[62] Broom G. M., Casey S., & Ritchey J. (2000). Concept and theory of organization - public relationships. *Public relations as relationship management: A relational approach to the study and practice of public relations*, 3-22.

[63] Brown T. J., & Dacin P. A. (1997). The company and the product: Corporate associations and consumer product responses. *Journal of Marketing*, 68-84.

[64] Buehler V. M., & Shetty Y. K. (1974). Motivations for corporate social action. *Academy of Management Journal*, 17 (4): 767-771.

[65] Caligiuri P., Mencin A., & Jiang K. (2013). Win - win - win: The influence of company - sponsored volunteerism programs on employees, NGOs, and business units. *Personnel Psychology*, 66 (4): 825-860.

[66] Carmeli A., Gilat G., & Waldman D. A. (2007). The role of perceived organizational performance in organizational identification, adjustment and job performance. *Journal of Management Studies*, 44 (6): 972-992.

[67] Carnahan S., Kryscynski D., & Olson D. (2016). How corporate

social responsibility reduces employee turnover: Evidence from attorneys before and after 9/11. *Academy of Management Journal*. doi: 10. 5465/amj. 2015. 0032.

[68] Carroll A. B. (1979) . A three – dimensional conceptual model of corporate performance. *Academy of Management Review*, 4 (4): 497 – 505.

[69] Carroll A. B. (1991) . The pyramid of corporate social responsibility: Toward the moral management of organizational stakeholders. *Business Horizons*, 34 (4): 39 – 48.

[70] Carroll A. B. (1999) . Corporate social responsibility: Evolution of a definitional construct. *Business and Society*, 38 (3): 268 – 295.

[71] Carroll A. B. (1998) . The four faces of corporate citizenship. *Business and Society Review*, 100 (1): 1 – 7.

[72] Carstensen L. L. , Isaacowitz D. M. , & Charles S. T. (1999). Taking time seriously: A theory of socioemotional selectivity. *American Psychologist*, 54 (3): 165.

[73] Carstensen L. L. , Mikels J. A. , & Mather M. (2006) . Fifteen – aging and the intersection of cognition, motivation, and emotion. *Handbook of the Psychology of Aging*, 343 – 362.

[74] Chen J. C. , Patten D. M. , & Roberts R. W. (2008) . Corporate charitable contributions: A corporate social performance or legitimacy strategy? . *Journal of Business Ethics*, 82 (1): 131 – 144.

[75] Cheung M. W. L. , & Chan W. (2005) . Meta – analytic structural equation modeling: A two – stage approach. *Psychological Methods*, 10 (1): 40.

[76] Chughtai A. A. , & Buckley F. (2007) . The relationship between work engagement and foci of trust: A conceptual analysis. *In Proceedings of the* 13*th Asia Pacific Management Conference*, *Melbourne*, *Australia*, 73 – 85.

[77] Cinnirella M. (1998) . Exploring temporal aspects of social identity: The concept of possible social identities. *European Journal of Social Psychol-*

ogy, 28 (2): 227 -248.

[78] Clegg C., Unsworth K., Epitropaki O., & Parker G. (2002). Implicating trust in the innovation process. *Journal of Occupational and Organizational Psychology*, 75 (4): 409 -422.

[79] Colbert A. E., Mount M. K., Harter J. K., Witt L. A., & Barrick M. R. (2004). Interactive effects of personality and perceptions of the work situation on workplace deviance. *Journal of Applied Psychology*, 89 (4): 599.

[80] Collier J., & Esteban R. (2007). Corporate social responsibility and employee commitment. *Business Ethics: A European Review*, 16 (1): 19 -33.

[81] Colquitt J. A., Scott B. A., & Lepine J. A. (2007). Trust, trustworthiness, and trust propensity: A meta - analytic test of their unique relationships with risk taking and job performance. *Journal of Applied Psychology*, 92 (4): 909.

[82] Committee for Economic Development. (1971). *Social responsibilities of business corporations*. New York.

[83] Comte A. (1988). Introduction to positive philosophy, ed. *Frederick Ferré Indianapolis, IN: Hackett*, 4.

[84] Cook K. S., Molm L. D., & Yamagishi T. (1993). Exchange relations and exchange networks: Recent developments in social exchange theory. In J. Berger & M. Zelditch (Eds.), *Theoretical Research Programs: Studies in the Growth of Theory*: 296 -322. Stanford, CA: Stanford University Press.

[85] Cornelius N., Todres M., Janjuha - Jivraj S., Woods A., & Wallace J. (2008). Corporate social responsibility and the social enterprise. *Journal of Business Ethics*, 81 (2): 355 -370.

[86] Crook T. R., Ketchen D. J., Combs J. G., & Todd S. Y. (2008). Strategic resources and performance: A meta - analysis. *Strategic Management Journal*, 29 (11): 1141 -1154.

［87］ Cropanzano R. , & Mitchell M. S. （2005）. Social exchange theory: An interdisciplinary review. *Journal of Management*, 31 （6）: 874 –900.

［88］ Cropanzano R. , Rupp D. E. , Mohler C. J. , & Schminke M. （2001）. Three roads to organizational justice. *Research in Personnel & Human Resources Management*, 20 （1）: 1 –113.

［89］ Daft R. L. （1983）. Learning the craft of organizational research. *Academy of Management Review*, 8 （4）: 539 –546.

［90］ Davis K. （1960）. Can business afford to ignore social responsibilities? . *California Management Review*, 2 （3）: 70 –76.

［91］ Davis K. （1967）. Understanding the social responsibility puzzle. *Business Horizons*, 10 （4）: 45 –50.

［92］ Davis K. （1973）. The case for and against business assumption of social responsibilities. *Academy of Management Journal*, 16 （2）: 312 –322.

［93］ Davis K. , & Blomstrom R. L. （1966）. *Business and its Environment.* McGraw – Hill.

［94］ Dawkins C. E. , Jamali D. , Karam C. , Lin L. , & Zhao J. （2016）. Corporate social responsibility and job choice intentions: A cross – cultural analysis. *Business & Society*, 55 （6）: 1 –35.

［95］ De Luque M. S. , Washburn N. T. , Waldman D. A. , & House R. J. （2008）. Unrequited profit: How stakeholder and economic values relate to subordinates' perceptions of leadership and firm performance. *Administrative Science Quarterly*, 53 （4）: 626 –654.

［96］ De Roeck K. , & Delobbe N. （2012）. Do environmental CSR initiatives serve organizations' legitimacy in the oil industry? Exploring employees' reactions through organizational identification theory. *Journal of Business Ethics*, 110 （4）: 397 –412.

［97］ De Roeck K. , & Maon F. （2016）. Building the theoretical puzzle of employees' reactions to corporate social responsibility: An integrative conceptual framework and research agenda. *Journal of Business Ethics*, 1 –17.

[98] De Roeck K., El Akremi A., & Swaen V. (2016). Consistency matters! How and when does corporate social responsibility affect employees' organizational identification?. *Journal of Management Studies*, 53 (7): 1141 –1168.

[99] De Roeck K., Marique G., Stinglhamber F., & Swaen V. (2014). Understanding employees' responses to corporate social responsibility: Mediating roles of overall justice and organisational identification. *The International Journal of Human Resource Management*, 25 (1): 91 –112.

[100] Dean J. W., Brandes P., & Dharwadkar R. (1998). Organizational cynicism. *Academy of Management Review*, 23 (2): 341 –352.

[101] Deci E. L., & Ryan R. M. (2000). The "what" and "why" of goal pursuits: Human needs and the self –determination of behavior. *Psychological Inquiry*, 11 (4): 227 –268.

[102] Deshpande S. P. (1996). The impact of ethical climate types on facets of job satisfaction: An empirical investigation. *Journal of Business Ethics*, 15 (6): 655 –660.

[103] DeVellis R. F. (1991). Applied Social Research Methods Series, Vol. 26. *Scale Development: Theory and Application.* Newbury Park, CA: Sage.

[104] Dhanesh G. S. (2012). The view from within: Internal publics and CSR. *Journal of Communication Management*, 16 (1): 39 –58.

[105] Dhanesh G. S. (2014). CSR as organization –employee relationship management strategy: A case study of socially responsible information technology companies in India. *Management Communication Quarterly*, 28 (1): 130 –149.

[106] Dirks K. T., & Ferrin D. L. (2001). The role of trust in organizational settings. *Organization Science*, 12 (4): 450 –467.

[107] Dirks K. T., & Ferrin D. L. (2002). Trust in leadership:

Meta – analytic findings and implications for research and practice. *Journal of Applied Psychology*, 87 (4): 611 –628.

[108] Ditlev – Simonsen C. D. (2015). The relationship between Norwegian and Swedish employees' perception of corporate social responsibility and affective commitment. *Business & Society*, 54 (2): 229 –253.

[109] Dodd E. M. (1932). For whom are corporate managers trustees? . *Harvard Law Review*, 45 (7): 1145 –1163.

[110] Dodd E. M. (1942). Book review: Bureaucracy and trusteeship in large corporations. *The University of Chicago Law Review*, 9 (3): 538 –549.

[111] Du S., Bhattacharya C. B., & Sen S. (2007). Reaping relational rewards from corporate social responsibility: The role of competitive positioning. *International Journal of Research in Marketing*, 24 (3): 224 –241.

[112] Du S., Bhattacharya C. B., & Sen S. (2015). Corporate social responsibility, multi – faceted job – products, and employee outcomes. *Journal of Business Ethics*, 131 (2): 319 –335.

[113] Dumont J., Shen J., & Deng X. (2017). Effects of green HRM practices on employee workplace green behavior: The role of psychological green climate and employee green values. *Human Resource Management*, 56 (4): 613 –627.

[114] Dutton J. E., & Dukerich J. M. (1991). Keeping an eye on the mirror: Image and identity in organizational adaptation. *Academy of Management Journal*, 34 (3): 517 –554.

[115] Dutton J. E., Dukerich J. M., & Harquail C. V. (1994). Organizational images and member identification. *Administrative Science Quarterly*, 239 –263.

[116] Dyer J. H., & Chu W. (2003). The role of trustworthiness in reducing transaction costs and improving performance: Empirical evidence from the United States, Japan, and Korea. *Organization Science*, 14 (1): 57 –68.

[117] Earnest D. R. , Allen D. G. , & Landis R. S. (2011) . Mechanisms linking realistic job previews with turnover: A meta - analytic path analysis. *Personnel Psychology*, 64 (4): 865 - 897.

[118] Eells R. , & Walton C. (1974) . *Conceptual foundations of business* (3rd *ed.*) . Burr Ridege, IL: Irwin.

[119] Egger M. , Smith G. D. , Schneider M. , & Minder C. (1997). Bias in meta - analysis detected by a simple, graphical test. *British Medical Journal*, 315 (7109): 629 - 634.

[120] Eisenberger R. , Cummings J. , Armeli S. , & Lynch P. (1997). Perceived organizational support, discretionary treatment, and job satisfaction. *Journal of Applied Psychology*, 82 (5): 812 - 820.

[121] Eisenberger R. , & Stinglhamber F. (1986) . Perceived organizational support. *Journal of Applied Psychology*, 71 (3): 500 - 507.

[122] El Akremi A. , Gond J. P. , Swaen V. , De Roeck K. , & Igalens J. (2015) . How do employees perceive corporate responsibility? Development and validation of a multidimensional corporate stakeholder responsibility scale. *Journal of Management*, 0149206315569311.

[123] Ellemers N. , Kingma L. , van de Burgt J. , & Barreto M. (2011) . Corporate social responsibility as a source of organizational morality, employee commitment and satisfaction. *Journal of organizational Moral psychology*, 1 (2): 97 - 124.

[124] Emerson R. M. (1976) . Social exchange theory. *Annual Review of Sociology*, 2 (1): 335 - 362.

[125] Erdogan B. , Bauer T. N. , & Taylor S. (2015) . Management commitment to the ecological environment and employees: Implications for employee attitudes and citizenship behaviors. *Human Relations*, 68 (11): 1669 - 1691.

[126] Ernst & Young. (2012) . *Six growing trends in corporate sustainability.*

E&Y: Gemany, 1 -32.

[127] Ernst E., & Ernst R. (1978). Social responsibility disclosure. 1978 survey.

[128] Evans W. R., & Davis W. D. (2011). An examination of perceived corporate citizenship, job applicant attraction, and CSR work role definition. *Business & Society*, 50 (3): 456 -480.

[129] Evans W. R., & Davis W. D. (2014). Corporate citizenship and the employee: An organizational identification perspective. *Human Performance*, 27 (2): 129 -146.

[130] Evans W. R., Davis W. D., & Frink D. D. (2011a). An examination of employee reactions to perceived corporate citizenship. *Journal of Applied Social Psychology*, 41 (4): 938 -964.

[131] Evans W. R., Goodman J. M., & Davis W. D. (2011b). The impact of perceived corporate citizenship on organizational cynicism, OCB, and employee deviance. *Human Performance*, 24 (1): 79 -97.

[132] Farooq M., Farooq O., & Jasimuddin S. M. (2014a). Employees' response to corporate social responsibility: Exploring the role of employees' collectivist orientation. *European Management Journal*, 32 (6): 916 -927.

[133] Farooq O., Payaud M., Merunka D., & Valette - Florence P. (2014b). The impact of corporate social responsibility on organizational commitment: Exploring multiple mediation mechanisms. *Journal of Business Ethics*, 125 (4): 563 -580.

[134] Farooq O., Rupp D. E., & Farooq M. (2017). The multiple pathways through which internal and external corporate social responsibility influence organizational identification and multifoci outcomes: The moderating role of cultural and social orientations. *Academy of Management Journal*, 60 (3): 954 -985.

[135] Fishbein M., & Ajzen I. (1975). *Belief, attitude, intention*

and behavior: *An introduction to research and theory*. Reading, PA: Addison – Wesley.

[136] Fombrun C. J., Gardberg N. A., & Barnett M. L. (2000). Opportunity platforms and safety nets: Corporate citizenship and reputational risk. *Business and Society Review*, 105 (1): 85 – 106.

[137] Fombrun C., & Shanley M. (1990). What's in a name? Reputation building and corporate strategy. *Academy of Management Journal*, 33 (2): 233 – 258.

[138] Foote N. N. (1951). Identification as the basis for a theory of motivation. *American Sociological Review*, 16 (1): 14 – 21.

[139] Fornell C., & Larcker D. F. (1981). Evaluating structural equation models with unobservable variables and measurement error. *Journal of Marketing Research*, 39 – 50.

[140] Frederick W. C. (1960). The growing concern over business responsibility. *California Management Review*, 2 (4): 54 – 61.

[141] Frederick W. C. (1978). From CSR_1 to CSR_2: The maturing of business – and – society thought. Working Paper.

[142] Freeman R. E. (1984). *Stakeholder management*: *Framework and philosophy*. Pitman, Mansfield, MA.

[143] Friedman M. (1962): *Capitalism and Freedom*. The University of Chicago Press, Chicago, IL.

[144] Friedman M. (1970): The social responsibility of business is to increase its profits. *New York Times Magazine*, 122 – 124.

[145] Fu H., Ye B. H., & Law R. (2014). You do well and I do well? The behavioral consequences of corporate social responsibility. *International Journal of Hospitality Management*, 40: 62 – 70.

[146] Gagné M., & Deci E. L. (2005). Self – determination theory and work motivation. *Journal of Organizational Behavior*, 26 (4): 331 – 362.

[147] Garriga E., & Melé D. (2004). Corporate social responsibility theories: Mapping the territory. *Journal of Business Ethics*, 53 (1): 51 – 71.

[148] Gavin J. F., & Maynard W. S. (1975). Perceptions of corporate social responsibility. *Personnel Psychology*, 28 (3): 377 – 387.

[149] George J. M., & Brief A. P. (1992). Feeling good – doing good: A conceptual analysis of the mood at work – organizational spontaneity relationship. *Psychological Bulletin*, 112 (2): 310.

[150] George J. M., & Jones G. R. (1997). Organizational spontaneity in context. *Human Performance*, 10 (2): 153 – 170.

[151] Gill A. S. (2008). The role of trust in employee – manager relationship. *International Journal of Contemporary Hospitality Management*, 20 (1): 98 – 103.

[152] Glavas A. (2016). Corporate social responsibility and organizational psychology: An integrative review. *Frontiers in Psychology*, doi: 10.3389/fpsyg.2016.00144.

[153] Glavas A., & Kelley K. (2014). The effects of perceived corporate social responsibility on employee attitudes. *Business Ethics Quarterly*, 24 (2): 165 – 202.

[154] Glavas A., & Piderit S. K. (2009). How does doing good matter? Effects of corporate citizenship on employees. *Journal of Corporate Citizenship*, 22 (5): 271 – 274.

[155] Gond J. P., El Akremi A., Swaen V., & Babu N. (2017). The psychological microfoundations of corporate social responsibility: A person – centric systematic review. *Journal of Organizational Behavior*, 38 (2): 225 – 246.

[156] Gond J. P., El – Akremi A., Igalens J., & Swaen V. (2010). Corporate social responsibility influence on employees. *Akremi*, 125 – 130.

[157] Gond J. P., Igalens J., Swaen V., & El Akremi A. (2011). The human resources contribution to responsible leadership: An exploration of the

CSR – HR interface. *Journal of Business Ethics*, 98 (1): 115 – 132.

[158] Gouldner A. W. (1960). The norm of reciprocity: A preliminary statement. *American Sociological Review*, 25: 161 – 178.

[159] Gouldner H. P. (1960). Dimensions of organizational commitment. *Administrative Science Quarterly*, 468 – 490.

[160] Grant A. M., & Berry J. W. (2011). The necessity of others is the mother of invention: Intrinsic and prosocial motivations, perspective taking, and creativity. *Academy of Management Journal*, 54 (1): 73 – 96.

[161] Greening D. W., & Turban D. B. (2000). Corporate social performance as a competitive advantage in attracting a quality workforce. *Business & Society*, 39 (3): 254 – 280.

[162] Gully S. M., Phillips J. M., Castellano W. G., Han K., & Kim A. (2013). A mediated moderation model of recruiting socially and environmentally responsible job applicants. *Personnel Psychology*, 66 (4): 935 – 973.

[163] Gupta M. (2017). Corporate social responsibility, employee – company identification, and organizational commitment: Mediation by employee engagement. *Current Psychology*, 34 (3): 1 – 9.

[164] Habisch A., Meister H. P., & Schmidpeter R. (Eds.). (2001). *Corporate citizenship as investing in social capital.* Berlin: Logos.

[165] Heider F. (1958). *The psychology of interpersonal relations.* New York: Wiley.

[166] Hall, D. T., Schneider, B., & Nygren, H. T. (1970). Personal factors in organizational identification. *Administrative Science Quarterly*, 176 – 190.

[167] Hansen S. D., Dunford B. B., Boss A. D., Boss R. W., & Angermeier I. (2011). Corporate social responsibility and the benefits of employee trust: A cross – disciplinary perspective. *Journal of Business Ethics*, 102 (1): 29 – 45.

[168] Haslam S. A. (2001). Your wish is our command: The role of shared social identity. *Social Identity Processes in Organizational Contexts*, 213.

[169] Hayek F. A. (1960). *The Constitution of Liberty*. Chicago: Chicago University Press.

[170] Hayes A. F. (2013). *Introduction to mediation, moderation, and conditional process analysis: A regression – based approach*. Guilford Press.

[171] Hekman D. R., Bigley G. A., Steensma H. K., & Hereford J. F. (2009). Combined effects of organizational and professional identification on the reciprocity dynamic for professional employees. *Academy of Management Journal*, 52 (3): 506 – 526.

[172] Herndon N. C., Fraedrich J. P., & Yeh Q. J. (2001). An investigation of moral values and the ethical content of the corporate culture: Taiwanese versus US sales people. *Journal of Business Ethics*, 30 (1): 73 – 85.

[173] Herrbach O., & Mignonac K. (2004). How organizational image affects employee attitudes. *Human Resource Management Journal*, 14 (4): 76 – 88.

[174] Higgins J. P., Thompson S. G., Deeks J. J., & Altman D. G. (2003). Measuring inconsistency in meta – analyses. *British Medical Journal*, 327 (7414): 557.

[175] Hillenbrand C., Money K., & Ghobadian A. (2013). Unpacking the mechanism by which corporate responsibility impacts stakeholder relationships. *British Journal of Management*, 24 (1): 127 – 146.

[176] Hodson R. (2004). Organizational trustworthiness: Findings from the population of organizational ethnographies. *Organization Science*, 15 (4): 432 – 445.

[177] Hofman P. S., & Newman A. (2014). The impact of perceived corporate social responsibility on organizational commitment and the moderating role of collectivism and masculinity: Evidence from china. *International Journal*

of Human Resource Management, 25 (5): 631 –652.

[178] Hofstede G. H. (2001). *Culture's Consequences: Comparing Values, Behaviors, Institutions and Organizations Across Nations.* Thousand Oaks CA: Sage. Edn, Sage Publications, Inc, Thousand Oaks.

[179] Hogg M. A., & Abrams D. E. (1993). *Group motivation: Social psychological perspectives.* Harvester Wheatsheaf.

[180] Hogg M. A., & Terry D. I. (2000). Social identity and self – categorization processes in organizational contexts. *Academy of Management Review*, 25 (1): 121 –140.

[181] Hogg M. A., Terry D. J., & White K. M. (1995). A tale of two theories: A critical comparison of identity theory with social identity theory. *Social Psychology Quarterly*, 255 –269.

[182] Holme R., & Watts P. (2000). *Corporate social responsibility: Making good business sense.* Geneva: World Business Council for Sustainable Development.

[183] Holmes S. L. (1976). Executive perceptions of corporate social responsibility. *Business Horizons*, 19: 34 –40.

[184] Homans G. C. (1958). Social behavior as exchange. *American Journal of Sociology*, 63 (6): 597 –606.

[185] Hornsey M. J. (2008). Social identity theory and self – categorization theory: A historical review. *Social and Personality Psychology Compass*, 2 (1): 204 –222.

[186] Hou M., Liu H., Fan P., & Wei Z. (2016). Does CSR practice pay off in East Asian firms? A meta – analytic investigation. *Asia Pacific Journal of Management*, 33 (1): 195 –228.

[187] Hsieh Y. H., & Chan J. Y. (2012). Corporate social responsibility: A concern among employees. *Human Systems Management*, 31 (3): 219 – 230.

[188] Hulin C. L. (2014). Work and being: The meanings of work in contemporary society. *In The Nature of Work: Advances in Psychological Theory, Methods, and Practice*, eds J. K. Ford, J. R. Hollenbeck, and A. M. Ryan (Washington, DC: American Psychological Association): 9 – 33.

[189] Hunter J. E., & Schmidt F. L. (1990). Dichotomization of continuous variables: The implications for meta – analysis. *Journal of Applied Psychology*, 75 (3): 334 – 349.

[190] Hunter J. E., & Schmidt F. L. (2004). *Methods of Meta – Analysis: Correcting Error and Bias in Research Findings.* Thousand Oaks, CA: SAGE Publications.

[191] Hur W. M., Moon T. W., & Ko S. H. (2016). How employees' perceptions of csr increase employee creativity: Mediating mechanisms of compassion at work intrinsic motivation. *Journal of Business Ethics*, 1 – 16.

[192] Ibrahim N. A., Angelidis J. P. (1994). Effect of board members' gender on corporate social responsiveness orientation. Journal of Applied Business Research, 10 (1): 35 – 40.

[193] Jamali D., & Mirshak R. (2007). Corporate social responsibility (CSR): Theory and practice in a developing country context. *Journal of Business Ethics*, 72 (3): 243 – 262.

[194] Javidan M., House R. J., Dorfman P. W., Hanges P. J., & De Luque M. S. (2006). Conceptualizing and measuring cultures and their consequences: A comparative review of GLOBE's and Hofstede's approaches. *Journal of International Business Studies*, 37 (6): 897 – 914.

[195] Johnson H. L. (1971). *Business in contemporary society: Framework and issues.* Belmont, CA: Wadsworth.

[196] Johnson R. A., & Greening D. W. (1999). The effects of corporate governance and institutional ownership types on corporate social performance. *Academy of Management Journal*, 42 (5): 564 – 576.

[197] Jones D. A. (2010). Does serving the community also serve the company? Using organizational identification and social exchange theories to understand employee responses to a volunteerism programme. *Journal of Occupational and Organizational Psychology*, 83 (4): 857 -878.

[198] Jones D. A., Willness C. R., & Madey S. (2014). Why are job seekers attracted by corporate social performance? Experimental and field tests of three signal - based mechanisms. *Academy of Management Journal*, 57 (2): 383 -404.

[199] Jones D. A, Rupp D. (2014). Social responsibility IN and OF organizations: The psychology of corporate social responsibility among organizational members. *In Handbook of Industrial, Work, and Organizational Psychology*, ed. N Anderson, DS Ones, HK Sinangil, C Viswesvaran. Thousand Oaks, CA: Sage. In Press.

[200] Kahn W. A. (1990). Psychological conditions of personal engagement and disengagement at work. *Academy of Management Journal*, 33 (4): 692 -724.

[201] Kanter R. M. (1999). From spare change to real change: The social sector as beta site for business innovation. *Harvard Business Review*, 77: 122 -133.

[202] Kim C. H., & Scullion H. (2013). The effect of corporate social responsibility (CSR) on employee motivation: A cross - national study. *Poznan University of Economics Review*, 13 (2): 5 -30.

[203] Kim H. R., Lee M., Lee H. T., & Kim N. M. (2010). Corporate social responsibility and employee - company identification. *Journal of Business Ethics*, 95 (4): 557 -569.

[204] Klassen R. D., & Whybark D. C. (1999). The impact of environmental technologies on manufacturing performance. *Academy of Management Journal*, 42 (6): 599 -615.

[205] Konovsky M. A. (2000). Understanding procedural justice and its impact on business organizations. *Journal of Management*, 26: 489 – 513.

[206] Konovsky M. A., & Pugh S. D. (1994). Citizenship behavior and social exchange. *Academy of Management Journal*, 37 (3): 656 – 669.

[207] Korschun D., Bhattacharya C. B., & Swain S. D. (2014). Corporate social responsibility, customer orientation, and the job performance of frontline employees. *Journal of Marketing*, 78 (3): 20 – 37.

[208] Lang F. R., & Carstensen L. L. (2002). Time counts: Future time perspective, goals, and social relationships. *Psychology and Aging*, 17 (1): 125 – 139.

[209] Lee E. M., Park S. Y., & Lee H. J. (2013). Employee perception of CSR activities: Its antecedents and consequences. *Journal of Business Research*, 66 (10): 1716 – 1724.

[210] Lee Y. K., Kim Y. S., Lee K. H., & Li D. X. (2012). The impact of CSR on relationship quality and relationship outcomes: A perspective of service employees. *International Journal of Hospitality Management*, 31 (3): 745 – 756.

[211] Lichtenstein D. R., Drumwright M. E., & Braig B. M. (2004). The effect of corporate social responsibility on customer donations to corporate – supported nonprofits. *Journal of Marketing*, 68 (4): 16 – 32.

[212] Liden R. C., Sparrowe R. T., & Wayne S. J. (1997). Leader – member exchange theory: The past and potential for the future. In G. R. Ferris (Ed.) *Research in Personnel and Human Resources Management*, 15: 47 – 119: Greenwich, CT: JAI.

[213] Lin C. P. (2010). Modeling corporate citizenship, organizational trust, and work engagement based on attachment theory. *Journal of Business Ethics*, 94 (4): 517 – 531.

[214] Lin C. P., Lyau N. M., Tsai Y. H., Chen W. Y., & Chiu C. K.

(2010). Modeling corporate citizenship and its relationship with organizational citizenship behaviors. *Journal of Business Ethics*, 95 (3): 357 - 372.

[215] Lind E. A. (2001). Thinking critically about justice judgments. *Journal of Vocational Behavior*, 58 (2): 220 - 226.

[216] Livingston B. A., & Judge T. A. (2008). Emotional responses to work - family conflict: An examination of gender role orientation among working men and women.

[217] Locke E. A. (1976). The nature and causes of job satisfaction. In M. D. Dunnette (Ed.), *Handbook of industrial and organizational psychology*, 1297 - 1343. Chicago, IL: Rand McNally.

[218] Lynch P. D., Eisenberger R., & Armeli S. (1999). Perceived organizational support: Inferior versus superior performance by wary employees. *Journal of Applied Psychology*, 84 (4): 467 - 483.

[219] Mael F. A., & Ashforth B. E. (1995). Loyal from day one: Biodata, organizational identification, and turnover among newcomers. *Personnel psychology*, 48 (2): 309 - 333.

[220] Mael F., & Ashforth B. E. (1992). Alumni and their alma mater: A partial test of the reformulated model of organizational identification. *Journal of Organizational Behavior*, 13 (2): 103 - 123.

[221] Maignan I., & Ferrell O. C. (2000). Measuring corporate citizenship in two countries: The case of the United States and France. *Journal of Business Ethics*, 23 (3): 283 - 297.

[222] Maignan I., & Ferrell O. C. (2001). Antecedents and benefits of corporate citizenship: An investigation of French businesses. *Journal of Business Research*, 51: 37 - 51.

[223] Maignan I., & Ferrell O. C. (2004). Corporate social responsibility and marketing: An integrative framework. *Journal of the Academy of Marketing Science*, 32 (1): 3 - 19.

[224] Maignan I. , Ferrell O. C. , & Hult G. T. M. (1999). Corporate citizenship: Cultural antecedents and business benefits. *Journal of the Academy of Marketing Science*, 27 (4): 455 –469.

[225] Malinowski B. (1932) . *Crime and custom in savage society.* London: Paul, Trench, Trubner.

[226] Mallory D. B. , &Rupp D. E. (2014). Good leadership: Using corporate social responsibility to enhance leader – member exchange. In T. Bauer, & B. Erdogan (Eds.), *The Oxford handbook of leader – member exchange.* University of Oxford Press.

[227] Manne H. G. (1962). The "higher criticism" of the modern corporation. *Columbia Law Review*, 62 (3): 399 –432.

[228] March J. G. , & Simon H. A. (1958). *Organizations.* New York: Wiley.

[229] Markus H. R. , & Kitayama S. (1991). Culture and the self: Implications for cognition, emotion, and motivation. *Psychological Review*, 98 (2): 224.

[230] Marsden C. (2000). The new corporate citizenship of big business: Part of the solution to sustainability. *Business and Society Review*, 105 (1): 9 –25.

[231] Mathieu J. E. , & Zajac D. M. (1990). A review and meta – analysis of the antecedents, correlates, and consequences of organizational commitment. *Psychological Bulletin*, 108 (2): 171.

[232] Matten D. , & Crane A. (2005). Corporate citizenship: Toward an extended theoretical conceptualization. *Academy of Management Review*, 30 (1): 166 –179.

[233] Mauss M. (1967). *The gift: Forms and functions of exchange in archaic societies.* New York: Norton.

[234] May D. R. , Gilson R. L. , & Harter L. M. (2004). The psycho-

logical conditions of meaningfulness, safety and availability and the engagement of the human spirit at work. *Journal of Occupational and Organizational Psychology*, 77 (1): 11 -37.

[235] Mayer R. C., Davis J. H., & Schoorman F. D. (1995). An integrative model of organizational trust. *Academy of Management Review*, 20 (3): 709 -734.

[236] McGuire J. W. (1963). *Business and society*. McGraw - hill.

[237] McNeely B. L., & Meglino B. M. (1994). The role of dispositional and situational antecedents in prosocial organizational behavior: An examination of the intended beneficiaries of prosocial behavior. *Journal of Applied Psychology*, 79 (6): 836.

[238] McWilliams A., & Siegel D. (2000). Corporate social responsibility and financial performance. *Strategic Management Journal*, 21 (5): 603 - 609.

[239] McWilliams A., & Siegel D. (2001). Corporate social responsibility: A theory of the firm perspective. *Academy of Management Review*, 26 (1): 117 -127.

[240] Meyer J. P., & Allen N. J. (1984). Testing the "side - bet theory" of organizational commitment: Some methodological considerations. *Journal of Applied Psychology*, 69 (3): 372.

[241] Mishra J., & Morrissey M. A. (1990). Trust in employee/employer relationships: A survey of West Michigan managers. *Public Personnel Management*, 19 (4): 443 -486.

[242] Molm L. D. (1994). Dependence and risk: Transforming the structure of social exchange. *Social Psychology Quarterly*, 57: 163 -176.

[243] Molm L. D., & Cook K. S. (1995). Social exchange and exchange networks. *Sociological Perspectives on Social Psychology*, 2: 209 -235.

[244] Molm L. D., Peterson G., & Takahashi N. (1999). Power in ne-

gotiated and reciprocal exchange. *American Sociological Review*, 64: 876 – 890.

[245] Montgomery D. B., Ramus C. A. (2003). Corporate social responsibility reputation effects on MBA job choice. Res. Pap. No. 1805. Stanford Graduate School of Business, Stanford, CA.

[246] Montgomery C., & Stone G. (2009). Revisiting consumer environmental responsibility: A five nation cross – cultural analysis and comparison of consumer ecological opinions and behaviors. *Social Science Electronic Publishing*, 23 (4): 1140 – 1147.

[247] Moon T. W., Hur W. M., Ko S. H., Kim J. W., & Yoon S. W. (2014). Bridging corporate social responsibility and compassion at work: Relations to organizational justice and affective organizational commitment. *Career Development International*, 19 (1): 49 – 72.

[248] Morgan R. M., & Hunt S. D. (1994). The commitment – trust theory of relationship marketing. *Journal of Marketing*, 20 – 38.

[249] Mory L., Wirtz B. W., & Göttel V. (2016). Factors of internal corporate social responsibility and the effect on organizational commitment. *The International Journal of Human Resource Management*, 27 (13): 1393 – 1425.

[250] Mueller K., Hattrup K., Spiess S. O., & Linhi N. (2012). The effects of corporate social responsibility on employees' affective commitment: A cross – cultural investigation. *Journal of Applied Psychology*, 97 (6): 1186 – 1200.

[251] Newman A., Nielsen I., & Miao Q. (2015). The impact of employee perceptions of organizational corporate social responsibility practices on job performance and organizational citizenship behavior: Evidence from the Chinese private sector. *The International Journal of Human Resource Management*, 26 (9): 1226 – 1242.

[252] Nunnally J. C. (1978). *Psychometric theory.* McGraw Hill, New York.

[253] Nyhan R. C. , & Marlowe Jr H. A. (1997). Development and psychometric properties of the organizational trust inventory. *Evaluation Review*, 21 (5): 614 - 635.

[254] Oldham G. R. , & Cummings A. (1996). Employee creativity: Personal and contextual factors at work. *Academy of Management Journal*, 39 (3): 607 - 634.

[255] Organ D. W. (1988). *Organizational citizenship behavior: The good soldier syndrome*. Lexington Books/DC Heath and Com.

[256] Organ D. W. (1990). The motivational basis of organizational citizenship behavior. *Research in Organizational Behavior*, 12 (1): 43 - 72.

[257] Organ D. W. , & Lingl A. (1995). Personality, satisfaction, and organizational citizenship behavior. *The Journal of Social Psychology*, 135 (3): 339 - 350.

[258] Organ D. W. , & Ryan K. (1995). A meta - analytic review of attitudinal and dispositional predictors of organizational citizenship behavior. *Personnel Psychology*, 48 (4): 775 - 802.

[259] Panagopoulos N. G. , Rapp A. A. , & Vlachos P. A. (2016). I think they think we are good citizens: Meta - perceptions as antecedents of employees' reactions to corporate social responsibility. *Journal of Business Research*, 69 (8): 2781 - 2790.

[260] Pandey A. , & Gupta R. K. (2008). A perspective of collective consciousness of business organizations. *Journal of Business Ethics*, 80 (4): 889 - 898.

[261] Papamarcos S. D. , & Sama L. M. (1998). Managing diversity: Individual differences in work - related values, gender, and the job characteristics - job involvement linkage. *International Journal of Management*, 15: 431 - 440.

[262] Patchen M. (1970). *Participation, achievement and involvement on*

the job. Englewood Cliffs, NJ: Prentice – Hall.

[263] Peterson D. K. (2004). The relationship between perceptions of corporate citizenship and organizational commitment. *Business & Society*, 43 (3): 296 – 319.

[264] Pivato S., Misani N., & Tencati A. (2008). The impact of corporate social responsibility on consumer trust: The case of organic food. *Business Ethics: A European Review*, 17 (1): 3 – 12.

[265] Podsakoff N. P., Whiting S. W., Podsakoff P. M., & Blume B. D. (2009). Individual – and organizational – level consequences of organizational citizenship behaviors: A meta – analysis. *Journal of Applied Psychology*, 94 (1): 122 – 141.

[266] Podsakoff P. M., MacKenzie S. B., Lee J. Y., & Podsakoff N. P. (2003). Common method biases in behavioral research: A critical review of the literature and recommended remedies. *Journal of Applied Psychology*, 88 (5): 879.

[267] Podsakoff P. M., MacKenzie S. B., Moorman R. H., & Fetter R. (1990). Transformational leader behaviors and their effects on followers' trust in leader, satisfaction, and organizational citizenship behaviors. *The Leadership Quarterly*, 1 (2): 107 – 142.

[268] Podsakoff P. M., MacKenzie S. B., Paine J. B., & Bachrach D. G. (2000). Organizational citizenship behaviors: A critical review of the theoretical and empirical literature and suggestions for future research. *Journal of Management*, 26 (3): 513 – 563.

[269] Porter L. W., Steers R. M., Mowday R. T., & Boulian P. V. (1974). Organizational commitment, job satisfaction, and turnover among psychiatric technicians. *Journal of Applied Psychology*, 59 (5): 603.

[270] Porter M. E., & Kramer M. R. (2002). The competitive advantage of corporate philanthropy. *Harvard Business Review*, 80 (12): 56 – 68.

[271] Porter M. E., & Kramer M. R. (2004). Strategy and society: The link between competitive advantage and corporate social responsibility. *Harvard Business Review*, 84 (12): 5 - 12.

[272] Preacher K. J., & Hayes A. F. (2008). Asymptotic and resampling strategies for assessing and comparing indirect effects in multiple mediator models. *Behavior Research Methods*, 40 (3): 879 - 891.

[273] Preston L. E., & Post J. E. (1975). *Private management and public policy* (Englewood Cliffs). Pretice: Hall.

[274] Rahman S., Haski - Leventhal D., & Pournader M. (2016). The effect of employee CSR attitudes on job satisfaction and organizational commitment: Evidence from the Bangladeshi banking industry. *Social Responsibility Journal*, 12 (2): 228 - 246.

[275] Ramus C. A., & Steger U. (2000). The roles of supervisory support behaviors and environmental policy in employee "Ecoinitiatives" at leading - edge European companies. *Academy of Management Journal*, 43 (4): 605 - 626.

[276] Reichers A. E., Wanous J. P., & Austin J. T. (1997). Understanding and managing cynicism about organizational change. *The Academy of Management Executive*, 11 (1): 48 - 59.

[277] Rhoades L., & Eisenberger R. (2002). Perceived organizational support: A review of the literature. *Journal of Appllied Psychology*, 87 (4): 698 - 714.

[278] Rhoades L., Eisenberger R., & Armeli S. (2001). Affective commitment to the organization: The contribution of perceived organizational support. *Journal of Applied Psychology*, 86 (5): 825.

[279] Rich B. L., Lepine J. A., & Crawford E. R. (2010). Job engagement: Antecedents and effects on job performance. *Academy of Management Journal*, 53 (3): 617 - 635.

[280] Riketta M. (2005). Organizational identification: A meta - analysis. *Journal of Vocational Behavior*, 66 (2): 358 - 384.

[281] Robinson S. L. (1996). Trust and breach of the psychological contract. *Administrative Science Quarterly*, 574 - 599.

[282] Robinson S. L., & Bennett R. J. (1997). Workplace deviance: Its definition, its manifestations, and its causes. *Research on Negotiations in Organizations*, 6: 3 - 27.

[283] Rodrigo P., & Arenas D. (2008). Do employees care about CSR programs? A typology of employees according to their attitudes. *Journal of Business Ethics*, 83 (2): 265 - 283.

[284] Rokeach M. (1973). *The Nature of Human Values.* Free press.

[285] Rosenthal R., & DiMatteo M. R. (2001). Meta - analysis: Recent developments in quantitative methods for literature reviews. *Annual Review of Psychology*, 52 (1): 59 - 82.

[286] Rothstein H. R., & Hopewell S. Grey literature. (2009). In H. Cooper, L. V. Hedges, & J. C. Valentine (Eds.), *The Handbook of Research Synthesis and Meta - analysis*, Vol. 2: 103 - 125. New York: Russell Sage Foundation.

[287] Rousseau D. M. (1995). *Psychological contracts in organizations: Understanding written and unwritten agreements.* Thousand Oaks, CA: Sage.

[288] Rousseau D. M., & McLean Parks, J. (1993). The contracts of individuals and organizations. *Research in Organizational Behavior*, 15: 1 - 1.

[289] Royer I., & Zarlowski P. (2001). *Research design. Doing management research.* London: Sage Publications.

[290] Rupp D. E., & Mallory D. B. (2015). Corporate social responsibility: Psychological, person - centric, and progressing. *Annual Review of Organizational Psychology and Organizational Behavior*, 2 (1): 211 - 236.

[291] Rupp D. E., Ganapathi J., Aguilera R. V., & Williams C. A.

(2006). Employee reactions to corporate social responsibility: An organizational justice framework. *Journal of Organizational Behavior*, 27 (4): 537 –543.

[292] Rupp D. E., Shao R., Thornton M. A., & Skarlicki D. P. (2013a). Applicants "and employees" reactions to corporate social responsibility: The moderating effects of first - party justice perceptions and moral identity. *Personnel Psychology*, 66 (4): 895 –933.

[293] Rupp D. E., Skarlicki D., & Shao R. (2013b). The psychology of corporate social responsibility and humanitarian work: A person – centric perspective. *Industrial and Organizational Psychology*, 6 (4): 361 –368.

[294] Rupp E. D. (2011). An employee – centered model of organizational justice and social responsibility. *Organizational Psychology Review*, 1 (1): 72 –94.

[295] Rynes S. L. 1991. Recruitment, job choice, and post – hire consequences: A call for new research directions. *In Handbook of Industrial and Organizational Psychology*, ed. MD Dunnette, LM Hough, pp. 399 – 444. Palo Alto, CA: Consult. Psychol. Press.

[296] Schaufeli W. B., Salanova M., González – Romá V., & Bakker A. B. (2002). The measurement of engagement and burnout: A two sample confirmatory factor analytic approach. *Journal of Happiness Studies*, 3 (1): 71 –92.

[297] Schmidt F. L. (1992). What do data really mean? Research findings, metaanalysis, and cumulative knowledge in psychology. *American Psychologist*, 47 (10): 1173.

[298] Schoorman F. D., Mayer R. C., & Davis J. H. (2007). An integrative model of organizational trust: Past, present, and future. *Academy of Management Review*, 32 (2): 344 –354.

[299] Schwepker C. H. (2001). Ethical climate's relationship to job satisfaction, organizational commitment, and turnover intention in the salesforce. *Journal of Business Research*, 54 (1): 39 –52.

[300] Scott S. G. , & Bruce R. A. (1994). Determinants of innovative behavior: A path model of individual innovation in the workplace. *Academy of Management Journal*, 37 (3): 580 – 607.

[301] Sen S. , Bhattacharya C. B. , & Korschun D. (2006). The role of corporate social responsibility in strengthening multiple stakeholder relationships: A field experiment. *Journal of the Academy of Marketing Science*, 34 (2): 158 – 166.

[302] Sethi S. P. (1975). Dimensions of corporate social performance: An analytical framework. *California Management Review*, 17 (3): 58 – 64.

[303] Shadish W. R. , Cook T. D. , & Campbell D. T. (2002). Construct validity and external validity. *Experimental and quasi – experimental designs for generalized causal inference*, 64 – 102.

[304] Sharma S. (2000). Managerial interpretations and organizational context as predictors of corporate choice of environmental strategy. *Academy of Management Journal*, 43 (4): 681 – 697.

[305] Sheel R. C. , & Vohra N. (2016). Relationship between perceptions of corporate social responsibility and organizational cynicism: The role of employee volunteering. *The International Journal of Human Resource Management*, 27 (13): 1373 – 1392.

[306] Sheldon O. (1923). *The philosophy of management.* London: Sir Isaac Pitman and Sons.

[307] Shen J. , & Benson J. (2016). When CSR is a social norm: How socially responsible human resource management affects employee work behavior. *Journal of Management*, 42 (6): 1723 – 1746.

[308] Shen J. , & Zhu C. (2011). Effects of socially responsible human resource management on employee organizational commitment. *The International Journal of Human Resource Management*, 22 (15): 3020 – 3035.

[309] Shen J. , Dumont J. , & Deng X. (2016). Employees' perceptions of

green HRM and non - green employee work outcomes: The social identity and stakeholder perspectives. *Group & Organization Management*, doi: 1059601116664610.

[310] Shin I., Hur W. M., & Kang S. (2016). Employees' perceptions of corporate social responsibility and job performance: A sequential mediation model. *Sustainability*, 8 (5): 493. doi: 10.3390/su8050493.

[311] Shore L. M., & Shore T. H. (1995). Perceived organizational support and organizational justice. *Organizational Politics, Justice, and Support: Managing the Social Climate of the Workplace*, 149 - 164.

[312] Shore L. M., & Wayne S. J. (1993). Commitment and employee behavior: Comparison of affective commitment and continuance commitment with perceived organizational support. *Journal of Applied Psychology*, 78 (5): 774 - 800.

[313] Shore L. M., Tetrick L. E., Lynch P., & Barksdale K. (2006). Social and economic exchange: Construct development and validation. *Journal of Applied Social Psychology*, 36 (4): 837 - 867.

[314] Simmons G. J. (1990). *How to (Really) Share a Secret. Advances in Cryptology*. Springer New York.

[315] Singhapakdi A., Lee D. J., Sirgy M. J., & Senasu K. (2015). The impact of incongruity between an organization's CSR orientation and its employees "CSR orientation on employees" quality of work life. *Journal of Business Research*, 68 (1): 60 - 66.

[316] Sirdeshmukh D., Singh, J., & Sabol B. (2002). Consumer trust, value, and loyalty in relational exchanges. *Journal of Marketing*, 66 (1): 15 - 37.

[317] Smidts A., Pruyn A. T. H., & Van Riel C. B. (2001). The impact of employee communication and perceived external prestige on organizational identification. *Academy of Management Journal*, 44 (5): 1051 - 1062.

[318] Sonnenfeld J. (1982). Measuring corporate social performance. *In*

Academy of Management Proceedings. Academy of Management, 1: 371 – 375.

[319] Spanjol J., Tam L., & Tam V. (2015). Employer – employee congruence in environmental values: An exploration of effects on job satisfaction and creativity. *Journal of Business Ethics*, 130 (1): 117 – 130.

[320] Spector P. E. (2006). Method variance in organizational research truth or urban legend? *Organizational Research Methods*, 9 (2): 221 – 232.

[321] Spreitzer G. M., & Mishra A. K. (2002). To stay or to go: Voluntary survivor turnover following an organizational downsizing. *Journal of Organizational Behavior*, 23 (6): 707 – 729.

[322] Stawiski S., Deal J. J., & Gentry W. (2010). Employee perceptions of corporate social responsibility. *Center for Creative Leadership*, *Greensboro*, *NC*.

[323] Stinglhamber F., Cremer D. D., & Mercken L. (2006). Perceived support as a mediator of the relationship between justice and trust: A multiple foci approach. *Group & Organization Management*, 31 (4): 442 – 468.

[324] Stites J. P., & Michael J. H. (2011). Organizational commitment in manufacturing employees: Relationships with corporate social performance. *Business & Society*, 50 (1): 50 – 70.

[325] Strike V. M., Gao J., & Bansal P. (2006). Being good while being bad: Social responsibility and the international diversification of US firms. *Journal of International Business Studies*, 37 (6): 850 – 862.

[326] Suh Y. J. (2016). The role of relational social capital and communication in the relationship between csr and employee attitudes: A multilevel analysis. *Journal of Leadership & Organizational Studies*, 23 (4): 410 – 423.

[327] Tajfel H. (1974). Social identity and intergroup behaviour. *Social Science Information*, 13 (13): 65 – 93.

[328] Tajfel H. (1975). The exit of social mobility and the voice of social change: Notes on the social psychology of intergroup relations. *Information* (*In-*

ternational Social Science Council), 14 (2): 101 - 118.

[329] Tajfel H. (1978). Social categorization, social identity, and social comparison. In H. Tajfel (Ed.), *Differentiation between social groups: Studies in the social psychology of intergroup relations*. London: Academic Press, 61 - 76.

[330] Tajfel H. (1981). *Human groups and social categories: Studies in social psychology*. CUP Archive.

[331] Tajfel H., & Turner J. C. (1979). An integrative theory of intergroup conflict. *The Social Psychology of Intergroup Relations*, 33 (47): 74.

[332] Tajfel H., & Turner J. C. (1986). The social identity theory of inter group behavior. In S Worchel & WG Austin (Eds) *Psychology of intergroup relations. Chicago: Nels*on.

[333] Tajfel H., & Wilkes A. L. (1963). Classification and quantitative judgement. *British Journal of Psychology*, 54 (2): 101 - 114.

[334] Tan H. H., & Tan C. S. (2000). Toward the differentiation of trust in supervisor and trust in organization. *Genetic, Social, and General Psychology Monographs*, 126 (2): 241.

[335] Thompson S. G., & Higgins J. P. (2005). Can meta - analysis help target interventions at individuals most likely to benefit? . *The Lancet*, 365 (9456): 341 - 346.

[336] Townsend P., & Gebhardt J. (2008). Employee engagement - completely. *Human Resource Management International Digest*, 16 (3): 22 - 24.

[337] Treadway D. C., Breland J. W., Adams G. L., Duke A. B., & Williams L. A. (2010). The interactive effects of political skill and future time perspective on career and community networking behavior. *Social Networks*, 32 (2): 138 - 147.

[338] Triandis H. C., Bontempo R., Villareal M. J., Asai M., & Lucca N. (1988). Individualism and collectivism: Cross - cultural perspectives on self - ingroup relationships. *Journal of Personality and Social Psychology*, 54

(2): 323.

[339] Tsai M. T., & Huang C. C. (2008). The relationship among ethical climate types, facets of job satisfaction, and the three components of organizational commitment: A study of nurses in Taiwan. *Journal of Business Ethics*, 80 (3): 565 -581.

[340] Turban D. B., & Greening D. W. (1997). Corporate social performance and organizational attractiveness to prospective employees. *Academy of Management Journal*, 40 (3): 658 -672.

[341] Turker D. (2009a). How corporate social responsibility influences organizational commitment. *Journal of Business Ethics*, 89 (2): 189 -204.

[342] Turker D. (2009b). Measuring corporate social responsibility: A scale development study. *Journal of Business Ethics*, 85 (4): 411 -427.

[343] Turner J. C., Hogg M. A., Oakes P. J., Reicher S. D., & Wetherell M. S. (1987). *Rediscovering the social group: A self - categorization theory*. Basil Blackwell.

[344] Tyler T. R. (2012). Why people cooperate with organizations: An identity - based perspective. *Research in Organizational Behavior*, 21: 201 -246.

[345] Tyler T. R., & Blader S. L. (2003). The group engagement model: Procedural justice, social identity, and cooperative behavior. *Personality and Social Psychology Review*, 7 (4): 349 -361.

[346] Tziner A., Oren L., Bar Y., & Kadosh G. (2011). Corporate social responsibility, organizational justice and job satisfaction: How do they interrelate, if at all?. *Revista De Psicología Del Trabajo Y De Las Organizaciones*, 27 (1): 67 -72.

[347] Valentine S., & Fleischman G. (2008). Ethics programs, perceived corporate social responsibility and job satisfaction. *Journal of Business Ethics*, 77 (2): 159 -172.

[348] Valentine S., Godkin L., & Lucero M. (2002). Ethical context,

organizational commitment, and person – organization fit. *Journal of Business Ethics*, 41 (4): 349 –360.

[349] Verdeyen V., Put J., & van Buggenhout B. (2004). A social stakeholder model. *International Journal of Social Welfare*, 13 (4): 325 –331.

[350] Viswesvaran C., & Ones D. S. (1995). Theory testing: Combining psychometric meta – analysis and structural equations modeling. *Personnel Psychology*, 48 (4): 865 –885.

[351] Vitell S. J., & Davis D. L. (1990). The relationship between ethics and job satisfaction: An empirical investigation. *Journal of Business Ethics*, 9 (6): 489 –494.

[352] Vlachos P. A., Panagopoulos N. G., & Rapp A. A. (2013). Feeling good by doing good: Employee CSR – induced attributions, job satisfaction, and the role of charismatic leadership. *Journal of Business Ethics*, 118 (3): 577 –588.

[353] Vlachos P. A., Panagopoulos N. G., Theotokis A., Singh R., & Singh R. K. (2014). When do corporate social responsibility initiatives impact on customer – facing employees? Evidence from India and the Netherlands. *International Journal of Human Resource Management*, 25 (22): 3086 –3112.

[354] Votaw D. (1973). Genius becomes rare. In D. Votaw & S. P. Sethi (Eds.). *The corporate dilemma*. Englewood Cliffs. NJ: Prentice Hall.

[355] Vuontisjärvi T. (2006). Corporate social reporting in the European context and human resource disclosures: An analysis of Finnish companies. *Journal of Business Ethics*, 69 (4): 331 –354.

[356] Waddock S. (2001). The multiple bottom lines of corporate citizenship: social investing, reputation, and responsibility audits. *Business and Society Review*, 105 (3): 323 –345.

[357] Waddock S. (2003). Stakeholder performance implications of corporate responsibility. *International Journal of Business Performance Management*,

5 (2 -3): 114 -124.

[358] Waddock S. A., & Graves S. B. (1997a). Quality of management and quality of stakeholder relations: Are they synonymous?. *Business & Society*, 36 (3): 250 -279.

[359] Waddock S. A., & Graves S. B. (1997b). The corporate social performance - financial performance link. *Strategic Management Journal*, 303 - 319.

[360] Wagner T., Lutz R. J., & Weitz B. A. (2009). Corporate hypocrisy: Overcoming the threat of inconsistent corporate social responsibility perceptions. *Journal of Marketing*, 73 (6): 77 -91.

[361] Waldman D. A., De Luque M. S., Washburn N., House R. J., Adetoun B., Barrasa A., & Dorfman P. at el. (2006). Cultural and leadership predictors of corporate social responsibility values of top management: A GLOBE study of 15 countries. *Journal of International Business Studies*, 37 (6): 823 - 837.

[362] Walumbwa F. O., Mayer D. M., Wang P., Wang H., Workman K., & Christensen A. L. (2011). Linking ethical leadership to employee performance: The roles of leader - member exchange, self - efficacy, and organizational identification. *Organizational Behavior and Human Decision Processes*, 115 (2): 204 -213.

[363] Wang H., Tong L., Takeuchi R., & George G. (2016). Corporate social responsibility: An overview and new research directions thematic issue on corporate social responsibility. *Academy of Management Journal*, 59 (2): 534 -544.

[364] Warhurst A. (2001). Corporate citizenship as corporate social investment. *Journal of Corporate Citizenship*, 1: 57 -73.

[365] Wartick S. L., & Cochran P. L. (1985). The evolution of the corporate social performance model. *Academy of Management Review*, 10 (4):

758 – 769.

[366] Watkins M. B. , Ren R. , Umphress E. E. , Boswell W. R. , Triana M. D. C. , & Zardkoohi A. (2015). Compassion organizing: Employees' satisfaction with corporate philanthropic disaster response and reduced job strain. *Journal of Occupational and Organizational Psychology*, 88 (2): 436 – 458.

[367] Weaver G. R. , Treviño L. K. , & Cochran P. L. (1999). Integrated and decoupled corporate social performance: Management commitments, external pressures, and corporate ethics practices. *Academy of Management Journal*, 42: 539 – 552.

[368] Weiss D. J. , Dawis R. V. , & England G. W. , & Lofquist L. H. (1967). *Manual for the Minnesota Satisfaction Questionnaire.* Minneapolis: University of Minnesota, Industrial Relation Center.

[369] West B. , Hillenbrand C. , & Money K. (2015). Building employee relationships through corporate social responsibility: The moderating role of social cynicism and reward for application. *Group & Organization Management*, 40 (3): 295 – 322.

[370] West M. A. , & Farr J. L. (1989). Innovation at work: Psychological perspectives. *Social Behaviour*, 4 (1): 15 – 30.

[371] Westphal J. D. , & Zajac E. J. (1997) . Defections from the inner circle: Social exchange, reciprocity, and the diffusion of board independence in U. S. corporations. *Administrative Science Quarterly*, 42: 161 – 183.

[372] Whetten D. A. , & Godfrey P. C. (Eds.). (1998). *Identity in organizations: Building theory through conversations.* Sage.

[373] Wilkerson J. M. , Evans W. R. , & Davis W. D. (2008). A test of coworkers' influence on organizational cynicism, badmouthing, and organizational citizenship behavior. *Journal of Applied Social Psychology*, 38 (9): 2273 – 2292.

[374] Williams L. J. , & Anderson S. E. (1991). Job satisfaction and or-

ganizational commitment as predictors of organizational citizenship and in – role behaviors. *Journal of Management*, 17 (3): 601 –617.

[375] Windsor D. (2001). Corporate citizenship: Evolution and interpretation. In J. Andriof, & M. McIntosh (Eds.), *Perspectives on corporate citizenship*: 39 –52. Sheffield: Greenleaf.

[376] Windsor D. (2006). Corporate social responsibility: Three key approaches. *Journal of Management Studies*, 43 (1): 93 –114.

[377] Wisse B., van Eijbergen R., Rietzschel E. F., & Scheibe S. (2015). Catering to the needs of an aging workforce: The role of employee age in the relationship between corporate social responsibility and employee satisfaction. *Journal of Business Ethics*, 1 –14.

[378] Wolf F. M. (1986). *Meta – analysis: Quantitative methods for research synthesis* (Vol. 59). Sage.

[379] Wood D. J. (1991). Corporate social performance revisited. *Academy of Management Review*, 16 (4): 691 –718.

[380] Wood D. J., & Logsdon J. M. (2001). Theorising business citizenship. In J. Andriof, & M. McIntosh (Eds.), *Perspectives on corporate citizenship*: 83 –103. Sheffield: Greenleaf.

[381] Xanthopoulou D., Bakker A. B., Demerouti E., & Schaufeli W. B. (2009). Reciprocal relationships between job resources, personal resources, and work engagement. *Journal of Vocational Behavior*, 74 (3): 235 – 244.

[382] Yilmaz A. K., Ali I., & Flouris T. (2015). The effect of corporate social responsibility on pride in membership, job satisfaction and employee engagement. *British Journal of Economics, Management & Trade, New Castle*, 9 (4): 1 –12.

[383] Zafar M., & Ali I. (2016). The influence of corporate social responsibility on employee commitment: The mediating role of employee company i-

dentification. *Asian Social Science*, 12 (12): 262.

[384] Zand D. E. (1972). Trust and managerial problem solving. *Administrative Science Quarterly*, 229 - 239.

[385] Zhang L., & Gowan M. A. (2012). Corporate social responsibility, applicants' individual traits, and organizational attraction: A person - organization fit perspective. *Journal of Business and Psychology*, 27 (3): 345 - 362.

[386] 晁罡，程鹏，张水英. 基于员工视角的企业社会责任对工作投入影响的实证研究 [J]. 管理学报，2012，9 (6): 831 - 836.

[387] 陈迅，韩亚琴. 企业社会责任分级模型及其应用 [J]. 中国工业经济，2005 (9): 99 - 105.

[388] 陈志昂，陆伟. 企业社会责任三角模型 [J]. 经济与管理，2013 (11): 60 - 61.

[389] 邓丽明，李小红. 企业慈善伦理责任对员工组织承诺的影响研究 [J]. 江西社会科学，2013 (5): 204 - 208.

[390] 何显富，陈宇，张微微. 企业履行对员工的社会责任影响员工组织公民行为的实证研究——基于社会交换理论的分析 [J]. 社会科学研究，2011a (5): 115 - 119.

[391] 何显富，蒲云，薛英. 企业社会责任对员工组织公民行为的影响——员工组织认同感和工作投入的中介作用 [J]. 西南交通大学学报（社会科学版），2011b，12 (5): 61 - 67.

[392] 何显富，蒲云，朱玉霞，唐春勇. 中国情境下企业社会责任量表的修正与信效度检验 [J]. 软科学，2010，24 (12): 106 - 110.

[393] 胡博. 跨国公司的社会责任——以天津为例的经验分析 [D]. 天津：南开大学，2009.

[394] 黄洁，王晓静. 企业员工社会责任对组织公民行为的影响研究——基于心理契约的中介作用 [J]. 山东社会科学，2016 (2): 179 - 183.

[395] 黄俊，贾煜，秦颖，陈波．员工感知的企业员工责任会激发员工创新行为吗——工作满足和工作投入的中介作用 [J]．科技进步与对策，2016，33 (22)：116 - 121.

[396] 姜友文，张爱卿．企业履行社会责任对员工心理状态及工作敬业度的影响 [J]．云南社会科学，2015 (4)：77 - 82.

[397] 金立印．企业社会责任运动测评指标体系实证研究——消费者视角 [J]．中国工业经济，2006 (6)：114 - 120.

[398] 李歌，颜爱民，徐婷．中小企业员工感知的企业社会责任对离职倾向的影响机制研究 [J]．管理学报，2016，13 (6)：847 - 854.

[399] 李海芹，张子刚．消费者对企业社会责任认知的实证研究 [J]．企业经济，2009 (12)：91 - 94.

[400] 李祥进，杨东宁，雷明．企业社会责任行为对员工工作绩效影响的跨层分析 [J]．中国管理科学，2012，20 (S1)：132 - 137.

[401] 林巧燕，吴静静．企业社会责任承担对员工行为的影响 [J]．统计与决策，2009 (14)：170 - 172.

[402] 刘凤军，王镠莹．略论企业社会责任与品牌影响力 [J]．市场营销导刊，2007 (2)：16 - 19.

[403] 刘刚，李峰．企业道德建设对员工满意度影响机制的实证研究——基于员工感知的企业社会责任中介效应分析 [J]．经济理论与经济管理，2011 (3)：89 - 97.

[404] 刘远，周祖城．企业社会责任对组织公民行为的影响机制研究——员工心理契约的中介作用 [J]．现代管理科学，2017 (4)：30 - 32.

[405] 刘远，周祖城．员工感知的企业社会责任、情感承诺与组织公民行为的关系——承诺型人力资源实践的跨层调节作用 [J]．管理评论，2015 (10)：118 - 127.

[406] 刘云．企业社会责任对员工角色外行为的影响机制 [J]．商业经济与管理，2014，274 (8)：37 - 47.

［407］刘宗华，李燕萍，郑馨怡．企业社会责任、员工—企业认同和员工绩效的关系［J］．浙江工商大学学报，2017，142（1）：103－113.

［408］卢代富．国外企业社会责任界说述评［J］．现代法学，2001，23（3）：137－144.

［409］卢涛，王志贵．基于员工视角的企业社会责任对组织认同的影响研究［J］．湖北社会科学，2009（8）：88－92.

［410］罗胜强，姜嬿．管理学问卷调查研究方法［M］．重庆：重庆大学出版社，2014.

［411］吕英，王正斌．员工感知的企业社会责任与员工满意度关系的实证研究——以西安地区 IT 和零售企业为例［J］．大连理工大学学报（社会科学版），2009，30（3）：50－55.

［412］马晨，周祖城．员工的企业伦理态度对 PCSR 与工作满意度和情感承诺关系的影响研究［J］．管理学报，2015，12（11）：1671－1677.

［413］马俊．员工视角的企业社会责任、人力资源管理与组织绩效关系实证研究［D］．天津：南开大学，2014.

［414］苗莉，赵婉莹．企业社会责任与员工组织承诺的关系研究［J］．财经问题研究，2012（5）：94－99.

［415］彭华岗，钟宏武，张蒽，孙孝文．企业社会责任基础教材（第一版）［M］．北京：经济管理出版社，2013.

［416］彭正龙，王海花．企业社会责任表现与员工满意度对组织即兴效能的影响［J］．心理科学，2010，33（1）：118－121.

［417］沈洪涛，沈艺峰．公司社会责任思想：起源与演变［M］．上海：上海人民出版社，2007.

［418］沈占波，杜鹏．我国企业社会责任绩效评价体系的构建［J］．改革与战略，2009（5）：159－186.

［419］宋鸿，程刚．企业社会责任对企业人才新引力的影响［J］．湖北大学学报（哲学社会科学版），2012，39（5）：129－132.

［420］王健辉，李永壮．企业社会责任、企业品牌内化特征对员工组织公民行为的作用研究——来自服务行业的实证分析［J］．宏观经济研究，2014（9）：90－102.

［421］王立鹤，杨忠，李婧．企业社会责任、情感承诺与反生产行为的关系研究［J］．学海，2015（3）：113－122.

［422］王倩．企业社会责任与企业财务绩效的关系研究——制度环境的调节效应［D］．杭州：浙江大学，2014.

［423］王檀林，汪克夷，齐丽云，伊其俊．企业社会责任对企业声誉的影响研究——一个基于企业内部员工的实证［J］．管理现代化，2015（6）：64－66.

［424］王文彬，李辉．企业社会责任对员工角色外行为的影响——兼论员工感知公平的调节效应［J］．中国流通经济，2013（10）：79－86.

［425］王文彬，李辉．企业社会责任对组织公民行为产生影响的内在机制——基于暗示理论的模型构建及实证［J］．中国流通经济，2012（11）：78－84.

［426］王艳婷，罗永泰．企业社会责任、员工认同与企业价值相关性研究［J］．财经问题研究，2013（1）：98－103.

［427］吴明隆．问卷统计分析实务——SPSS 操作与应用［M］．重庆：重庆大学出版社，2012.

［428］熊国保．旅游企业社会责任对员工绩效的影响——以关系质量和工作投入为中介作用［J］．江西社会科学，2015（1）：199－204.

［429］徐芳，王静．企业社会责任履行对人才敬业度影响因素的实证检验［J］．经济与管理研究，2016，37（10）：57－63.

［430］徐姗，工作—家庭正向溢出及相关因素研究：元分析与元分析—结构方程模型［D］．成都：西南财经大学，2018.

［431］徐尚昆，杨汝岱．企业社会责任概念范畴的归纳性分析［J］．中国工业经济，2007（5）：71－79.

［432］杨菊兰．企业社会责任行为对员工工作绩效的跨层次作用机制

研究［D］．大同：山西财经大学，2016.

［433］尹珏林，企业社会责任前置因素及其作用机制研究［D］．天津：南开大学，2010.

［434］尤力，王金顺．论企业的社会责任［J］．四川大学学报（哲学社会科学版），1990（1）：41－46.

［435］张爱卿，吕昆鹏，钱振波．企业社会责任形象与员工工作满意度及组织公民行为的关系［J］．经济管理，2010，32（8）：86－92.

［436］张辉华，王辉．个体情绪智力与工作场所绩效关系的元分析［J］．心理学报，2011，43（2）：188－202.

［437］张倩，何姝霖，时小贺．企业社会责任对员工态度和绩效的影响探析［J］．现代管理科学，2014（9）：108－110.

［438］张振刚，余传鹏，林春培．企业履行社会责任对员工工作满意度的影响——组织情感承诺为中介变量［J］．经济管理，2012，34（3）：76－84.

［439］郑海东．企业社会责任行为表现：测量维度、影响因素及对企业绩效的影响［D］．杭州：浙江大学，2007.

［440］周浩，龙立荣．共同方法偏差的统计检验与控制方法［J］．心理科学进展，2004（6）：942－950.

附　录

附录1　元分析所用文章

[1] Abdullah M. H., & Rashid N. R. N. A. (2012). The implementation of corporate social responsibility (CSR) programs and its impact on employee organizational citizenship behavior. *International Journal of Business and Commerce*, 2 (1): 67 – 75.

[2] Arndt A. D., Singhapakdi A., & Tam V. (2015). Consumers as employees: The impact of social responsibility on quality of work life among Australian engineers. *Social Responsibility Journal*, 11 (1): 98 – 108.

[3] Azim M. T. (2016). Corporate social responsibility and employee behavior: Mediating role of organizational commitment. *Revista Brasileira de Gestão de Negócios*, 18 (60): 207 – 225.

[4] Besieux T., Baillien E., Verbeke A. L., & Euwema M. C. (2018). What goes around comes around: The mediation of corporate social responsibility in the relationship between transformational leadership and employee engagement. *Economic and Industrial Democracy*, 39 (2): 249 – 271.

[5] Boakye E. (2016). Employee perceptions of corporate social responsibility and organizational citizenship behaviors (Doctoral dissertation).

[6] Bozkurt S., & Bal Y. (2012). Investigation of the relationship between corporate social responsibility and organizational citizenship behavior: A research. *International Journal of Innovations in Business*, 1 (1): 40 - 59.

[7] Brammer S., He H., & Mellahi K. (2015). Corporate social responsibility, employee organizational identification, and creative effort: The moderating impact of corporate ability. *Group & Organization Management*, 40 (3): 323 - 352.

[8] Brammer S., Millington A., & Rayton B. (2007). The contribution of corporate social responsibility to organizational commitment. *The International Journal of Human Resource Management*, 18 (10): 1701 - 1719.

[9] Carmeli A., Gilat G., & Waldman D. A. (2007). The role of perceived organizational performance in organizational identification, adjustment and job performance. *Journal of Management Studies*, 44 (6): 972 - 992.

[10] D' Aprile G., & Talò C. (2015). How corporate social responsibility influences organizational commitment: A psychosocial process mediated by organizational sense of community. *Employee Responsibilities and Rights Journal*, 27 (4): 241 - 269.

[11] De Roeck K., & Delobbe N. (2012). Do environmental CSR initiatives serve organizations' legitimacy in the oil industry? Exploring employees' reactions through organizational identification theory. *Journal of business ethics*, 110 (4): 397 - 412.

[12] De Roeck K., El Akremi A., & Swaen V. (2016). Consistency matters! How and when does corporate social responsibility affect employees' organizational identification?. *Journal of Management Studies*, 53 (7): 1141 - 1168.

[13] De Roeck K., Marique G., Stinglhamber F., & Swaen, V.

(2014). Understanding employees' responses to corporate social responsibility: Mediating roles of overall justice and organisational identification. *The International Journal of Human Resource Management*, 25 (1): 91 – 112.

[14] Dhanesh G. S. (2014). CSR as organization – employee relationship management strategy: A case study of socially responsible information technology companies in India. *Management Communication Quarterly*, 28 (1): 130 – 149.

[15] Ditlev – Simonsen C. D. (2015). The relationship between Norwegian and Swedish employees' perception of corporate social responsibility and affective commitment. *Business & Society*, 54 (2): 229 – 253.

[16] Esmaeelinezhad O., Singaravelloo K., & Boerhannoeddin A. (2015). Linkage between perceived corporate social responsibility and employee engagement: Mediation effect of Organizational identification. *International Journal of Human Resource Studies*, 5 (3): 174 – 190.

[17] Evans W. R., & Davis W. (2014). Corporate citizenship and the employee: An organizational identification perspective. *Human Performance*, 27 (2): 129 – 146.

[18] Evans W. R., Goodman J. M., & Davis W. D. (2010). The impact of perceived corporate citizenship on organizational cynicism, OCB, and employee deviance. *Human Performance*, 24 (1): 79 – 97.

[19] Farooq M., Farooq O., & Jasimuddin S. M. (2014). Employees response to corporate social responsibility: Exploring the role of employees' collectivist orientation. *European Management Journal*, 32 (6): 916 – 927.

[20] Farooq O., Payaud M., Merunka D., & Valette – Florence P. (2014). The impact of corporate social responsibility on organizational commitment: Exploring multiple mediation mechanisms. *Journal of Business Ethics*, 125 (4): 563 – 580.

[21] Glavas A. (2009). *Effects of corporate citizenship on employees: Why does doing good matter?* (Doctoral dissertation, Case Western Reserve University).

[22] Glavas A. (2016). Corporate social responsibility and employee engagement: Enabling employees to employ more of their whole selves at work. *Frontiers in psychology*, 7: 796.

[23] Glavas A., & Kelley K. (2014). The effects of perceived corporate social responsibility on employee attitudes. *Business Ethics Quarterly*, 24 (2): 165 – 202.

[24] Gupta M. (2017). Corporate social responsibility, employee – company identification, and organizational commitment: Mediation by employee engagement. *Current Psychology*, 36 (1): 101 – 109.

[25] Hameed I., Riaz Z., Arain G. A., & Farooq O. (2016). How do internal and external CSR affect employees' organizational identification? A perspective from the group engagement model. *Frontiers in psychology*, 7: 1 – 13.

[26] Hanif F. (2011). Corporate social responsibility (CSR) and perceived employee outcome: The mediating role of HR practices. Available at SSRN: https://papers.ssrn.com/sol3/papers.cfm?abstract_id=2562405.

[27] Hansen S. D., Dunford B. B., Boss A. D., Boss R. W., & Angermeier I. (2011). Corporate social responsibility and the benefits of employee trust: A cross – disciplinary perspective. *Journal of Business Ethics*, 102 (1): 29 – 45.

[28] He X. F., Chen Y., & Zhang W. W. (2011). Empirical study on the impact of CSR towards employees on employees' organizational citizenship behavior based on social exchange theory. *Social Science Research*, 5: 115 – 119. (in Chinese)

[29] He X. F., Pu Y., & Xue Y. (2011). The effect of corporate social responsibility on citizenship behavior in employees' organization: The mediating effect of employees' organizational identification and work engagement. *Journal of Southwest Jiaotong University (Social Science)*, 12 (5): 61 – 67. (in Chinese)

[30] Hur W. M., Moon T. W., & Ko S. H. (2016). How employees' perceptions of CSR increase employee creativity: Mediating mechanisms of compassion at work and intrinsic motivation. *Journal of Business Ethics*, 1 - 16.

[31] Kundu S. C., & Gahlawat N. (2015). Effects of CSR focused HRM on employees satisfaction: A study of indian organisations. *Journal of Strategic Human Resource Management*, 4 (2): 42 - 48.

[32] Lee C. K., Song H. J., Lee H. M., Lee S., & Bernhard B. J. (2013). The impact of CSR on casino employees' organizational trust, job satisfaction, and customer orientation: An empirical examination of responsible gambling strategies. *International Journal of Hospitality Management*, 33: 406 - 415.

[33] Lee Y. K., Choi J., Moon B. Y., & Babin B. J. (2014). Codes of ethics, corporate philanthropy, and employee responses. *International Journal of Hospitality Management*, 39: 97 - 106.

[34] Lee Y. K., Lee K. H., & Li D. X. (2012). The impact of CSR on relationship quality and relationship outcomes: A perspective of service employees. *International Journal of Hospitality Management*, 31 (3): 745 - 756.

[35] Li G., Yan A. M., & Xu T. (2016). The impact of employee perceived corporate social responsibility on turnover intention: A moderated mediation model. Chinese Journal of Management, 13 (6): 847 - 854. (in Chinese)

[36] Liu G., & Li F. (2011). Empirical research on the impact mechanism of ethics program on job satisfaction: Based on mediating effects of employees' perception of corporate social responsibility. *Economic Theory and Business Management*, V3 (3): 89 - 97. (in Chinese)

[37] Liu Z. H., Li Y. P., & Zheng X. Y. (2017). The relationship between corporate social responsibility, employee - company identification and employee performance. *Journal of Zhejiang Gonshang University*, (1): 103 - 113. (in Chinese)

[38] Luo S. (2011). *Corporate social responsibilities (CSR) in China: Evidence from manufacturing in Guangdong province* (Doctoral dissertation, The Hong Kong Polytechnic University).

[39] Ma C., & Zhou Z. C. (2015). The effect of employees' attitudes towards business ethic on the relationship between PCSR and job satisfaction and affective commitment. *Chinese Journal of Management*, 12 (11): 1671 – 1677. (in Chinese)

[40] Maignan I., & Ferrell O. C. (2001). Antecedents and benefits of corporate citizenship: An investigation of French businesses. *Journal of Business Research*, 51 (1): 37 – 51.

[41] Maignan I., Ferrell O. C., & Hult G. T. M. (1999). Corporate citizenship: Cultural antecedents and business benefits. *Journal of the Academy of Marketing Science*, 27 (4): 455 – 469.

[42] Mueller K., Hattrup K., Spiess S. O., & Lin – Hi N. (2012). The effects of corporate social responsibility on employees' affective commitment: A cross – cultural investigation. *Journal of Applied Psychology*, 97 (6): 1186.

[43] Newman A., Nielsen I., & Miao Q. (2015). The impact of employee perceptions of organizational corporate social responsibility practices on job performance and organizational citizenship behavior: Evidence from the Chinese private sector. *The International Journal of Human Resource Management*, 26 (9): 1226 – 1242.

[44] Peterson D. K. (2004). The relationship between perceptions of corporate citizenship and organizational commitment. *Business & Society*, 43 (3): 296 – 319.

[45] Raub S., & Blunschi S. (2014). The power of meaningful work: How awareness of CSR initiatives fosters task significance and positive work outcomes in service employees. *Cornell Hospitality Quarterly*, 55 (1): 10 – 18.

[46] Rupp D. E., Shao R., Thornton M. A., & Skarlicki D. P.

(2013). Applicants ' and employees' reactions to corporate social responsibility: The moderating effects of firstparty justice perceptions and moral identity. *Personnel Psychology*, 66 (4): 895 -933.

[47] Sheel R. C. , & Vohra N. (2016). Relationship between perceptions of corporate social responsibility and organizational cynicism: The role of employee volunteering. *The International Journal of Human Resource Management*, 27 (13): 1373 -1392.

[48] Shin I. , Hur W. M. , & Kang S. (2016). Employees' perceptions of corporate social responsibility and job performance: A sequential mediation model. *Sustainability*, 8 (5): 493.

[49] Song H. J. , Lee H. M. , Lee C. K. , & Song S. J. (2015). The role of CSR and responsible gambling in casino employees' organizational commitment, job satisfaction, and customer orientation. *Asia Pacific Journal of Tourism Research*, 20 (4): 455 -471.

[50] Tziner A. , Oren L. , Bar Y. , & Kadosh G. (2011). Corporate social responsibility, organizational justice and job satisfaction: How do they interrelate, if at all? . *Revista de Psicología del Trabajo y de las Organizaciones*, 27 (1):67 -72.

[51] Vlachos P. A. , Panagopoulos N. G. , & Rapp A. A. (2014). Employee judgments of and behaviors toward corporate social responsibility: A multistudy investigation of direct, cascading, and moderating effects. *Journal of Organizational Behavior*, 35 (7): 990 -1017.

[52] Wang J. H. , & Li Y. Z. (2014). The effect of corporate social responsibility and internalization of corporate brand on employee organizational citizenship behavior: An empirical analysis from service industry. *Macroeconomic Research*, 9: 90 -102. (in Chinese)

[53] Warrick B. (2016). Examining employee motivation, environmental systems, and corporate social responsibility in proenvironmental behavior. (Doc-

toral dissertation)

[54] Watkins M. B., Ren R., Umphress E. E., Boswell W. R., Triana M. D. C., & Zardkoohi A. (2015). Compassion organizing: Employees' satisfaction with corporate philanthropic disaster response and reduced job strain. *Journal of Occupational and Organizational Psychology*, 88 (2): 436 - 458.

[55] West B., Hillenbrand C., & Money K. (2015). Building employee relationships through corporate social responsibility: The moderating role of social cynicism and reward for application. *Group & Organization Management*, 40 (3): 295 - 322.

[56] Xiong G. B. (2015). The impact of social responsibility of tourism enterprises on employee performance: Mediated by relationship quality and work engagement. *Jiangxi Social Sciences*, 1: 199 - 204. (in Chinese)

[57] Xiong G. B. (2015). Study on impact of tourism corporate social responsibility on employee performance (Doctoral dissertation, Shandong University). (in Chinese)

[58] Yilmaz A. K., Ali I., & Flouris T. (2015). The effect of corporate social responsibility on pride in membership, job satisfaction and employee engagement. *British Journal of Economics, Management & Trade, New Castle*, 9 (4): 1 - 12.

[59] Zafar M., & Ali I. (2016). The influence of corporate social responsibility on employee commitment: The mediating role of employee company identification. *Asian Social Science*, 12 (12): 262.

[60] Zhang M., Di Fan D., & Zhu C. J. (2014). High - performance work systems, corporate social performance and employee outcomes: Exploring the missing links. *Journal of Business Ethics*, 120 (3): 423 - 435.

[61] Zientara P., Kujawski L., & Bohdanowicz - Godfrey P. (2015). Corporate social responsibility and employee attitudes: Evidence from a study of Polish hotel employees. *Journal of Sustainable Tourism*, 23 (6): 859 - 880.

附录2　企业社会责任调查问卷

一、您个人的基本情况

◆ 性别：□男　　　　□女

◆ 年龄：□1～18岁　□19～30岁　□31～40岁　□41～50岁　□50岁以上

◆ 学历：□初中及以下　□中专或高中　□大专　□本科　□硕士　□博士

二、您公司的基本情况

1. 您公司所在省份：________

2. 您公司的基本情况：

所有权结构	□国有　□民营　□外资　□中外合资
所在单位总人数	□300人以下　□300～500人　□500～1000人　□1000人以上
成立时间	□1～5年　□6～10年　□11～15年　□15年以上
是否上市	□上市　□非上市
生命周期阶段	□创立期：新成立公司，规模不大，但在未来有发展潜力。 □成长期：每年的销售额增长率都较高，公司的结构及使用的技术因快速成长而改变。 □成熟期：成长趋于稳定且缓慢，提供的产品和服务已为消费者熟悉，公司结构及技术稳定。 □衰退期：增长率下降，公司处于衰退的状态。

三、请逐题作答，不要遗漏

1. 以下是关于公司社会责任活动开展情况的描述，请您根据这些描述与您所在公司实际情况的符合程度，在相应的数字上打√。

	非常不符合	不符合	不太符合	不确定	基本符合	符合	非常符合
◆公司总是按时足额缴税	1	2	3	4	5	6	7
◆公司严格遵守各种法律法规	1	2	3	4	5	6	7
◆公司会参与保护和改善自然环境的活动	1	2	3	4	5	6	7
◆公司采用专门计划降低对自然环境的负面影响	1	2	3	4	5	6	7
◆公司把为后代负责、实现可持续增长作为发展目标	1	2	3	4	5	6	7
◆公司对有利于子孙后代生活的项目进行投资	1	2	3	4	5	6	7
◆公司提供增进社会福利的活动和项目	1	2	3	4	5	6	7
◆公司向客户提供全面、准确的产品信息	1	2	3	4	5	6	7
◆公司依法尊重消费者的所有权利	1	2	3	4	5	6	7
◆对公司来说，客户满意是很重要的	1	2	3	4	5	6	7
◆公司对员工的受教育需求给予支持	1	2	3	4	5	6	7
◆公司政策鼓励员工发展技能和职业素养	1	2	3	4	5	6	7
◆公司为员工的工作生活平衡提供灵活的政策	1	2	3	4	5	6	7
◆公司的管理方式比较关注员工的需求	1	2	3	4	5	6	7

续表

	非常不符合	不符合	不太符合	不确定	基本符合	符合	非常符合
◆公司有关员工的管理决策通常很公平	1	2	3	4	5	6	7
◆公司没有开展过任何企业社会责任活动	1	2	3	4	5	6	7

2. 以下是关于公司判断的描述，请您根据这些描述与您自己对公司判断的符合程度，在相应的数字上打√。

	非常不符合	不符合	不太符合	不确定	基本符合	符合	非常符合
◇公司很在意我的意见	1	2	3	4	5	6	7
◇公司很关心我的身体状况	1	2	3	4	5	6	7
◇公司很关心我的目标和价值	1	2	3	4	5	6	7
◇在我有困难时，公司会给予我帮助	1	2	3	4	5	6	7
◇公司会原谅我的无心之过	1	2	3	4	5	6	7
◇当我需要特殊帮助时，公司很乐意帮助我	1	2	3	4	5	6	7
	非常不符合	不符合	不太符合	不确定	基本符合	符合	非常符合
◇我相信公司会公平对待我	1	2	3	4	5	6	7
◇公司中上级主管和员工之间是相互信任的	1	2	3	4	5	6	7
◇我对与我经常在一起工作的同事很信任	1	2	3	4	5	6	7
◇在公司中，我和同事们可以相互依赖	1	2	3	4	5	6	7
	非常不符合	不符合	不太符合	不确定	基本符合	符合	非常符合
◇社区内的区民对我公司评价很高	1	2	3	4	5	6	7
◇在社区内成为我公司的一员是一件很有声望的事	1	2	3	4	5	6	7

续表

	非常不符合	不符合	不太符合	不确定	基本符合	符合	非常符合
◇我公司被认为是最好的公司之一	1	2	3	4	5	6	7
◇如果其他公司的员工来到我公司工作，他们会很骄傲	1	2	3	4	5	6	7
	非常不符合	不符合	不太符合	不确定	基本符合	符合	非常符合
◇当别人称赞我公司时，我感觉就像是在称赞我一样	1	2	3	4	5	6	7
◇当别人批评我公司时，我感觉就像是在批评我一样	1	2	3	4	5	6	7
◇公司的成功就是我的成功	1	2	3	4	5	6	7
◇我很想了解别人是如何评价我公司的	1	2	3	4	5	6	7
◇谈及我公司时，我经常说“我们”而不是“他们”	1	2	3	4	5	6	7
◇如果发现新闻媒体批评我公司，我会感到尴尬	1	2	3	4	5	6	7

3. 以下是关于您自己态度的描述，请您根据这些描述与您自己实际状况的符合程度，在相应的数字上打√。

	完全不同意	不同意	比较不同意	不确定	比较同意	同意	完全同意
◆我总是寻求应用新的流程、技术和方法	1	2	3	4	5	6	7
◆我经常提出有创意的点子和想法	1	2	3	4	5	6	7
◆我经常与别人沟通并推销自己的新想法	1	2	3	4	5	6	7
◆为了实现新想法，我应该想办法争取所需资源	1	2	3	4	5	6	7
◆为了实现新想法，我应该制定合适的机会和规划	1	2	3	4	5	6	7
◆总体而言，我是一个具有创新精神的人	1	2	3	4	5	6	7